中等职业学校汽车检测与维修专业教学用书

# 汽车车身修复与涂装技术

韩慧芝　祖国海　编

机 械 工 业 出 版 社

本书通过大量图片，配以通俗、简洁的语言，全面、系统地介绍了汽车车身修复与涂装的基础知识及实际操作方法。本书主要内容包括：汽车车身结构，汽车车身检验、测量与矫正，汽车车身修复，汽车喷漆。

本书可供中等职业院校、职业高中、技工学校等汽车检测与维修专业师生使用。

**图书在版编目（CIP）数据**

汽车车身修复与涂装技术/韩慧芝，祖国海编．—北京：机械工业出版社，2012.3（2024.1 重印）

中等职业学校汽车检测与维修专业教学用书

ISBN 978-7-111-36405-4

Ⅰ.①汽… Ⅱ.①韩… ②祖… Ⅲ.①汽车—车体—车辆修理—中等专业学校—教材 ②汽车—车体—涂漆—中等专业学校—教材 Ⅳ.①U472.4

中国版本图书馆 CIP 数据核字（2011）第 230711 号

机械工业出版社（北京市百万庄大街 22 号　邮政编码 100037）

策划编辑：朱　华　陈玉芝　　责任编辑：赵磊磊

版式设计：张世琴　　责任校对：张　薇

封面设计：路恩中　　责任印制：邓　博

北京盛通数码印刷有限公司印刷

2024 年 1 月第 1 版第 9 次印刷

184mm×260mm · 10.5 印张 · 257 千字

标准书号：ISBN 978-7-111-36405-4

定价：35.00 元

电话服务　　网络服务

客服电话：010-88361066　　机　工　官　网：www.cmpbook.com

010-88379833　　机　工　官　博：weibo.com/cmp1952

010-68326294　　金　书　网：www.golden-book.com



机工教育服务网：www.cmpedu.com

## 中等职业学校汽车检测与维修专业教学用书

## 编委会名单

# 前 言

目前，汽车工业的发展突飞猛进，汽车制造中采用了许多新结构、新工艺、新材料和新技术。其中，承载式车身的应用比较广泛。由于用轻型高强度合金钢板替代了以往的重型冷轧钢板，以及塑料件、模压玻璃件和高级油漆的广泛采用，这就要求车身修复与涂装人员不仅要改变传统的作业程序，还必须掌握新技术和新工艺。

本书体现了中等职业技术教育的特色，适应企业生产、管理、服务第一线的需要，以“实用、够用、好用”为主旨，以“任务驱动”构建教材框架，重在“综合应用理论知识，加强技能培养，解决实际问题”。通过学习，可以使学生掌握汽车高新技术，培养学生的实际动手能力和组织、管理能力，使学生具备良好的对职业岗位变动的适应能力和可持续学习能力，并取得相应的职业资格证书。

本书在编写过程中广泛吸纳了行业技术专家、教学研究人员和具有丰富经验的技术工人的宝贵意见和建议。本书主要内容包括：汽车车身结构，汽车车身检验、测量与矫正，汽车车身修复，汽车喷漆。本书形式新颖，每一单元都设有具体任务，通过任务实施，解决了实际生产中的问题。实践内容与理论知识相互结合，使中职学校学生能够明确达到一个岗位的目标。

本书由韩慧芝、祖国海编写，由张茂国任主审。

由于编者水平有限，书中难免有疏漏和不足之处，敬请读者批评指正。

编 者

# 目　　录

# 单元一

# 汽车车身结构

## 任务一　认识轿车车身

### 任务目标

1. 了解轿车车身的基本结构。
2. 掌握轿车车身的组成。

### 一、任务

了解如图 1－1 所示轿车车身的基本结构。车身容纳驾驶人、乘客和货物，并构成汽车的外壳。车身还包括车门、窗、车锁、内外饰件、附件、座椅及车前各钣金件等。

### 二、相关知识

**1. 轿车的分类**

轿车按车身结构分为三厢式轿车和两厢式轿车。

图 1－1　轿车车身

（1）三厢式轿车　三厢式轿车是一种最为流行的有代表性的车型，车身为封闭、刚性结构，有四个以上侧窗、两排以上座位和两个以上车门。由于发动机室、乘客室、行李箱分段隔开形成相互独立的三段布置，故称之为三厢式轿车，如图 1－2 所示。

（2）两厢式轿车　两厢式轿车后部形状按较大的内部空间设计，将乘客室与行李箱布置于同一段，故称为两箱式轿车，如图 1－3 所示。

**2. 轿车车身壳体结构**

轿车车身壳体由前车身、中间车身和后车身三大部分及相关构件组成，如图 1－4 所示。因为承载式车身结构广泛地应用于小轿车，下面就以承载式车身构造为例加以介绍。

图 1－2　三厢式轿车

图 1－3　两厢式轿车

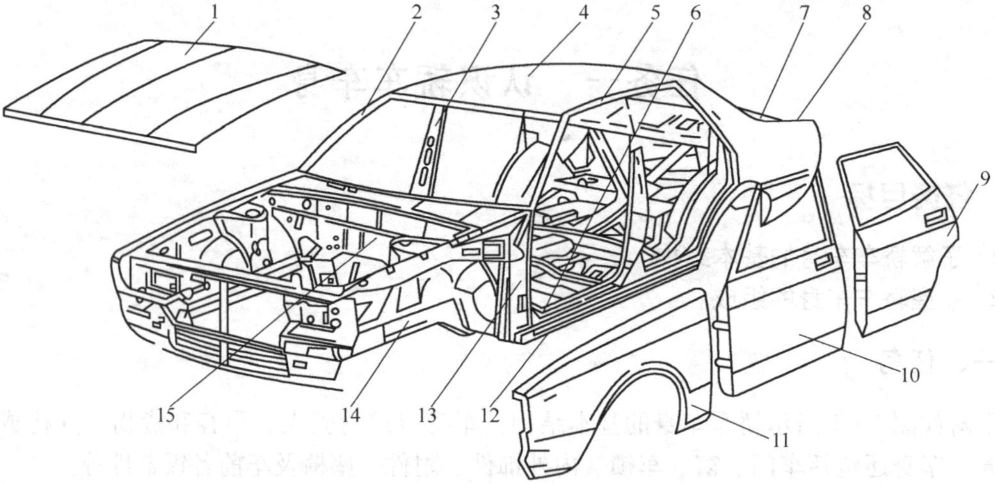


图 1－4　轿车车身壳体

1—发动机罩　2—前窗柱　3—中柱　4—顶盖　5—车顶边梁　6—车底
7—行李箱　8—后翼子板　9—后门　10—前门　11—前翼子板
12—门槛　13—前门立柱　14—前悬架支撑板　15—中间隔板

（1）前车身（如图 1－5 所示）　前车身主要由前翼子板、前段纵梁、前围板及发动机罩等构件组成。大多数轿车的前部装有前悬架、转向装置和发动机总成。当汽车受到正向冲击时，依靠前车身有效地吸收冲击能量。为此，前车身在构造上应确保有足够的强度、刚度。

除了外壳（如发动机罩、前翼子板、前围板）用螺栓（钉）连接之外，其他所有的部件都焊接在一起，形成一个整体。

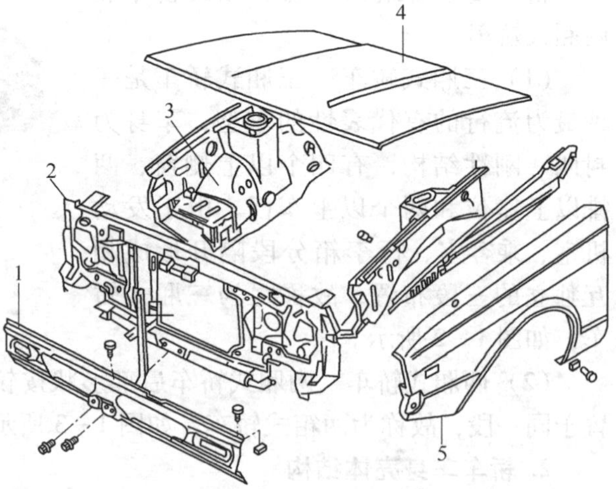


图 1－5　前车身

1—前围板　2—散热器支架　3—前挡泥板
4—发动机罩　5—前翼子板

（2）中间车身（如图 1－6 所示）　中间车身侧体设有车门、侧体门框、门槛，沿周边采用高强度钢制成的且具有较高抗弯曲能力的箱型断面；中间车身侧体框架的中柱、边框、车顶边梁、侧体下边梁等构件也采用了封闭型断面结构；车顶、车底和立柱等构件，均以焊接方式组合在一起。

中间车身的窗柱起着支撑风窗和车顶的作用，一般下部比较粗大，设计上部的截面尺寸时需要考虑驾驶视野，所以需要缩小。

车身底板是中间车身的基础，而且汽车在行驶中加给车身的载荷都是通过底板传递并加以扩散的。除选用高强度钢板冲压外，车身底板上还配置了抗载能力较强的车身纵梁和横梁。车身测量与维修用的基准孔也反映在车身的横、纵梁上。

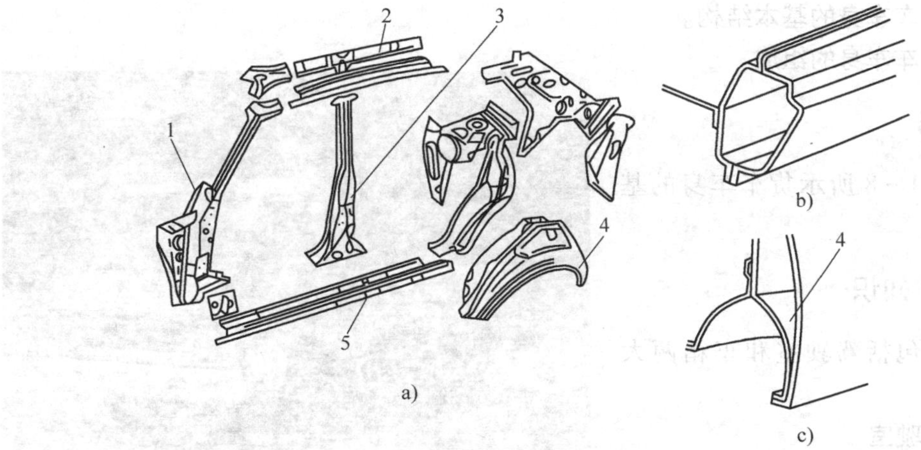


图 1－6 中间车身

a）中间车身侧体构造 b）门槛断面 c）后翼子板断面

1—前柱 2—车顶边梁 3—中柱 4—后挡泥板 5—门槛

（3）后车身（如图 1－7 所示） 轿车后车身是用于放置物品的部位，可以说是中间车身侧体的延长部分。

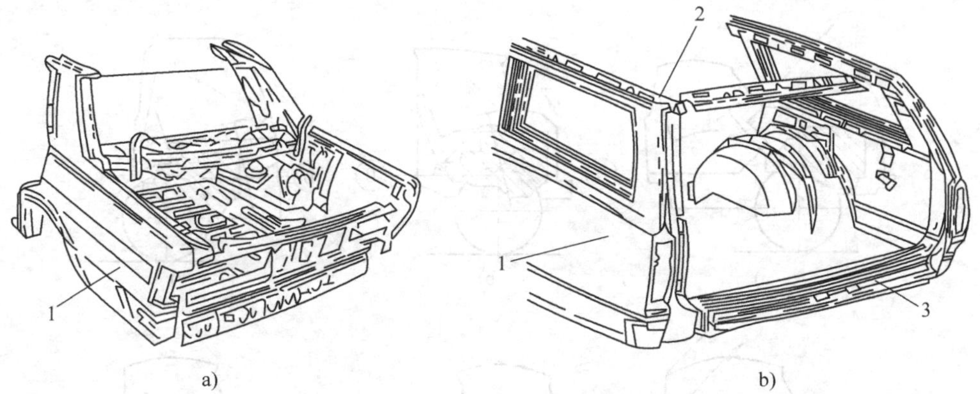


图 1－7 后车身

a）三厢式轿车后车身 b）两厢式轿车后车身

1—后翼子板 2—窗柱 3—后门槛

后车身的主要载荷来自于汽车的后悬架，尤其是对于后轮驱动的车辆，驱动力通过车桥、悬架直接作用于后车身上。为了确保后车身的强度，车身重量由中间车身径直向后延伸，到达相当于后桥部位再形成拱形弯曲。这样既保证了后车身的刚度，又不至于使后桥与车身发生干涉。而且，当车身后部受到追尾碰撞时，还能瞬时吸收部分冲击能量，以其变形来实现对乘客室的有效保护。

# 任务二 认识货车车身

## 任务目标

1. 了解货车车身的基本结构。
2. 掌握货车车身的组成。

## 一、任务

了解如图 1 - 8 所示货车车身的基本结构。

图 1 - 8 货车车身

## 二、相关知识

货车车身包括驾驶室和车箱两大部分。

### 1. 货车驾驶室

货车驾驶室的结构类型依车型、种类、用途、发动机的位置、行驶方式、车轮数量和驱动方式的不同而各不相同，一般分为长头式驾驶室、短头式驾驶室和平头式驾驶室三种，如图 1 - 9 所示。最常见的为平头式驾驶室和长头式驾驶室两种。

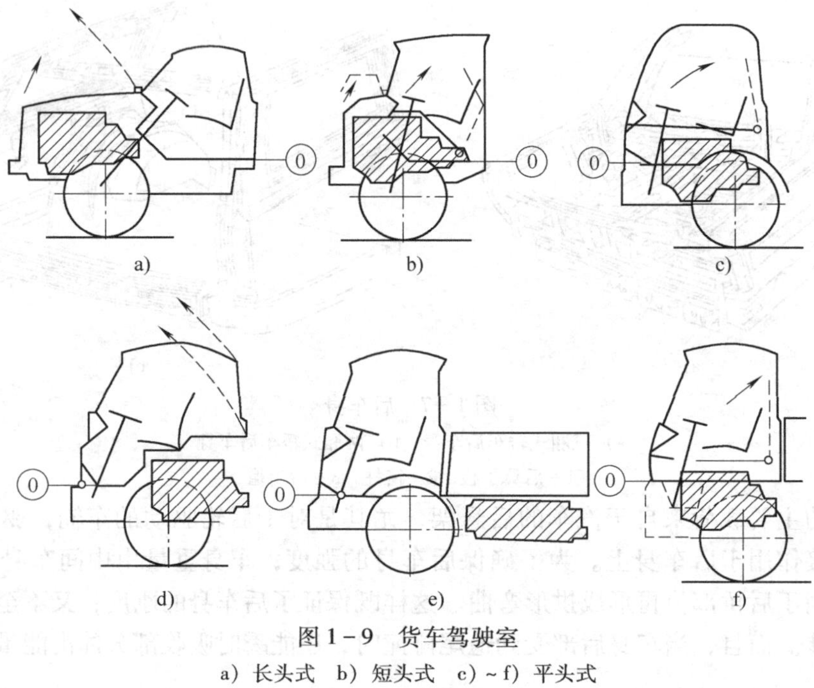


a) b) c) d) e) f)

图 1 - 9 货车驾驶室

a) 长头式 b) 短头式 c) ~ f) 平头式

(1) 平头式货车驾驶室　平头式货车驾驶室一般置于前轴位置上，发动机完全伸进驾驶室或移向后部，可使整车长度缩短，驾驶视野开阔。这种驾驶室已经成为当前普通货车发展的主流。

平头式货车驾驶室的外形如图 1-10 所示。

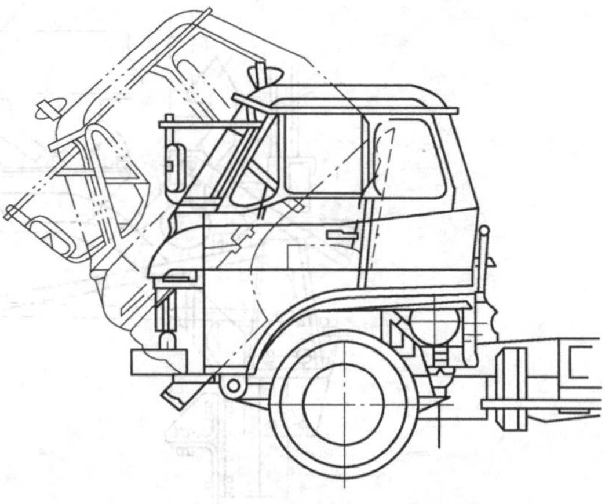

图 1-10　平头式货车驾驶室的外形

1）驾驶室构造。平头式货车驾驶室是由冲压件形成的板块构件组焊而成，其中驾驶室前部板件、车顶、侧体呈刚性连接，并以强度可靠的风窗立柱、门柱为基础，连接方式因车型而异。对于翻转式驾驶室，由于前部安装机构的受力作用，致使前部构件与底部共同起着翻转后驾驶室整体的支撑作用，所以前部构件是驾驶室中强度、刚度最高的零件之一。

前立柱的下端与车底相连，上端则支撑着驾驶室顶。它是采用高强度钢板经冲压而成形。左右转角结构件于前立柱内、外共同形成双重构造的壳式结构，不仅起到对驾驶室的装饰作用，同时对前立柱也具有加强作用。为了便于维修，内、外转角结构件大多采用螺栓联接的可拆卸式结构。

为提高前部构件在结构上的整体性，仪表盘支架横向将左右立柱连为一体。前蒙皮又以铆接或焊接方式将前部结构件包容起来，形成了合理的车身外形。

底部构件主要由车底横纵梁、左右车门槛和冲压成形的底板组焊而成。它是起支撑驾驶室整体作用的基础性构件，与前部结构共同承受驾驶室翻转时的重力载荷。与前部构件不同的是，底部构件在货车行驶中还承受来自驾驶室内部的其他载荷。纵向贯通的两根底梁与左右车门槛等都起着决定性的作用。

2）驾驶室的安装机构。驾驶室的安装机构分为前、后两个部分。其中前部承载扭力，用于使驾驶室翻转；后部则用于锁住驾驶室，防止其自行向前翻转。除此之外，这两部分还都分别承担着驾驶室的减振与支撑作用。

驾驶室前部的支撑结构，用一根焊有驾驶室底框支撑座的管梁和两个装有减振橡胶套的支撑架组成（如图 1-11 所示）。驾驶室后部的支撑结构，分别用两个支架和装有减振橡胶垫的支撑座组成。

驾驶室后部下方的拱形梁（如图 1-12 所示）上，装有用于扣紧驾驶室的爪形挂钩，它与安装在驾驶室底部的挂钩座相啮合，这就是驾驶室的正常安装位置。挂钩通过拉杆与释放操纵手柄相连。

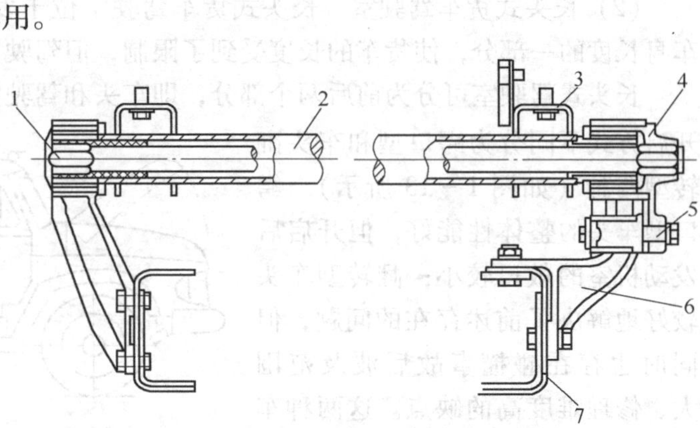


图 1-11　翻转式驾驶室的前部支撑结构

1—扭力杆　2—管梁　3—驾驶室座　4—锁定杠杆
5—锁定销　6—支架　7—车架

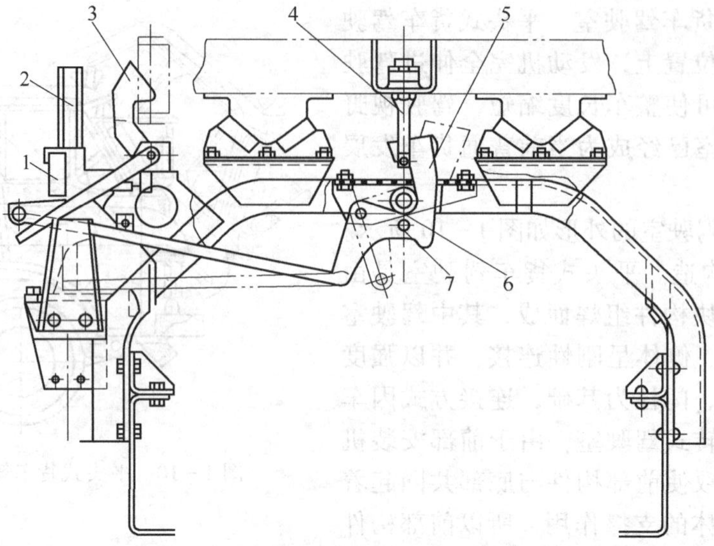


图 1-12　翻转式驾驶室的后部支撑结构

1—定位板　2—安装杠杆　3—安全锁钩　4—穿孔　5—爪形挂钩　6—导板　7—导销

驾驶室外侧还备有一安全锁钩，当驾驶室被拉下时，安全锁钩先挂在驾驶室外侧钩座上。扳动手柄可使安全锁钩进一步下拉，驾驶室随即达到安装位置。安全锁钩与主挂钩锁定机构不相连接，可独立扳动手柄使之脱解。

3）驾驶室的翻转原理。驾驶室能够自动倾翻是前部扭力杆作用的结果。由驾驶室后拱中部的挂钩和扭力杆端的锁定杠杆构成的这种倾翻方式是最具代表性的方式。

起自动翻转作用的核心零件是装配在管梁上的扭力杆。扭力杆的端头为六角形，一端与连接驾驶室的管梁固定，另一端与锁定杠杆固定，并用锁定销锁紧于装在车架上的铰链支架孔中。当驾驶室处于正常位置时，扭力杆处于受扭状态。扭力是通过管梁和扭力杆一边的六角端头传递过来的。由于扭力杆另一边的六角端头被锁定杠杆固定，能量便储存于扭力杆中。当驾驶室后部的安全锁钩处于释放状态时，存储于扭力杆中的能量便被释放，其扭转弹力反作用于驾驶室，使其自动推向前倾位置。

（2）长头式货车驾驶室　长头式货车驾驶室位于发动机室之后，由于发动机罩占去了车身长度的一部分，使货车的长度受到了限制，但驾驶室内的空间较平头式驾驶室大。

长头式驾驶室可分为前后两个部分，即车头和驾驶室主体。车头部分的发动机罩，根据开启方式不同分为鳄口型和车头翻转型两种（如图 1-13 所示）。鳄口型车头的整体性能好，但开启后发动机室的敞口较小；翻转型车头较好地解决了前述存在的问题，但同时也存在碰撞事故后波及范围大、修理难度高的缺点。这两种车型的驾驶室主体部分在结构上比较类似，区别主要反映在驾驶室的车前钣金件上。

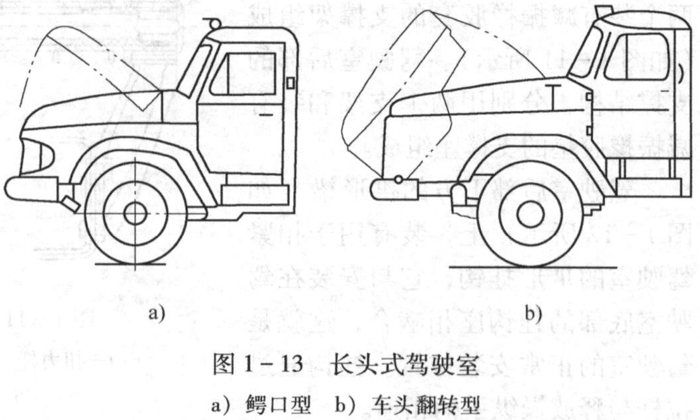


图 1-13　长头式驾驶室

a）鳄口型　b）车头翻转型

1）鳄口型驾驶室。鳄口型驾驶室的主体与车头用螺栓组装在一起，以六点弹性悬置固定在车身上。它主要由驾驶室主体、翼子板、发动机罩、散热器支架（兼作前悬支撑）等构件组成（如图1－14所示），全部零件由薄钢板冲压成形，并以点焊方式组合成若干单元。为了确保驾驶室的密封，避免各单元装配的相互摩擦，各有关装配零件之间装有密封条。这一措施对防止车身零件的磨损、降低车身噪声和密封都起着关键性作用。

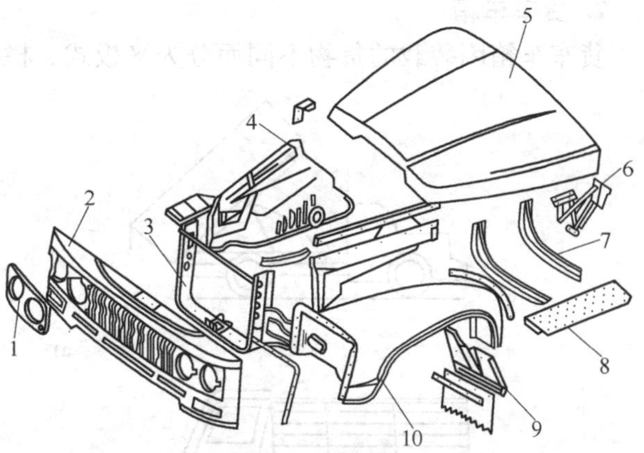

图1－14　鳄口型驾驶室的车前钣金件

1—灯罩　2—面罩　3—散热器支架　4—发动机室挡泥板　5—发动机罩　6—发动机罩铰链　7—脚踏板拖架　8—脚踏板　9—车轮挡泥板　10—翼子板

发动机罩铰链多采用平衡弹簧支撑式，它可以使偌大的发动机罩在开启或关闭时轻便自如、锁止可靠。

2）车头翻转型驾驶室：车头翻转型驾驶室也由驾驶室主体和车前钣金件两部分组成。

驾驶室主体为半骨架全金属封闭式，门框、门槛、底板及前后围板等主要承载部位均采用箱形断面结构，以确保其整体刚度。车前钣金件主要由发动机罩、管梁、挡泥板等构件组成（如图1－15所示）。

翻转式车头装有扭力杆式翻转机构，可使车头整体向前翻转一定角度，使对发动机总成的接近性好，能很大程度地改善维修性。为防止车头意外自发开启，除装有机罩锁外，一般都附加一套安全保险装置。

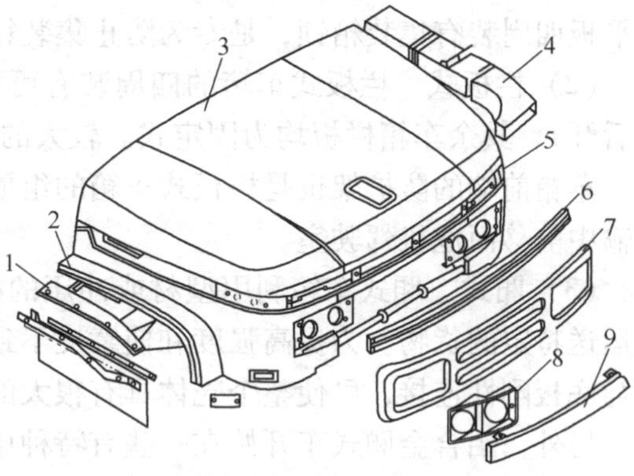

图1－15　翻转型车头驾驶室的车前钣金件

1—挡泥板　2—轮罩　3—发动机罩　4—通风管　5—前围构件　6—导流栅　7—面罩　8—灯罩　9—保险杠支架

与可翻转式平头驾驶室一样，这种汽车驾驶室的车头上面也装配了扭杆式助力翻转机构。车头与支撑管梁固定，并通过悬置与车架连接，管内的扭力杆左端用花键与轴套总成装配在一起，右端则通过花键与管梁固定。

当车头处于全翻转位置时，扭杆的能量处于释放终了状态。将车头拉下使之处于安装位置时，扭杆轴套及连动杆同时作用，使管梁在转动一定角度的过程中，扭杆受扭并储存了能量。当车头锁被打开时，这一能量将会得到释放，车头因此翻转自如。

3）驾驶室的悬置。为了减轻由于车架扭曲变形和振动而产生的对驾驶室的影响，驾驶室内将具有适当弹性的橡胶垫安装在车架上，这些支撑点通常称为悬置点。

驾驶室悬置有三点、四点、五点或者六点悬置。三点悬置对装置误差要求低，且装置误差容易补偿，同时三点悬置的驾驶室受车架的变形影响小。但对于宽大驾驶室，其横向稳定性差，有左右晃动的现象。四点悬置与三点悬置相反。无论是三点悬置还是四点悬置，一般前边总是两点，而且前面两点分开布置在靠近车门前支柱附近。

**2. 货车车箱**

货车车箱因装载的货物不同而分为平板式、栏板式和厢式三种，如图 1－16 所示。

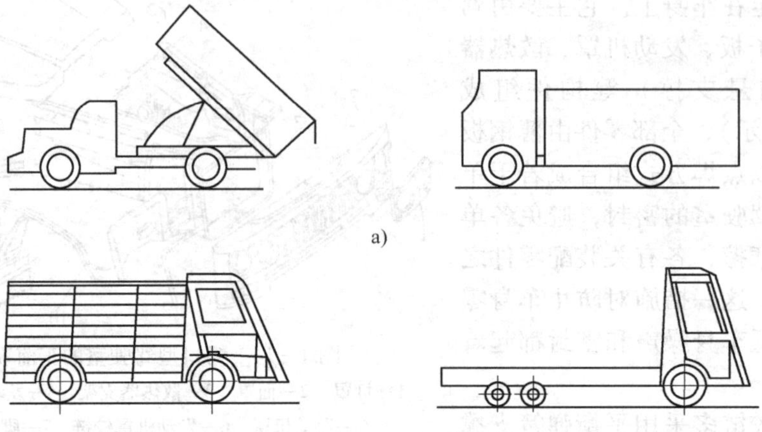

a)　b)　c)

图 1－16　货车车箱

a）平板式　b）栏板式　c）厢式

（1）平板式　平板式车箱主要用于承运集装箱，与其他各类货车车箱相比，其区别在于平板四周装有集装箱锁，是专为防止集装箱在运输过程中发生倾翻和位移而设置的。

（2）栏板式　栏板式车箱的四周装有可开启的挡货栏板，较短的车箱为单开式（一般为后开），其余车箱栏板均为固定式。较大的车箱为三开式（三面栏杆均可开启）。

车箱前端的防护架也是栏板式车箱的组成部分，它与车箱底板固定在一起，防止货物在运输中前移而危机驾驶室。

（3）厢式　厢式车箱利用型材或冲压的构件制成框架，再覆盖蒙皮形成封闭壳体，主要运送特定的货物。为提高强度和使蒙皮不致产生振动，几乎所有表面都制成了波纹筋，加之与底板刚性连接，可使整个壳体具有很大的刚度和承载能力。

另外，铝合金厢式车开始在一些有特种用途的货车上应用，这种厢式车一般为六块板式结构，结合部借助主体框架用螺钉、铆钉等方式连接在一起。车身对阳光的反射率好，能使车内温度降低，适合一般药品、食品等的运输。

## 任务三　认识客车车身

### 任务目标

1. 了解客车车身的基本结构。
2. 掌握客车车身的组成。

### 一、任务

了解如图 1－17 所示客车车身的基本结构。

## 二、相关知识

**1. 客车车身的基本结构**

客车车身由基础性构件和非基础性构件组成，其中基础性构件是客车车身的主体。承载式客车车身的基础性构件主要包括底架、骨架、车顶及蒙皮等。

图 1－17 客车车身

（1）底架与车架 无车架承载式客车车身没有独立的车架，取而代之的底架则就需要有足够的强度和刚度，因为发动机和底盘的主要总成都直接装配在底架上。

底架或车架多使用高强度钢板冲压成形后组焊而成。采用封闭型截面梁时，应注意端口的封闭与通风；表面锐边应修磨平整；与其他构件铆接或用螺栓联接时，应夹垫厚度约为1mm 以上的减摩垫片；修补或矫正时，应避免用火焰法加热；选择焊条时，亦应根据钢材的特性而定。

（2）骨架 骨架的寿命在一定程度上决定着骨架式车身的耐久性。用抗扭性较高的异形钢管构成的骨架，寿命长、工艺性好，但成本高。所以一般骨架采用高强度钢板冲压成形，再加之车身外蒙皮将断面的开口封闭，就可以获得较好的强度和质量。

为提高骨架的耐腐蚀性，除了在结构上解决内腔的通风外，还要留有便于涂装作业的喷漆工艺孔。车身维修作业过程中，应注意有针对性地加以利用。个别客车的骨架内腔还注有聚氨基甲脂酸溶液加发泡剂的防腐材料，因此焊接作业前，应注意做好检查。

（3）车顶 车顶是车身上重要的基础构件，其载荷主要来自于行李架、扶手座等。承载式车身的车顶还与车身的其他构件一起，共同承受车身整体的变形应力。采用具有一定深度的拱形顶盖，可以使车顶的承载能力得到提高。沿顶盖周边的是箱形断面的圈梁，它与窗柱的刚性连接提高了车身的整体性。

注意车顶上部不宜开设天窗，以防止削弱车顶的强度和影响密封。否则应避开顶盖的拱形梁和顶盖纵梁，并采取相应行之有效的防锈与密封措施。

（4）蒙皮 骨架式车身的外蒙皮随车身形状的变化覆盖在骨架上，并以此构成了不同曲面的客车车形。非承载式车身的蒙皮可以认为是不承载的。而对于承载式车身，蒙皮要与骨架一起承受车身整体变形时产生的剪切力。而在无骨架或半骨架车身中，外蒙皮则是承受载荷的构件。

**2. 典型客车车身的结构**

（1）骨架式车身 骨架式车身（如图 1－18 所示）以组焊成的独立骨架为基础，装配车门、风窗、车窗、顶盖和底板等，结构应力主要由底板、顶盖和侧围骨架承受。具有承载能力好、整体强度高等特点，应用于除旅行客车以外的各种类型的客车上。骨架式客车车身主要由以下几个部分组成：

1）前围部分。前围部分由前围骨架和前围内、外蒙皮等组成。前围骨架的主要零件有：前围立柱、风窗框上下横梁、风窗立柱、前围下横梁、前围搁梁等。前围上部由规定成形的小制件，通过节点板、角撑板加强组焊而成为一体的骨架结构，再与外蒙皮相连构成前围上部组合件。

2）后围部分。后围部分由后围骨架和后围内、外蒙皮等组成。后围骨架的主要零件有：后围立柱、后窗框上下横梁、后窗立柱、后围下横梁、后围搁梁等。侧车身骨架由规定尺寸的横、纵柱组焊而成，外面用以装外裙板。侧弧形顶由预制骨架和车顶外蒙皮组成。

3）左右侧围部分。左右侧围部分由左右侧围骨架和内、外蒙皮等组成。侧围骨架的主要零件有：侧围立柱、侧窗立柱、门立柱、上边梁、腰梁、侧围搁梁、侧围裙边梁、轮罩、斜撑梁等。

4）顶盖与天窗。顶盖与天窗由顶盖骨架和内、外蒙皮等组成。顶盖骨架的主要零件有顶盖纵梁和顶盖横梁等。

5）地板与底架。车身地板由底架、横纵底梁和地板护面等组成。对于发动机前置的客车，车身底架在驾驶区和乘客区的结合部形成明显台阶。

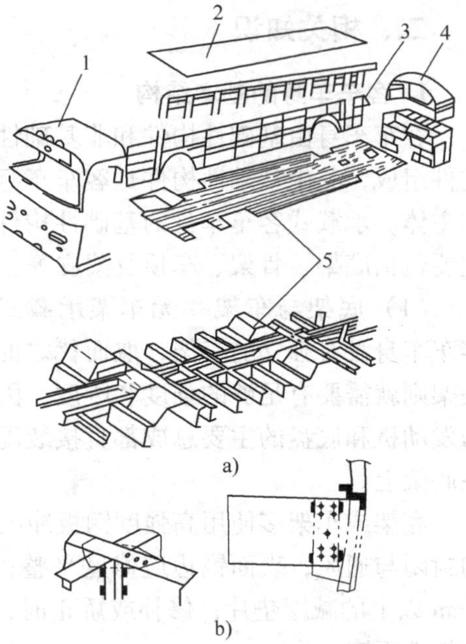


图 1－18　骨架式车身

a）骨架形式　b）底架的连接

1—前围部分　2—顶盖部分　3—侧围部分

4—后围部分　5—地板与底架

车内底板用木板、多层板、塑料插接件等装修平整，地板上通常还需要覆盖橡胶、塑料等装饰材料，以解决车底的密封问题。

（2）薄壳式车身　薄壳式车身（如图 1－19 所示）又称为应力壳体式车身结构，是飞机机身薄壳结构的移植和运用。它没有像骨架式车身那样的独立骨架，构成车身整体并取代骨架作用的是板块式构件，结构应力也由这些板块式构件承担，如顶盖、车底、侧板、车身构件等。

薄壳式车身结构具有整体刚度好、材料消耗小、壳体质量轻、工艺性好和生产效率高等许多优点，但承载能力却受车身整体尺寸的限制。

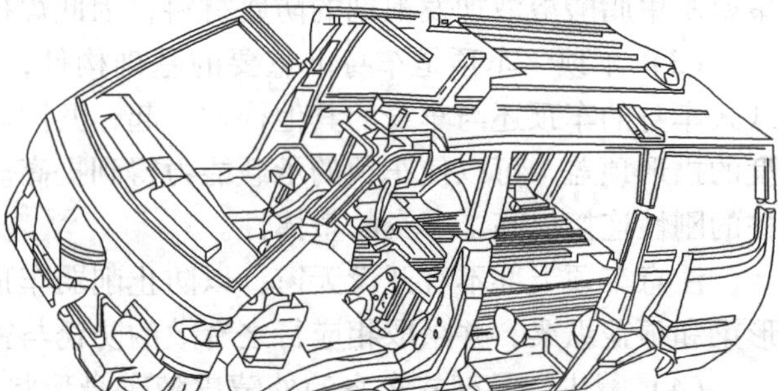

图 1－19　薄壳式车身

薄壳式客车车身的车底用优质钢板冲压而成。为确保车底承载能力和装配发动机、底盘各总成的需要，一般还加焊了贯通式纵梁和横向的局部加强结构。车内地板同样覆盖以隔声、绝热、密封为目的的地板装饰材料。薄壳式车身广泛应用于旅行客车车身构造上。

（3）嵌合式车身　嵌合式车身（如图 1－20 所示）虽然没有组焊而成的独立骨架，但也不同于直接用预制构件组焊成的车身。它是依据车身不同部位的受力情况，相对地将车身侧壁挤压成形的型材嵌合而成。型材嵌合后将环氧树脂挤入车身构件的连接部，待其硬化后即可将型材牢固地粘接在一起，这种连接方式称为 Rohrlok 连接法。

车身使用的型材上有纵向整体式加强肋，可用铆接方式与竖框刚性连接。采用铝板蜂窝状夹层结构制成的底板和车顶，以及与侧壁构件共同制成的整个车身壳体，可使局部和整体承载能力得到保证与提高，因而这种嵌合式车身强度高、质量轻，而且寿命长。

这种类型的车身，既吸收了骨架式车身承载能力强的优点，同时也兼顾了薄壳式车身自重轻的特点，主要适用于载客量大的旅行客车车身结构。

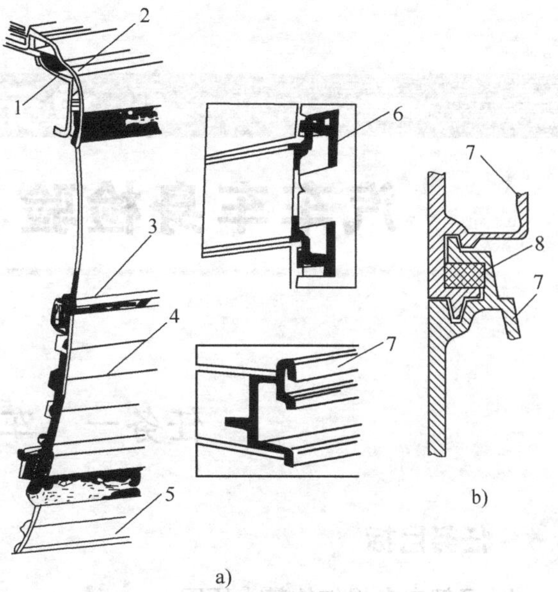


图 1－20　嵌合式车身

a）车身侧壁断面　b）骨架的连接

1—车顶边梁　2—顶盖转角　3—侧窗框　4—蒙皮

5—裙板　6、7—铝型材　8—环氧树脂胶粘剂

# 单元二

# 汽车车身检验、测量与矫正

## 任务一　车身的检验

### 任务目标

1. 了解车身损伤的基本原因。
2. 掌握车身检验的基本方法。

### 一、任务

汽车车身检验的主要内容是检验车身是否产生锈蚀、脱焊、裂损、皱褶、弯曲等现象，如图 2－1 所示。

图 2－1　车身的检验

### 二、相关知识

汽车车身损伤的检验是修理的重要依据，车身的损伤可能是碰撞引起的，也可能是长期使用过程中逐步积累而成的。车身损伤部位的分布是有规律的，并且用目测法也很容易发现。

当汽车受到碰撞形成损伤、检验损伤时，必须沿着碰撞力扩散的路径逐一找到薄弱部位，并观察其损伤程度和类型。比如钢板连接点的错位、油漆层裂缝和剥落都是损伤导致的结果。当然，检查汽车各部件的间隙和配合情况也是判断损伤的依据。

由于汽车长期运行的累积效果，经常使车身在某些断面出现锈蚀、脱焊、裂损等现象，所以应时常检查并予以修复。下面是车身钣金件损伤原因与检查部位的介绍。

**1. 磨损**

（1）原因　钣金件相互接触的表面，由于受力产生相对运动而引起磨损。所受的作用力越大、作用时间越长、材质表面硬度越低，则磨损越严重。

（2）检查部位

1）车身各铰链孔轴间的转动处。

2）门锁锁舌与锁扣间的撞击和滑动。锁舌台肩限位板面间的间断撞击。

3）玻璃升降器齿轮接触齿间的滑动。
4）铰链孔轴松旷导致车门下沉后，门下表面与门框的摩擦。
5）发动机罩下表面与散热器上表面及翼板上表面的振动接触和相对错动摩擦等。
6）各钣金件螺栓松动后的螺栓孔磨损，造成孔径增大。

**2. 腐蚀**

（1）原因
1）金属表面有泥水，发生氧化反应而引起锈蚀。
2）焊修后，未经防锈处理而引起锈蚀。
3）接触化学药品而发生化学腐蚀。
（2）检查部位
1）驾驶室后围下裙部夹层。
2）各车门内外板下部底槽。
3）各车门与门框之间的缝隙处。
4）钣金件保护涂膜剥落或表面磷化处理层损坏处。

**3. 裂纹和断裂**

（1）原因
1）钣金件在制作成形或焊接过程中，产生内应力。
2）汽车行驶时，由于车身不断振动使钣金件承受交变载荷。
3）汽车急加速、紧急制动和急转弯时，使车身承受惯性力、离心力的作用。
4）汽车通过路况差的路面时，各钣金件承受扭转力作用。
（2）检查部位
1）翼子板固定支架点焊处和固定螺栓孔周围。
2）车门内板前侧与加固板点焊处等存在焊接应力，易发生脱焊和焊点处板撕裂。
3）车门铰链附近剪口处。
4）翼子板内、外侧边缘。
5）钣金件拐弯、折边和狭窄部位。
6）驾驶室与车架连接部位。
7）各门框前、后下角。
8）螺栓孔磨损严重处。

**4. 皱褶和凹凸**

（1）原因　钣金件受到撞击或挤压会引起机械损伤。
（2）部位　检查散热器罩、发动机罩前端、左右翼板的前端和外侧以及车门外板。

**5. 弯曲和扭曲**

（1）原因
1）车身受撞和挤压。
2）汽车行驶振动的交变载荷。
3）急加速、紧急制动、急转弯的惯性力。
4）路况差的路面使车身扭转等。
（2）检查部位

1）骨架和支架远离固定点的部位，如门框框架。
2）翼子板及其支架、发动机罩的侧缘。
3）天窗盖框架及覆盖板。
4）后备箱盖侧缘。
5）侧窗框架。

## 三、任务实施

**1. 操作准备工作**

1）废旧汽车一台。
2）钢板尺。

**2. 操作要求**

1）按正确操作程序进行检查。
2）检查结果是否符合技术要求。

**3. 操作步骤**

项目1：对发动机罩进行检查

首先，合上发动机罩进行检查（如图2－2所示），检查顺序如下：
1）检查发动机罩是否完全锁牢。
2）检查罩与挡泥板的间隙、高度是否有较大误差。

其次，打开发动机罩时进行检查（如图2－3所示），检查顺序如下：
1）检查罩锁口是否平稳解脱。
2）检查罩锁扣钢绳工作是否正常。
3）检查罩铰链是否留有自由行程。
4）检查罩支撑柱是否将罩可靠地撑起。

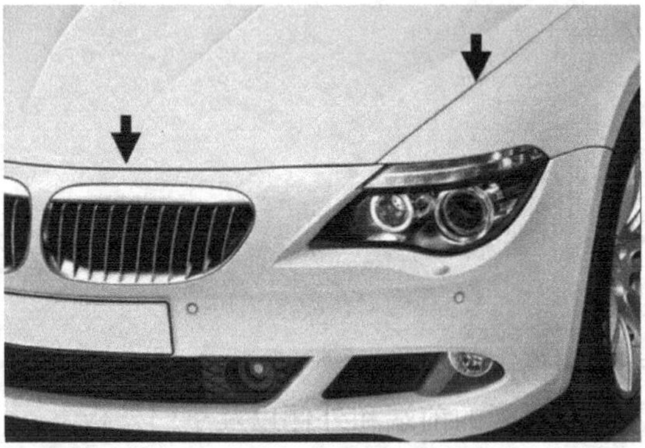

图2－2　合上发动机罩的检查

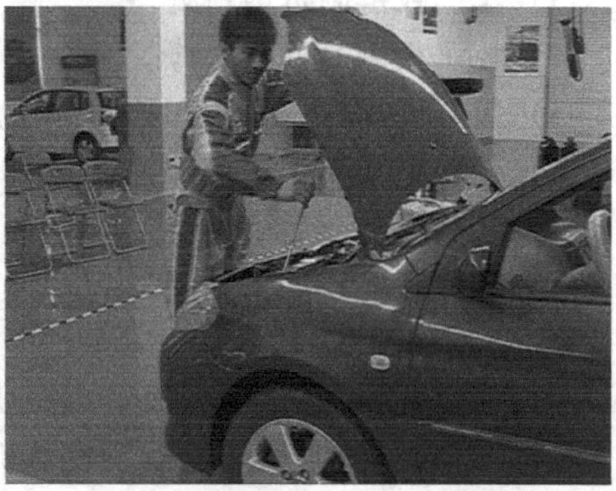

图2－3　打开发动机罩的检查

项目2：对车门进行检查（如图2－4所示）

1）检查门开闭时对其他部位有无刮碰，从打开直至停下是否运转自如，门铰链工作状况是否良好，闭合时是否能可靠地锁紧，闭合后立缝间隙是否符合要求。

2）升起、降下门玻璃时是否有异响，不发卡，无过重现象。

3）门铰链润滑状况是否良好。

项目3：后行李箱盖的检查（如图2-5所示）

1）检查开闭动作是否灵活。

2）检查锁紧机构是否正常。

3）检查铰链是否松旷。

4）闭合时，后行李箱盖与后挡泥板的间隙及高度差是否符合要求。

图2-4　车门的检查

图2-5　后行李箱盖的检查

# 任务二　车身的测量

## 任务目标

1. 了解车身测量的基本部位。
2. 掌握车身测量的基本方法。

## 一、任务

对汽车车身进行测量，如图2-6所示。

图2-6　汽车车身的测量

## 二、相关知识

### 1. 车身尺寸的测量基准

车身尺寸测量基准分为基准平面、基准中线及基准点。

（1）基准平面　基准平面是与车底平行且距车底有一定距离的一个平面。它既是汽车制造厂测量和标注车身所有高度尺寸的基面，也是修理时测量汽车的基面，一般为汽车轮胎的接地面，如图2-7所示。

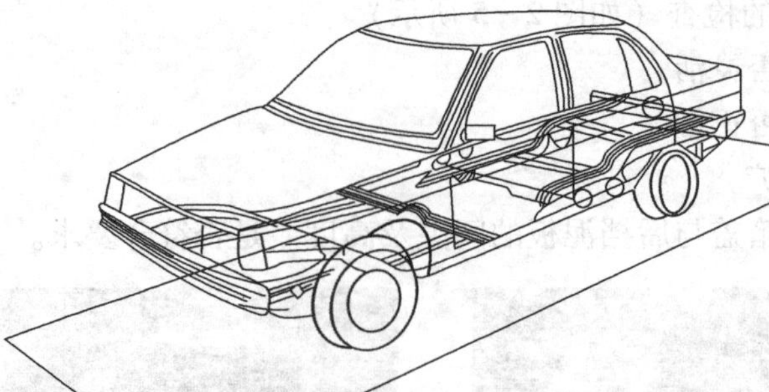

图 2-7　基准平面

（2）基准中线　基准平面由一个假想的中心平面分开，这个中心平面或基准中线将汽车分成相等的两半。汽车对称的所有宽度尺寸都是从基准中线测量的，即从基准中线到右侧某点距离与到左侧相同点的距离完全相等，如图 2-8a 所示。

有时，也将车身分成前、中、后三个部分，分断面在前后桥附近，称为零平面。对于承载式车身结构，每一段都应采用比较两根对角线长度的方法来检查其方正状况。在检查结构的正直性时，应把中间车身段作为基础，如图 2-8b 所示。

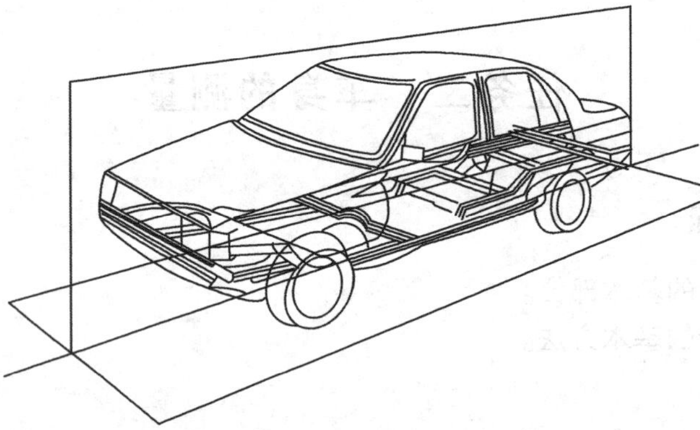

a)

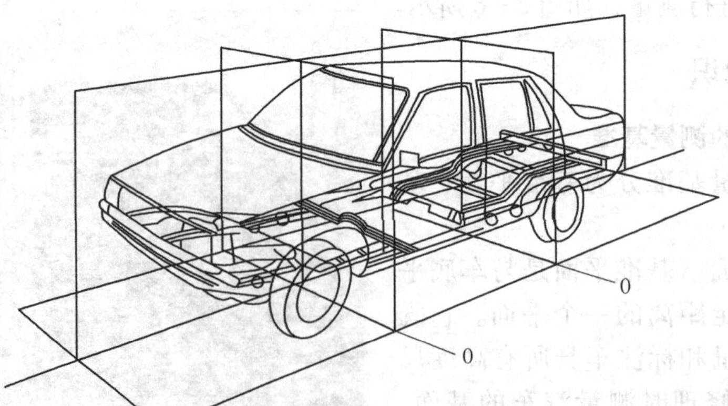


b)

图 2-8　基准中线

（3）基准点　基准点是车身尺寸手册中确定承载式车身尺寸所用的点、螺栓、孔等。基准点间的距离可以用杆规或钢卷尺进行测量。

用杆规测量时，将量脚插入测孔内，可直接得出所测两孔的中心距，如图2－9a所示；用钢卷尺测量时，把孔径分成两半即可得出所测两孔的中心距，如图2－9b所示。

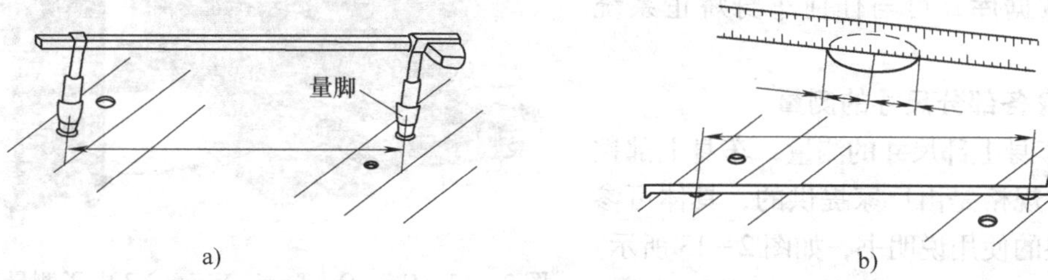


图2－9　基准点

**2. 测量设备**

（1）轨道式量规　轨道式量规如图2－10所示。左右两个测量销沿轨道滑竿移动，插入被测量孔中，从滑尺上即可读出两孔间的距离。

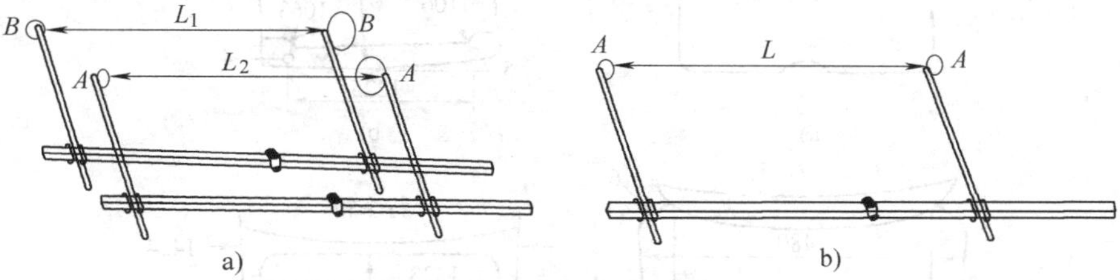


图2－10　轨道式量规

用轨道式量规测量的最佳位置为悬架和机械元件上的焊点。这些都是部件当中的关键控制点。对于关键控制点，在汽车修理过程中必须反复测量。

在没有专门的轨道式量规的情况下，利用钢卷尺也可以作近似的测量。

（2）中心量规　中心量规如图2－11所示。中心量规可以安装在汽车的不同位置上，通过投影可以看出车身结构是否准直。若车身尺寸符合出厂数据，中心量规安装无误，则所有量规的横梁都是相互平行的，且调节挂钩长度时所有中心销孔都在同一直线（中心线）上。

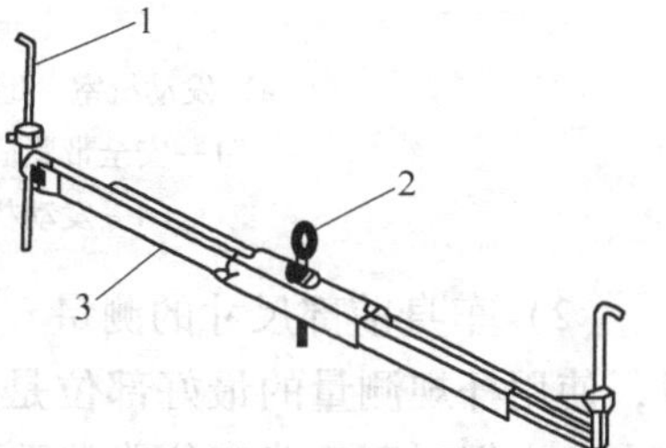


图2－11　中心量规

1—挂钩　2—量规　3—中心销

做翘曲检查时，可以在两个无明显损伤的地方悬挂两个量规。检查这些量规的平行及中心销间的错位情况，判断是否翘曲。利用中心量规可以检测车身支柱的损伤情况。

（3）电子测量系统　电子测量系统能够对汽车车身进行精确的三维数据测量，并通过测量数据分析出车身的矢量分析图，从而对车身的变形情况进行诊断。

Car－O－Tronic Vision X3电子测量系统（如图2－12所示），应用在事故车辆修复的全部过程中。从最初的受损分析诊断、定损评估，到最后的检测验收，都是当今市场上运行快、精确并且易操作的计算机控制的电子测量系统。它引导支配着整个车身修复过程，并自动进行中心线的标定、测量，并得出检测报告。它带有照片图解，配备丰富的车身数据库，可与任何车身矫正系统配合使用。

图 2-12　Car-O-Tronic Vision X3 电子测量系统

**3. 车身各部分尺寸的测量**

（1）车身上部尺寸的测量　车身上部控制点的尺寸规格是由厂家提供的，具体可参见厂家提供的使用说明书，如图 2-13 所示。这些尺寸都可以利用轨道式量规测量。

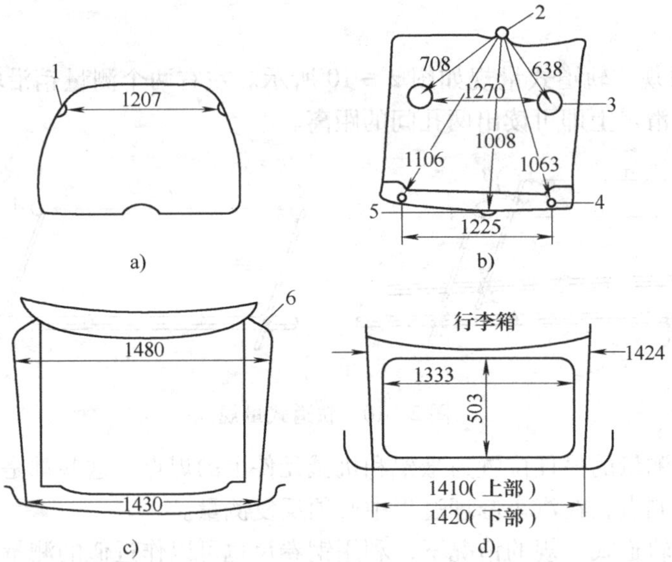


图 2-13　车身上部尺寸的测量

a）发动机室　b）汽车前部　c）发动机罩　d）汽车后部（行李箱）
1—安全带紧固螺栓　2—刮水器枢纽　3—撑杆支柱上的交叉件
4—发动机罩减振孔　5—发动机罩碰销　6—车颈部位

（2）车身前部尺寸的测量　在检查车身前部尺寸时，使用杆规测量的最好部位是悬架和机械部件的固定点，它们对于正确定位非常重要。

检查时，每个尺寸都应从另外两个基准点进行检查，并且至少应有一个基准点在对角线上。检查的尺寸越长，测量就越准确。如果利用每个基准点进行两个或更多个位置尺寸的测量，就能保证所得到的结果更为准确，也就更有助于判断板件损伤的范围和方向，如图 2-14 所示。

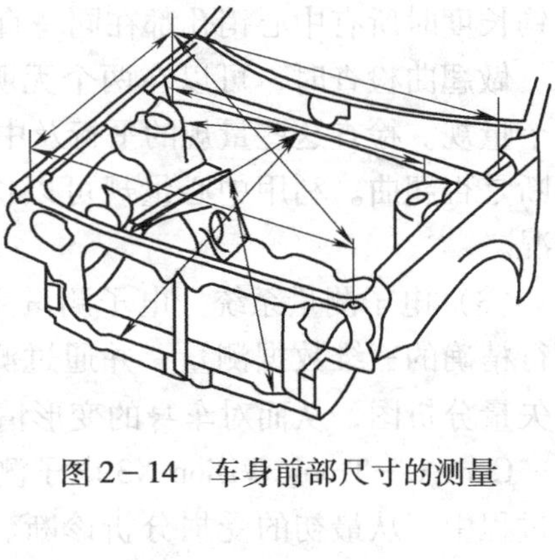

图 2-14　车身前部尺寸的测量

(3) 车身侧围尺寸的测量　通过观察车门在打开和关闭时的外观及其他不正常的现象，可以判断车身侧围结构是否变形。对于某些变形部位，还应注意其是否漏水，因此必须进行精确的测量。

可以用杆规测量车身的侧围结构。利用车身的左右对称性，通过测量对角线，可以进行挠曲变形的诊断，如图 2－15 所示。

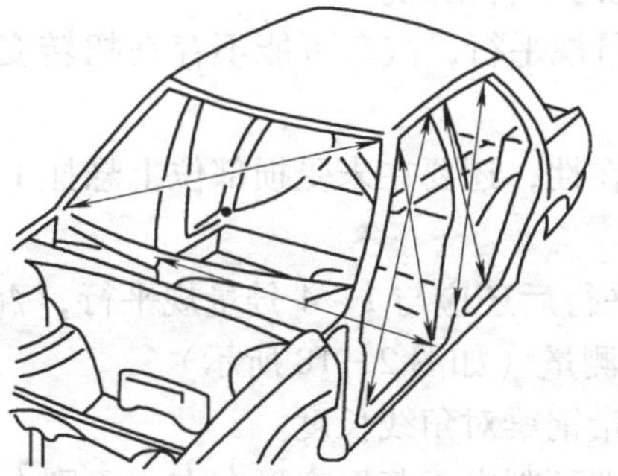

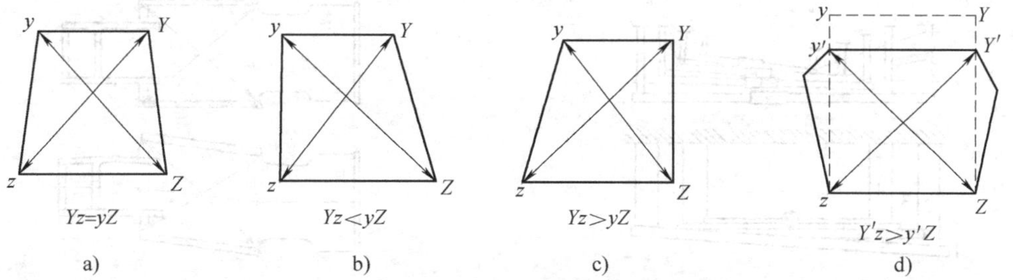


图 2－15　车身侧围尺寸的测量

a) 无挠曲变形　b) 左侧有变形　c) 右侧有变形　d) 两侧均有变形

(4) 车身后部尺寸的测量　通过观察行李箱盖在打开和关闭时的外观及其他不正常现象，可以初步判断车身后部是否变形。考虑到其变形的位置及漏水的可能性，所以必须进行准确的测量。

此外，行李箱地板的起皱往往是后纵梁弯曲造成的，因而车身后部尺寸的测量应与车底的测量结合进行，这样才能有效地进行矫正，如图 2－16 所示。

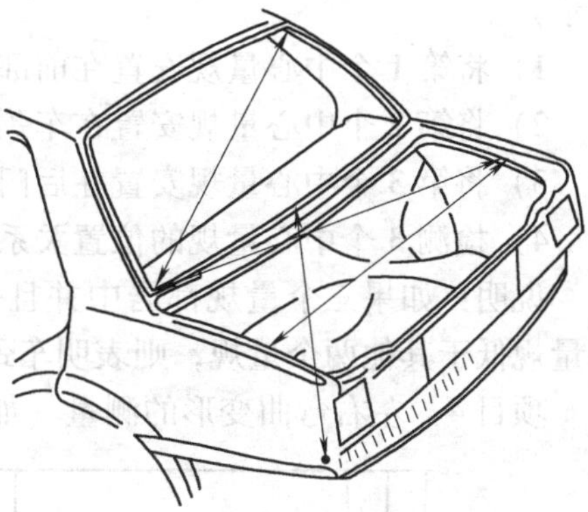

图 2－16　车身后部尺寸的测量

## 三、任务实施

**1. 操作准备工作**

1) 废旧汽车一台。

2) 四个中心量规。

**2. 操作要求**

1) 按正确操作程序进行测量。

2）测量结果是否符合技术要求。

**3. 操作步骤**

项目1：扭转变形的测量（如图2－17所示）

1）将汽车前部中心量规（2号）悬挂在中部前方。

2）将汽车3号量规尽可能远地悬挂在中部的后方至后桥向上拱起的车架处。

3）检验2、3号量规的平行情况。

说明：如果2、3号量规平行，汽车可能不存在扭转变形；如果不平行，表明可能存在扭转变形。

4）为断定后者的存在性，还要在未受损部位上悬挂1号量规（前部量规）或4号量规（后部量规）。

说明：2、3号量规平行后还应与1、4号量规平行，否则存在扭转变形。

项目2：菱形变形的测量（如图2－18所示）

1）用轨道式量规测量钢梁对角线长度。

2）如果对角线相等即可判定无菱形变形存在，否则有菱形变形。

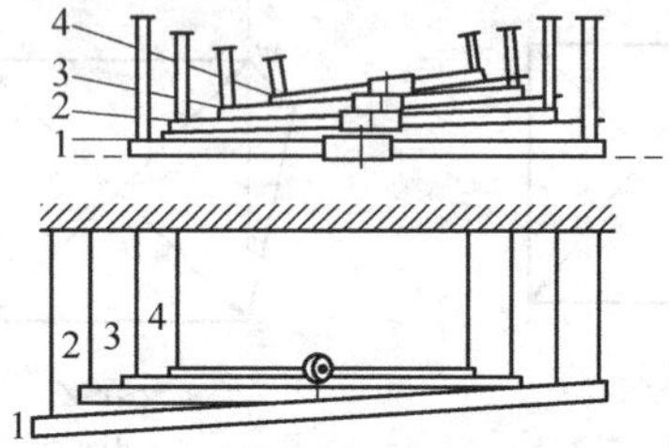


图2－17　扭转变形的测量

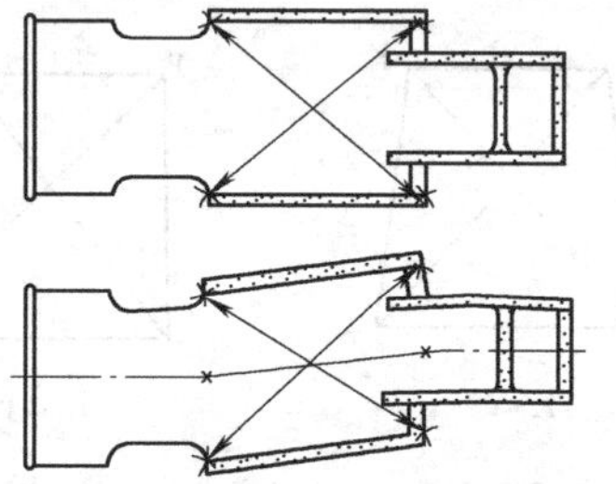

图2－18　菱形变形的测量

项目3：上下弯曲变形的测量（如图2－19所示）

1）将第1个中心量规安置在前部横梁上。

2）将第2个中心量规安置在车颈位置上。

3）将第3个中心量规安置在后门位置。

4）检测3个中心量规的位置关系。

说明：如果三个量规都居中并且平行，但中间量规低于其他两个量规，则表明车颈上存在上下弯曲变形。

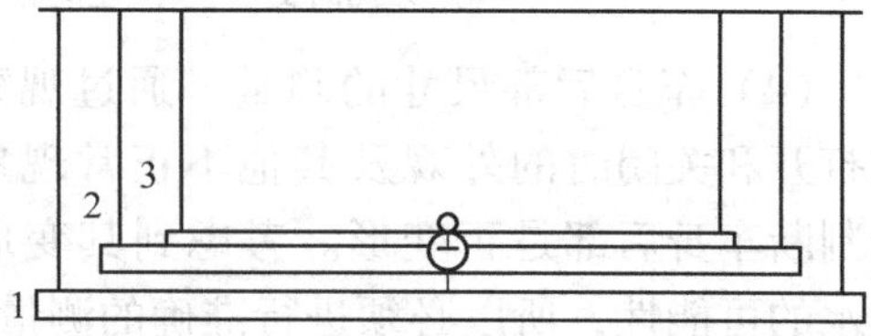


图2－19　上下弯曲变形的测量

项目4：左右弯曲变形的测量（如图2－20所示）

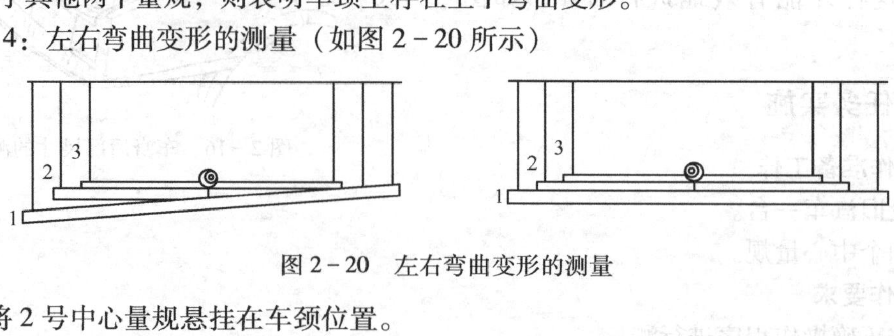


图2－20　左右弯曲变形的测量

1）将2号中心量规悬挂在车颈位置。

2）将3号中心量规悬挂在后门位置。

3）将1号观测量规悬挂于前部横梁上。

4）检测三个中心量规的位置关系。

说明：如果1号量规与2号、3号量规不在同一条直线上，那么汽车前部就存在左右弯曲变形。

# 任务三　车身的矫正

## 任务目标

1. 掌握车身矫正设备的结构及使用方法。
2. 掌握车身矫正方法。

## 一、任务

对变形汽车进行矫正，如图2－21所示。

## 二、相关知识

### 1. 矫正设备

（1）地面式设备　地面式设备即在地面上钻一些洞，埋入钢柱作为矫正设备的固定点，如图2－22所示。将牵引用拉链的一端通过夹具或其他连接装置与车身固定，另一端则与插入地面的钢柱连接。为了便于调整拉链的松紧度，其间还装有紧链器。

图2－21　车身的矫正

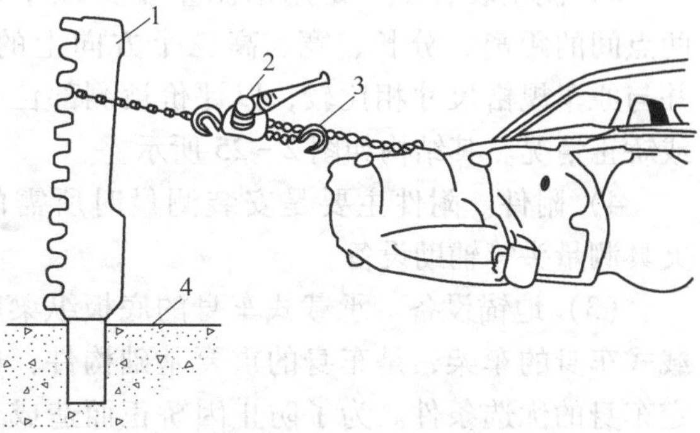


图2－22　地面式设备

1—插桩　2—紧链器　3—备用挂钩　4—地面

（2）移动式设备　移动式车身矫正设备是一套能对轿车或轻型车的车架、车身的损坏变形部位，进行边拉拔、边测量、边加热，使其恢复原有技术尺寸的设备。它的基本结构由整形床台、拉力矫正器、测量装置及附件等四部分组成。

1）整形床台。如图2－23所示，整形床台用来承载和固定进修车辆，安装拉力矫正器和测量装置。整个整形床台不需要拆装任何零件，不管车辆是否装有车轮，只要将车辆沿着活动式的车道引导板推带上架，把车身夹固钳移至适当位置，慢慢升高整形床台，让车身底架边缘凸槛落入车身夹固钳，锁紧四个大螺母，就可进行拉拔整形修复作业。

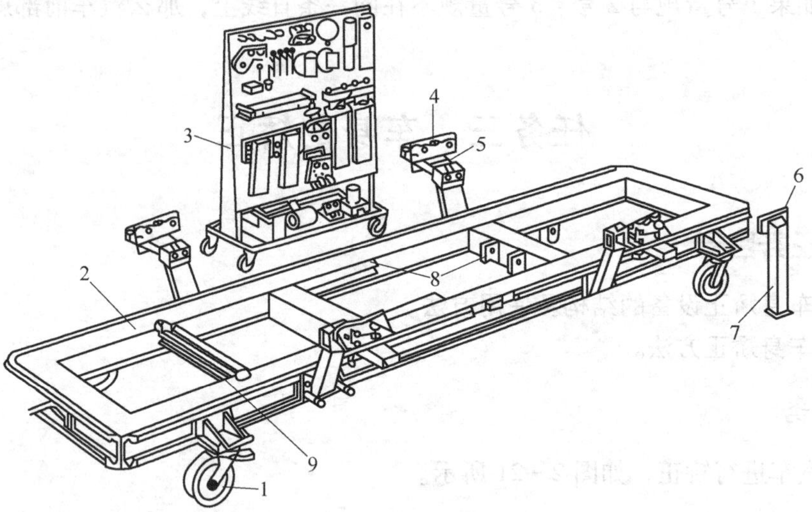


图 2－23　整形床台

1—基架　2—滚轮　3—支架　4—车身夹固钳　5—附件箱

6—支承板　7—支腿　8—横梁　9—举升连接装置

2）拉力矫正器。如图 2－24 所示，拉力矫正器是利用一个 10 吨级的液压缸产生的推力推动悬臂梁，进而由悬臂梁带动与车身相关处相接的链条，对车架或车身的变形部位进行拉拔，近而使车身恢复原有尺寸的。

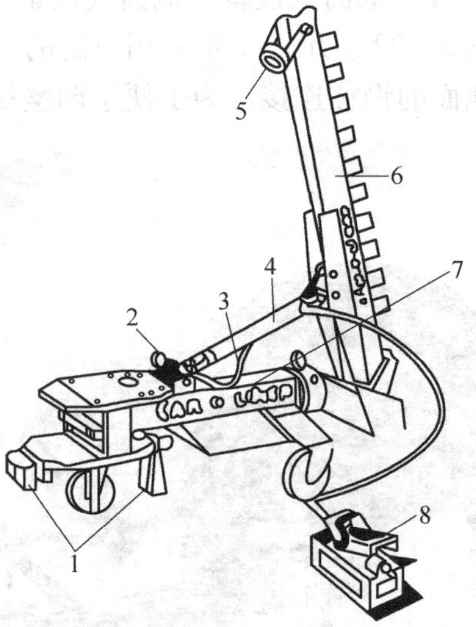


图 2－24　拉力矫正器

1—锁紧装置　2—枢轴　3—悬臂梁

4—铁栓桩　5—延伸臂　6—保险绳

7—液压泵　8—脚踏板

3）测量装置。它是用来测量车身或车架上某两点间的距离，分长、宽、高三个方向上的尺寸，并与原车规格尺寸相比较，以评价被测部位的变形或矫正情况。其结构如图 2－25 所示。

4）附件。附件主要是安装测量时所需的各种夹具测量头等辅助设备。

（3）地锚设备　承载式车身的底板纵梁和非承载式车身的车架，是车身的重要基础构件，也是固定车身的优选条件。为了防止因矫正而造成二次损伤，一般采用如图 2－26 所示的地锚设备。

地锚设备与地面的固定方式有两种：一种是与地面位置相对固定的埋入式地锚，另一种是能与地面位置相对移动的滑动式地锚。前者简便易行，但灵活性差；后者复杂，但车身固定点的可选范围较大，使用时得心应手。

（4）撑拉器　撑拉器是一种矫正工具，可将压缩过的部位撑开，也可将扩大了的部位拉回。一般有四种结构形式，如图 2－27 所示。

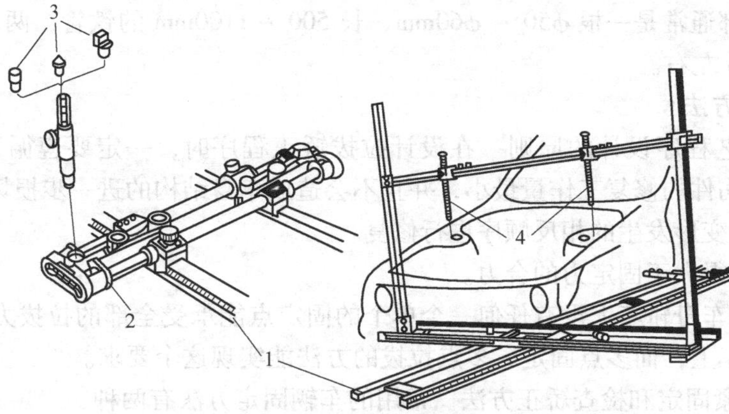


图 2－25　测量装置

1—测量桥　2—测量滑座　3—测量接头　4—车身上部测量装置

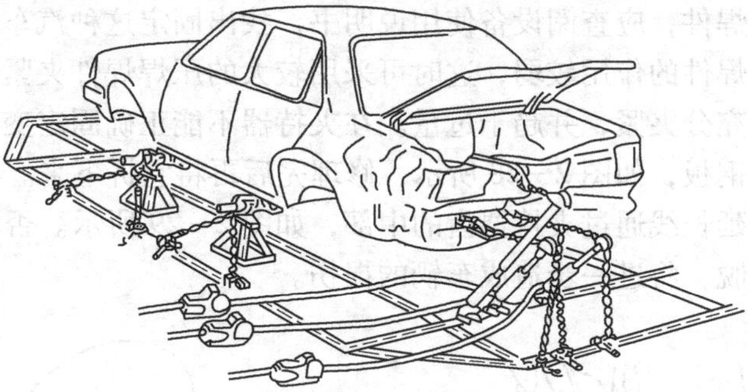

图 2－26　地锚设备

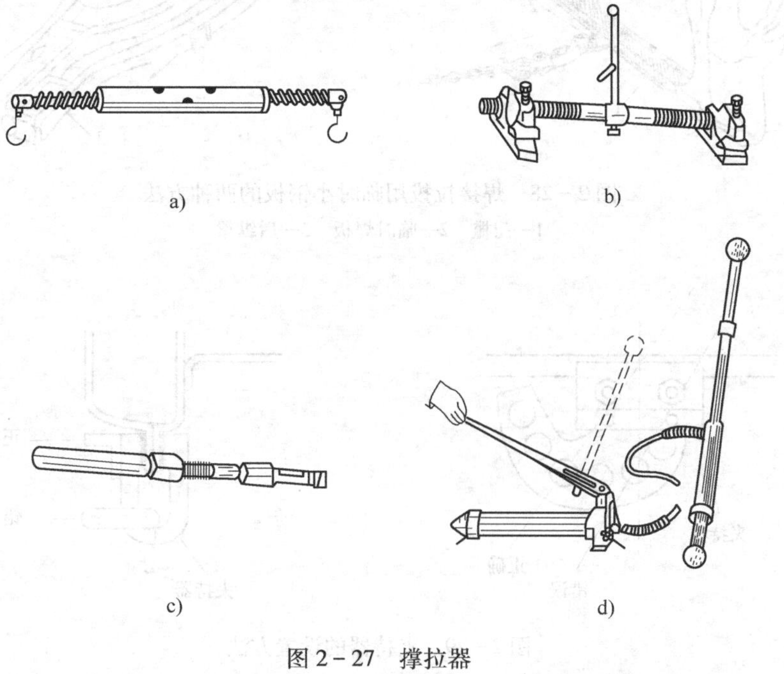


图 2－27　撑拉器

a）钩顶式　b）夹挂式　c）螺旋千斤顶式　d）液压千斤顶式

撑拉器的中部通常是一根 $\phi$50 ~ $\phi$60mm、长 500 ~ 1100mm 的铁管，两端为正反螺母，丝杆直径为 30mm 左右。

**2. 矫正实施方法**

（1）矫正工艺程序设计的原则　在设计拉拔矫正程序时，一定要遵循下述基本原则，以保证变形或损伤件的修复工作量最小，并且不会造成车身结构的进一步损坏。

1）按与碰撞变形发生的相反顺序进行修复。

2）拉拔力不得大于固定力的合力。

3）在承载式车身轿车上没有任何一个单个的固定点能承受全部的拉拔力，因此拉拔力必须分配到整个车上，而多点固定、多点拉拔的方法能实现这个要求。

（2）初步夹紧固定和检查矫正方法　常用的车辆固定方法有两种：

1）夹在车上的压焊焊件上。

2）在机械部件或悬架固定部位上用螺栓固定。

如果车上无压焊焊件，应查阅设备使用说明书，找出固定这种汽车的具体建议。如果所用的钢板较薄，压焊焊件的作用较弱，这时可采用较大的压焊焊件夹紧装置。

固定车辆时，应充分夹紧，并趋于过量。在夹持器不能正确固定变形部位的情况时，可以临时焊接上一小块钢板，如图 2－28 所示，修理完后再将它拆下来。在设置拉拔用夹持器时，应保证拉拔力的延长线通过夹持器齿的中部，如图 2－29 所示。否则作用在夹持器上的旋转力会把夹持器拉脱，将进一步造成车辆的损伤。

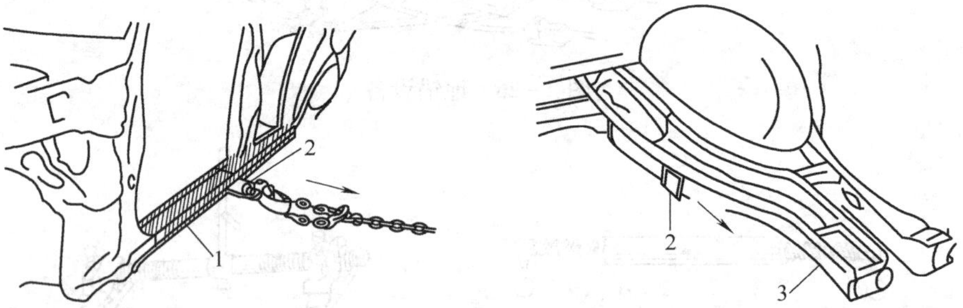


图 2－28　焊接拉拔用临时小钢板的两种方法

1—门槛　2—临时焊板　3—后纵梁

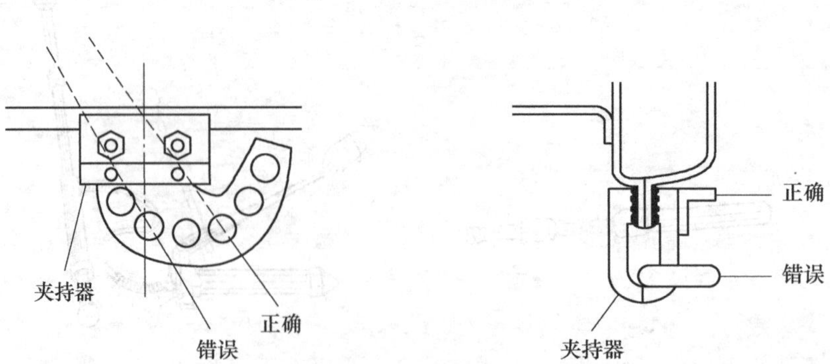


图 2－29　夹持器的设置方法

由于承载式车身汽车碰撞后产生的变形为被隔离开的塌陷变形，因而对各个损伤部位应尽可能作分别处理。

（3）实施拉拔矫正的方法　用于拉拔或撑顶的设计方案很多，正确的拉拔程序包括解决纠缠在一起的各种小问题，且应有序地一一解决。

每次应拉拔一点点，然后消除应力进行检测（在台架上时，是检查夹具到车身上对应基准点的距离），而后再重复以上步骤。拉拔应从中部向外扩展，先实现正确的长度，然后消除侧倾，最后矫正高度方向。

完成拉拔工艺最有效的方法是模仿徒手作业方法。即按无工具可用时决定如何使损伤部位恢复原状的方法，要确定每次拉拔多少个部位和在哪些方向上拉拔。如图 2－30 所示为撞击损伤后车身拉拔矫正程序的一个实例。

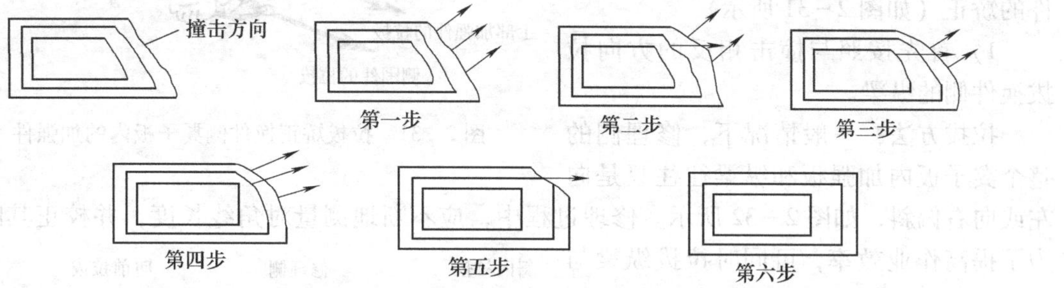


图 2－30　车身拉拔矫正的程序

**3. 车身矫正过程中的注意事项**

1）必须完全按照设备制造厂家提供的使用说明书中的要求正确使用设备。矫正拉拔时，要仔细观察设备状况，查看是否有危险情况发生。

2）禁止不熟练或未受过良好训练的人员操纵矫正设备。

3）矫正拉拔前，一定要把车辆固定住，并检查夹紧和锚固装置螺栓的紧固情况。

4）一定要使用为拉拔及锚固推荐的那种尺寸和材料（合金）的环链，并只能使用矫正设备所配备的环链。

5）矫正拉拔时，必须将安全链挂到车辆和锚固点上，同时安全链不能绕过尖角部位。

6）沿拉拔链再松弛地挂一根环链到车上，以免拉拔链拉断后甩出。

7）矫正拉拔时，拉拔链应加以覆盖，以免拉拔链拉断后甩出。

8）在车上或车下作业时，禁止使用随车千斤顶。一定要使用推荐的千斤顶式支架来支承车辆。

9）夹持器可能会滑脱或引起钢板撕裂，因此一定要系上安全绳，以免造成人身伤害和设备损坏。

10）禁止站在环链或夹持器所在的直线上，否则拉拔环链断裂、夹持器滑脱和钢板撕裂都可能造成人身伤害。

11）在拉拔的同时进行车内作业是极其危险的。

12）液压泵及液压缸的操作不应该负荷很重。如果出现过载，则应松开，重新考虑拉拔方法，然后再试一试。要按规定的方法改变拉拔方向，增加拉拔点或消除应力。

## 三、任务实施

**1. 操作准备工作**

1）需修汽车一台。

2）各种矫正设备。

**2. 操作要求**

1）按正确操作程序进行矫正。

2）矫正修复结果符合技术要求。

**3. 操作步骤**

项目1：前纵梁和前翼子板内加强件的矫正（如图2－31所示）

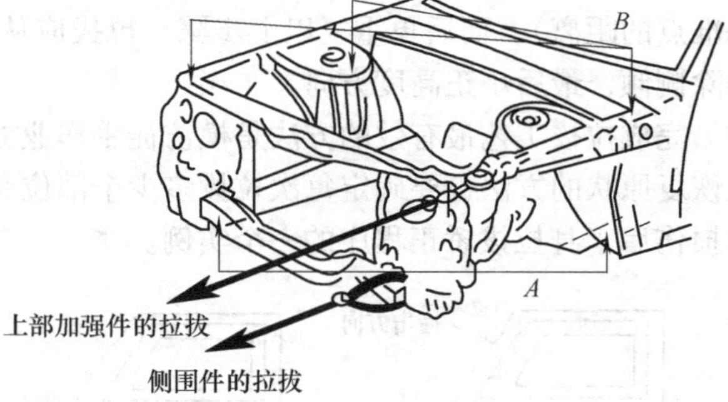


图2－31　拉拔矫正换件侧翼子板内的加强件

1）首先按照与撞击相反的方向拉拔换件侧的纵梁。

拉拔方法：一般情况下，修理侧的整个翼子板内加强板和纵梁往往只是向左或向右偏斜，如图2－32所示。修理过程中，应不断地测量对角线长度，并校正其距离。为了提高作业效率，可同时拉拔纵梁与翼子板内加强板上部的加强件。如果修理侧的纵梁朝外侧偏斜，则应朝前转一角度拉拔，同时要注意监测对角线的变化；如果修理侧的纵梁朝内侧偏斜，则应直接向前拉拔；如果修理侧的纵梁损伤严重，则应在对角线长度正确的点处把横梁和散热器上固定板拆开，且分别进行修理。

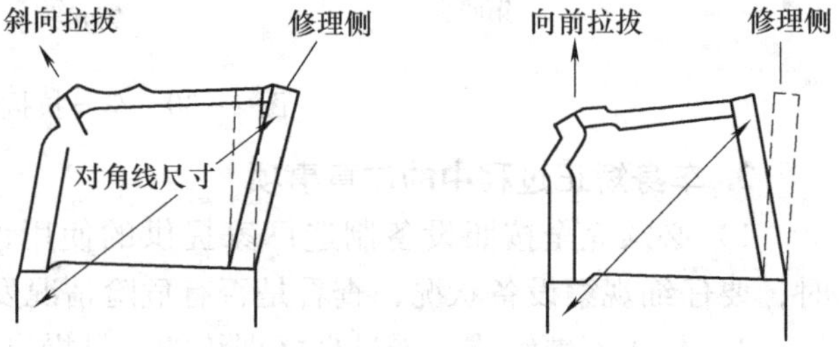


图2－32　拉拔矫正翼子板加强件修理侧

2）修复修理侧的翼子板内加强板和纵梁。

3）修复翼子板内加强板和纵梁的安装部位。

项目2：车身后部的矫正（如图2－33所示）

1）首先将夹持器或挂钩固定在后纵梁、行李箱地板或后翼子板的后部。

2）边拉拔边对车身下部每个尺寸进行检测。

注意：在后纵梁被挤进轮罩或者后门缝有变形的情况下，不要夹持及拉拔变形不大或未出现变形的翼子板，而是只应对纵梁进行拉拔来消除翼子板内的变形应力。

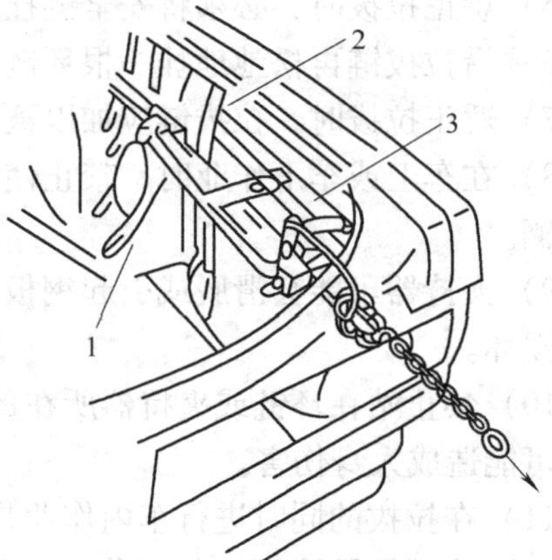


图2－33　车身后部的矫正

1—轮罩　2—内侧板件　3—夹持器

项目3：车身侧围的矫正（如图2－34所示）

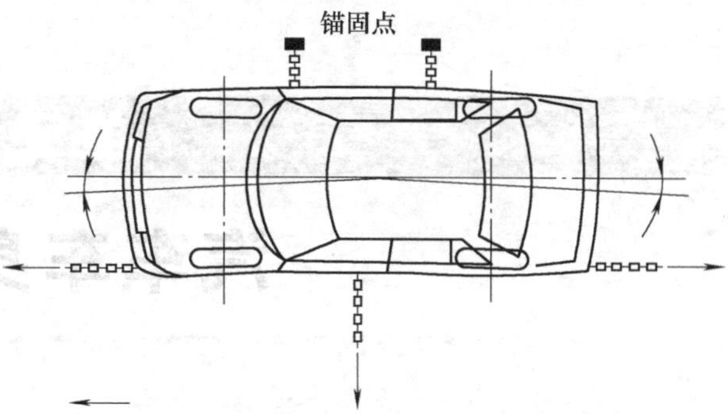

图 2-34　车身侧围的矫正

1）将车架校直装置夹紧在车身上。

说明：车身侧围发生碰撞时，门槛中部遭到严重损伤，车厢地板就会变形，整个车身将弯曲成香蕉形。由于可挂钩的部位有限，所以侧向拉拔的承载式车身汽车的锚固非常困难，因此有必要使用车架校直装置。

2）将环链在夹紧装置上绕一圈再挂到边缘上，车身中部即可固定，施加张力开始拉拔。

3）牵拉时沿两个箭头相互垂直方向进行。

# 单元三

# 汽车车身修复

## 任务一　汽车车身修复工具的使用

### 任务目标

掌握汽车车身修复工具的结构及使用方法。

### 一、任务

了解汽车车身修复工具（如图 3－1 所示）并正确使用。

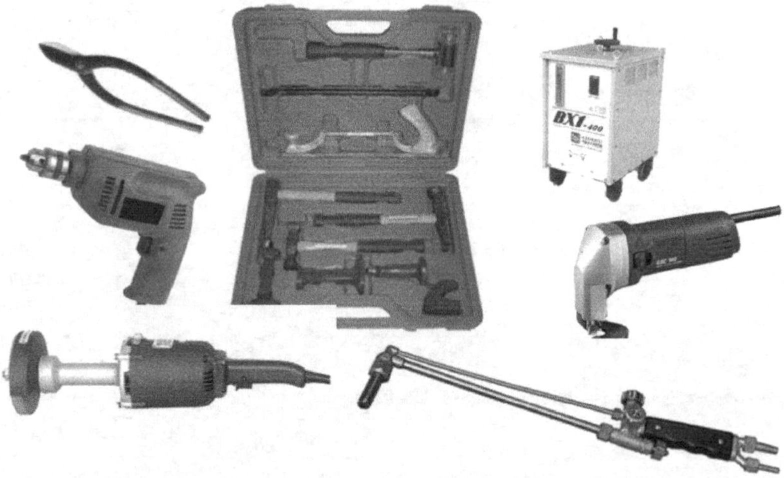

图 3－1　汽车车身修复工具

### 二、相关知识

**1. 锤子**

锤子是汽车钣金维修中的基本工具，也称为钣金锤。它的形状很多，作用也各不一样，主要用于敲击平面，以及圆弧形工件的整形和制作。根据锤击的不同需要，锤头也可以用橡胶、木头等制成，如图 3－2 所示。

使用钣金锤时应按下列方法进行操作：

1）用手轻松握住钣金锤手柄的端部（相当于手柄全长 1/4 处的位置）。握锤时，锤柄下面的食指和中指应适当放松；小指和无名指应相对紧一些，使之形成一个比较灵活的转轴。

2）锤击工件时，眼睛注视工件，找准锤击落点。

3）锤击作业质量的关键在于落点的选择，一般应遵循“先大后小、先强后弱”的原则，从变形较大处开始顺序敲打，保证锤头以平面落在金属表面上。同时，还要注意钣金件的结构强度，有序排列钣金锤的落点。

4）用摇动手腕的方法轻轻敲击构件表面，并利用钣金锤敲击构件时产生的回弹力按圆圈运动，如图 3 - 3 所示。

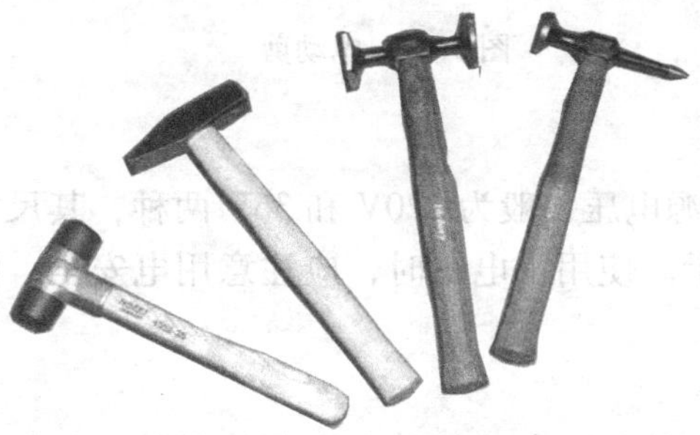

图 3 - 2　常用锤子

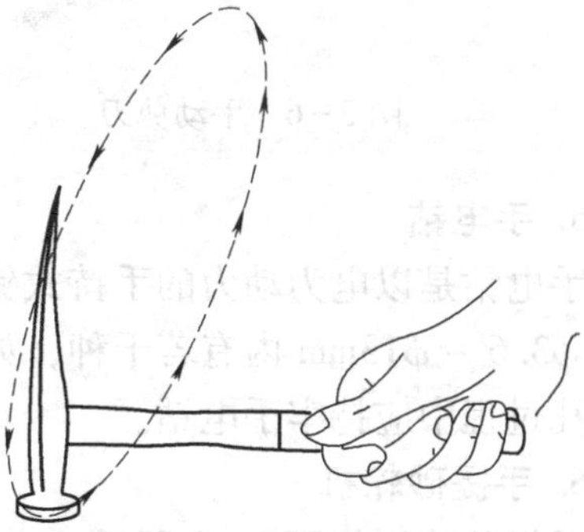

图 3 - 3　钣金锤的使用方法

**2. 垫铁**

垫铁是在敲击金属板料时用来衬托在金属板料反面的工具。其材料多为中碳钢，且形状各异，如图 3 - 4 所示。

选用垫铁衬托金属板料时，垫铁的形状要与金属板料曲面的曲率相互一致。否则，在修理过程中将会产生严重的后果，致使金属板料的损坏更严重，如图 3 - 5 所示。

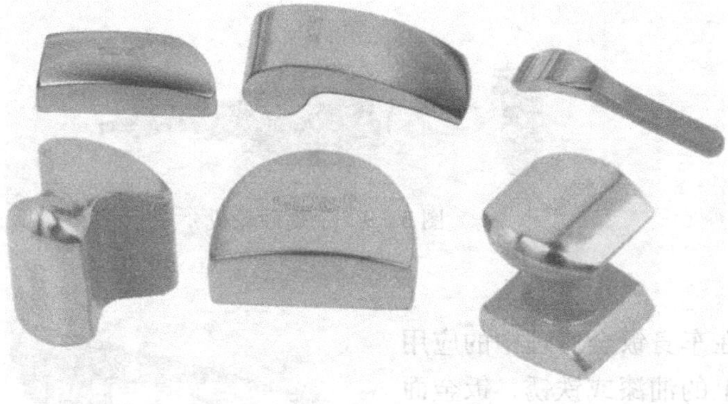

图 3 - 4　垫铁

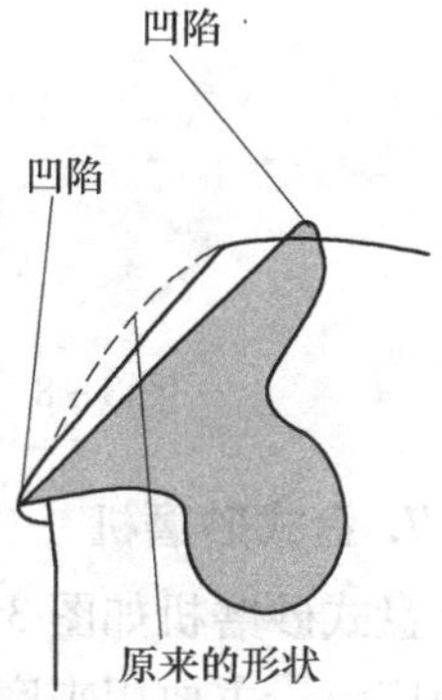


图 3 - 5　使用不符合曲面形状的垫铁

**3. 手动剪刀**

手动剪刀一般用于某种条件下单件生产或半成品的修整工作。手动剪刀只能剪切 0.8mm 以下的金属板料，如图 3 - 6 所示。

**4. 电动剪**

电动剪属于振动式剪刀，由一只小电动机带动刀杆上下快速运动，与下刀头配合达到剪切的目的，如图 3－7 所示。

图 3－6　手动剪刀

图 3－7　电动剪

**5. 手电钻**

手电钻是以电为动力的手持式钻孔工具，电源电压一般为 220V 和 36V 两种，其尺寸规格在 $\phi3.6 \sim \phi13$mm 内有若干种，如图 3－8 所示。使用手电钻时，应注意用电安全，同时在钻孔过程中应持牢手电钻。

**6. 手提砂轮机**

手提砂轮机如图 3－9 所示，主要用来磨削不易在固定砂轮机上磨削的零件，如发动机罩、驾驶室、翼子板及车身蒙皮等经过焊修的焊缝，可用手提砂轮机磨削平整。手提砂轮机有电动和风动两种类型。按砂轮直径分，常用的规格有 $\phi150$mm、$\phi80$mm、$\phi40$mm 三种。

图 3－8　手电钻

图 3－9　手提砂轮机

**7. 盘式砂磨机**

盘式砂磨机如图 3－10 所示，在车身钣金修理中的应用极为广泛，主要用来磨除金属表面上的油漆或铁锈，钣金面的凹陷处也可用砂磨机打磨而显现出来。通常打磨时所用的砂轮片粒度为 60#、80#或是 120#等，一般常用的是 80#。

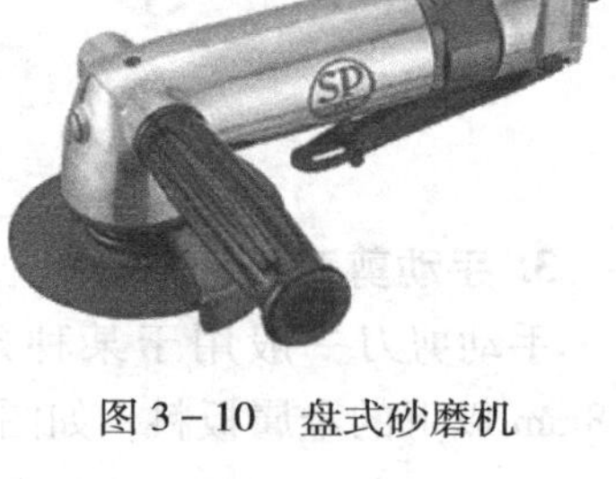

图 3－10　盘式砂磨机

**8. 气焊设备**

（1）氧气瓶（如图 3－11 所示）　氧气瓶是运送和贮存高压氧气的容器，其容积为 40L，工作压力为 15MPa。

(2) 乙炔瓶（如图 3-12 所示） 乙炔瓶是贮存和运送乙炔的容器，国内最常用的乙炔瓶公称容积为 40L，工作压力为 1.5MPa。其外形与氧气瓶相似，外表漆成白色，并用红漆写上"乙炔"、"不可近火"等字样。在瓶体内装有浸满丙酮的多孔性填料，可使乙炔稳定而又安全地贮存在瓶内。

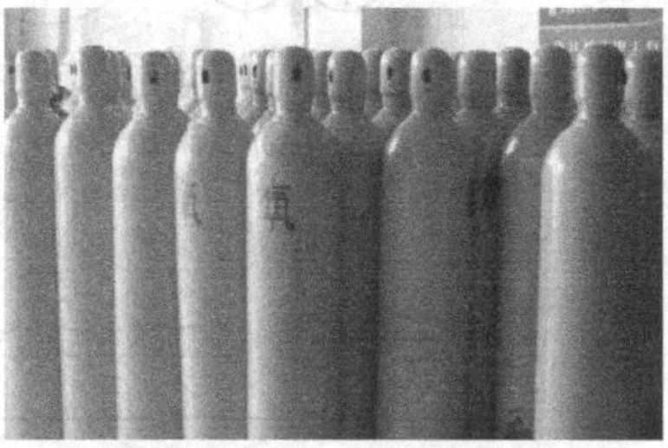

图 3-11 氧气瓶

图 3-12 乙炔瓶

(3) 减压阀（如图 3-13 所示） 减压阀的作用是降低气体压力，并使输送给焊炬的气体压力稳定不变，以保证火焰能够稳定燃烧。减压阀在专用气瓶上应安装牢固。各种气体专用的减压阀，禁止换用或替用。

(4) 焊炬（如图 3-14 所示） 焊炬的作用是将乙炔和氧气按一定比例均匀混合，由焊嘴喷出，点火燃烧，产生气体火焰。常用的氧乙炔射吸式焊炬如图3-14所示。各种型号的焊炬均配备 3~5 个大小不同的焊嘴，以便在焊接不同厚度的焊件时使用。

图 3-13 减压阀

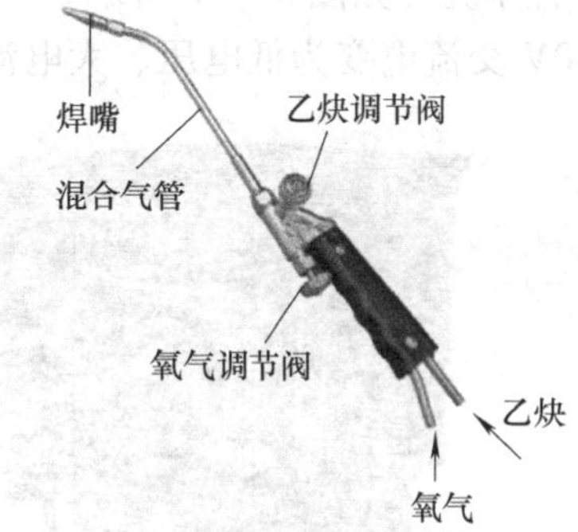


图 3-14 焊炬

**9. 气割**

气割是利用可燃气体（乙炔）和氧气混合燃烧的火焰，将金属加热到燃烧点，然后喷射氧气流，使金属剧烈燃烧并吹除氧化熔渣，使金属分割开来的方法。气割用的割炬如图3-15所示。

**10. $CO_2$ 气体保护焊**

$CO_2$ 气体保护焊是以 $CO_2$ 作为保护气体，依靠焊丝和焊件之间产生的电弧来熔化金属的一种焊接方法，如图 3-16 所示。

(1) $CO_2$ 气体 焊接用的 $CO_2$ 气体通常由钢瓶贮存，并且为液态，经汽化后使用。钢瓶内液面上方为水蒸气、空气和 $CO_2$ 气体三者的混合物。为了保证焊缝内不出现气孔，要求 $CO_2$ 气体的质量分数为 99.5%以上。水的质量分数和氮的质量分数均不应超过 0.1%，否则会严重影响焊接质量。

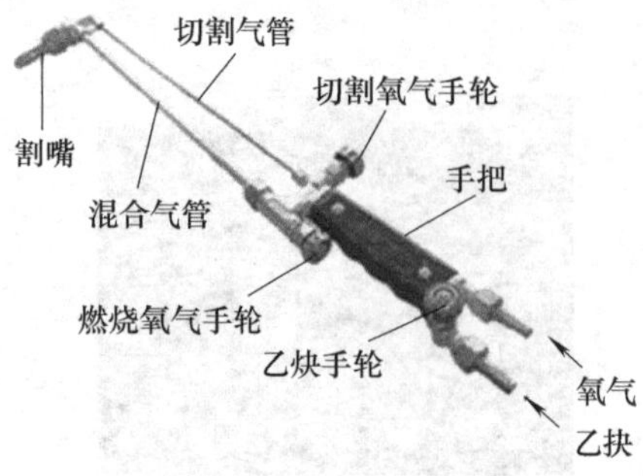


图 3－15　割炬

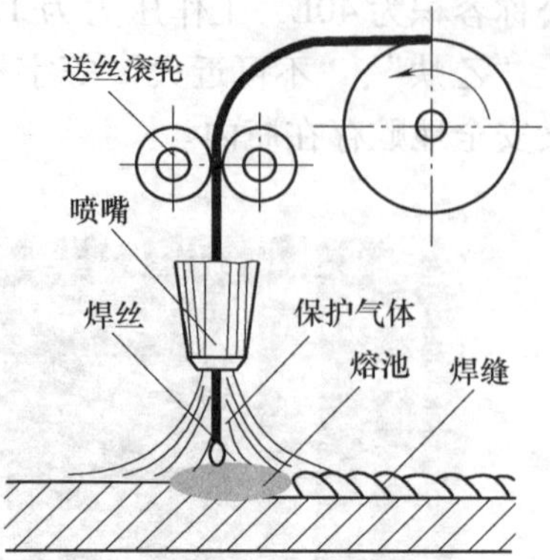


图 3－16　$CO_2$ 气体保护焊

（2）焊丝　$CO_2$ 气体保护焊焊丝分为细丝和粗丝两种。细丝直径为 $\phi 0.5 \sim \phi 1.2$mm，焊接电流为 40～80A。主要用于薄钢板（0.8～4.0mm）的焊接。粗丝直径为 $\phi 1.6 \sim \phi 5.0$mm，焊接电流为 400A 以上，主要用于厚钢板（3～25mm）的焊接。

**11. 焊条电弧焊**

焊条电弧焊是利用正负两极在瞬间短路时产生的高温电弧来熔化焊条和被焊材料，从而达到使它们结合的目的。

（1）电焊机（如图 3－17 所示）　电焊机的结构十分简单，它就是一个大功率的变压器，将 220V 交流电变为低电压、大电流的电源，电流可以是直流的，也可以是交流的。

a)　　b)

图 3－17　电焊机

a）交流电焊机　b）直流电焊机

（2）电焊钳（如图 3－18 所示）　电焊钳用于导电并夹持焊条。电焊钳的导电部分用铜制作，手柄用绝缘材料制作。

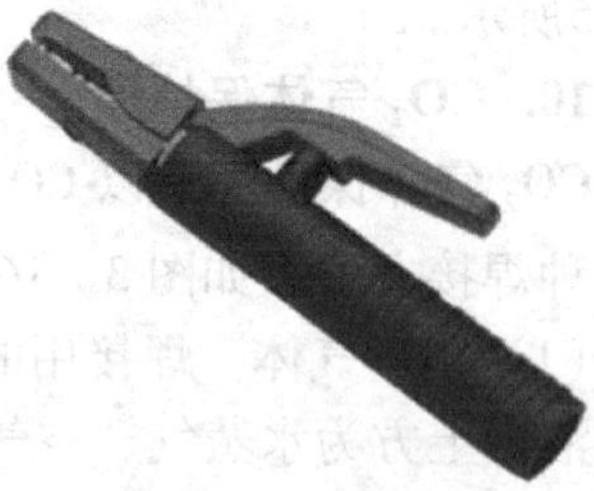

图 3－18　电焊钳

（3）电焊面罩（如图 3－19 所示）　电焊面罩的主要作用是保护眼睛、防护面部和防护呼吸，电焊面罩一般分手持式和头戴式两种。

（4）焊条（如图 3－20 所示）　焊条是指涂有药皮的供手工电弧焊用的熔化电极。

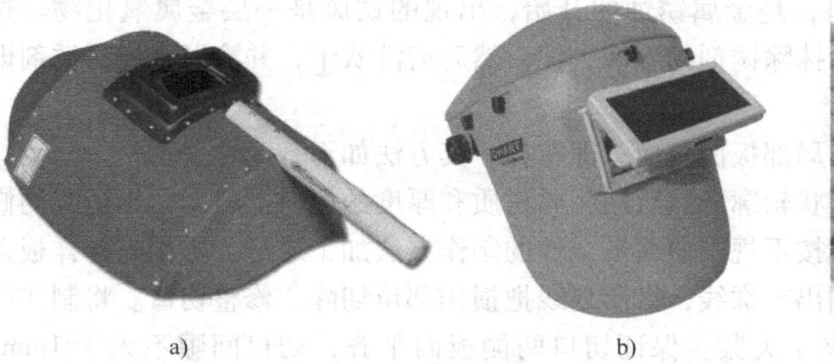

a)　　b)

图 3－19　电焊面罩

a）手持式　b）头戴式

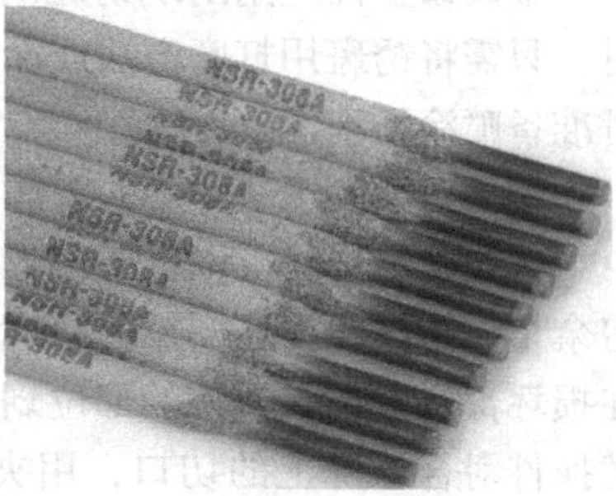


图 3－20　焊条

# 任务二　车身一般修复

## 任务目标

掌握车身一般修复技术。

## 一、任务

对汽车车身进行一般性修复，如图 3－21 所示。

## 二、相关知识

对汽车车身进行修复之前，应仔细检查损伤的状况，并选择将该处修复的最好方法。如果最初的工作步骤和方法正确，不但可以使损伤部位巧妙地复原，并且也可使整个作业时间大为缩短。

图 3－21　车身修复

下面介绍汽车车身各钣金件的修复方法。

**1. 钣金件的磨损**

钣金件发生磨损后，一般采用焊修法进行修理。在焊修前要先判明焊件的材质，检查磨损程度并确定焊修范围和焊接方法，然后施焊。焊接时，要保证熔合良好，并留有一定的修整余量。施焊完毕，根据原尺寸修理成形。

**2. 钣金件的锈蚀**

车身修复中，经常会遇到车身的锈蚀损坏。而锈蚀的出现，往往不是一小处或一个小锈蚀孔，基本上是成片状的较多。锈蚀较严重时，可在车身表面发现漆泡、锈斑，严重时甚至会出现锈蚀孔。

金属钣金件锈蚀有两种形式：一是表面生锈，二是出现锈蚀孔。所以在修复时，应分别采取相应措施进行处理。

金属钣金件上刚出现锈斑时，是金属锈蚀的开始，出现的锈斑是一层金属氧化物。这时，只需将锈斑用打磨方法或涂抹除锈剂的方法去掉，然后清洗吹干，并涂以金属防锈剂即可准备喷涂处理。

如果锈蚀到无法焊修，需作局部板面更换，即挖补。其方法如下：

首先确定损伤范围、外部形状轮廓。然后用相同材质和厚度的板料下料，留出适当的修剪余量，并按照损坏部位的轮廓按不规则曲面钣金件的制作方法加工成形。再用它作样板盖在损坏部位上，在损伤的部位划出轮廓线，沿所划线把损伤部位切除，修整切口。将制作的替换件对合车身上的切口，用夹子夹紧。保证切口两侧板面平齐，切口间隙不大于1mm。然后在间距约为50mm的点进行定位焊，随后从中间开始分别向左右两边交替进行施焊以减少变形。焊接完毕，用锤子敲打焊缝，消除残余应力，修磨焊缝使其与周围板面平整。

**3. 钣金件的裂纹**

对于钣金件的裂纹可用 $CO_2$ 气体保护焊或气焊进行修复。

**4. 钣金件的凹凸**

钣金件形成凹凸后，可用锤击法和顶拉法修复，当被修整的凹陷部位难以放进垫铁时，可采用拉伸的方式修复。即在凹陷部位钻一系列孔，然后用铁丝折弯成钩形，从孔内穿进并钩牢。然后向外拉引，直至拉引合格后，抽出铁丝，把钻孔用钎焊补好并修锉平整（如图3－22a所示）。也可以在凹陷部位焊接一系列垫圈向外拉拽，直至拉平，然后去掉垫圈，用砂磨机打平（如图3－22b所示）。

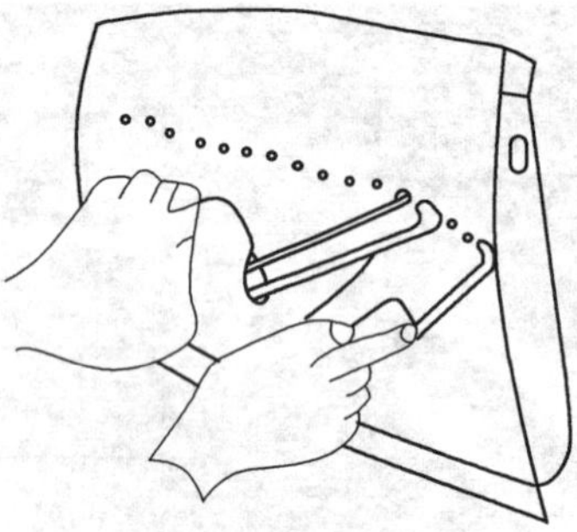
a)

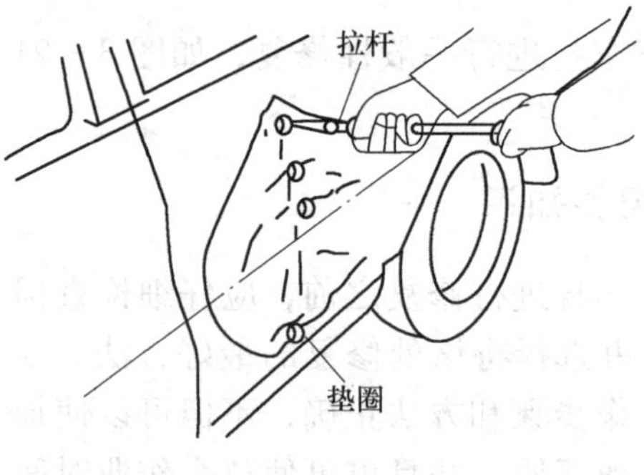

b)

图3－22　钣金件的凹凸修复

a）钻孔　b）焊垫圈

**5. 钣金件的皱褶**

当车身钣金件发生撞击性皱褶时，可用拉伸法使之大致复位。对于严重变形并形成死褶的钣金板面，用拉伸法也不能修复，一般应更换新件。

**6. 钣金件的弯曲和歪扭**

弯曲和歪扭变形属于一种机械损伤，引起这种损伤的原因很多，如车身受到撞击和挤压，汽车在行驶中突然加速，紧急制动和急转弯的惯性力及通过路况差的路面等，均能使车身钣金件弯曲和歪扭变形（如车门门框、风窗框等）。车身框架变形，可用撑拉法校正。

车身的钣金件发生损伤时，情况是不同的，而且往往是几种损伤同时出现，所以在修理时，应认真检查和分析，针对不同的损伤情况，采用不同的方法和合理的顺序来修复，才能获得满意的效果。

## 三、任务实施

### 1. 工具准备

锤子、垫铁、电焊设备、气焊设备、手提砂轮机、电动剪、$CO_2$气体保护焊、盘式砂磨机、空气压缩机、钢锉、钳子、清洁剂、玻璃纤维填充剂、硬化剂、导电底漆、刷子。

### 2. 操作要求

1）按正确操作程序进行修复。

2）修复结果符合技术要求。

### 3. 操作步骤

项目1：凸起平整

金属板表面发生局部凸起变形，如图3－23所示。

1）根据钣金曲面的形状选择合适的垫铁。

2）选择合适的锤子。

3）将垫铁贴紧凸起的反面，右手握锤，左手抓住垫铁，如图3－24所示。

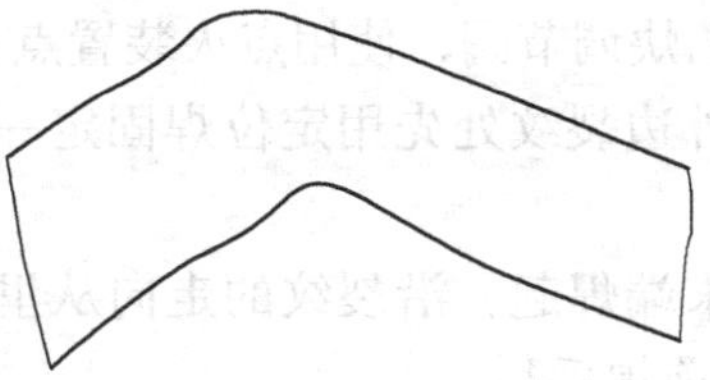

图3－23　金属板表面局部凸起

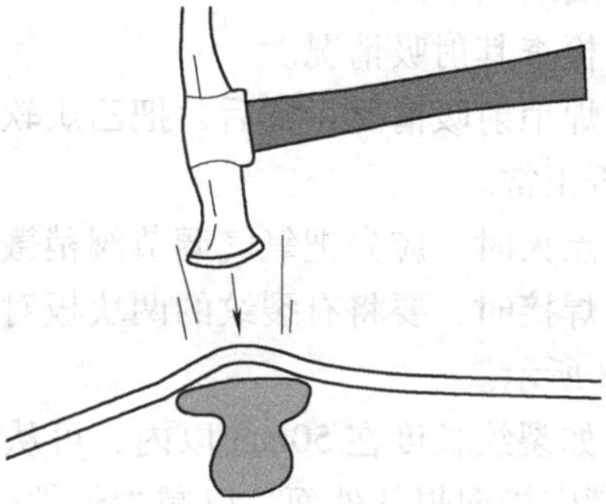

图3－24　锤子与垫铁配合修理凸起

4）多次反复敲击，使凸起部位压缩到原来的形状。

注意：锤子的锤击点要落在垫铁顶面上方。

项目2：凹陷平整

金属板表面产生局部凹陷变形，如图3－25所示。

1）根据钣金曲面的形状选择合适的垫铁。

2）选择合适的锤子。

3）将垫铁贴紧最低处，右手握锤，左手抓住垫铁，如图3－26所示。

说明：凹陷修整与凸起修整的不同之处在于锤子的锤击点不在垫铁顶面上方，而是在钣金表面的凸起部位。

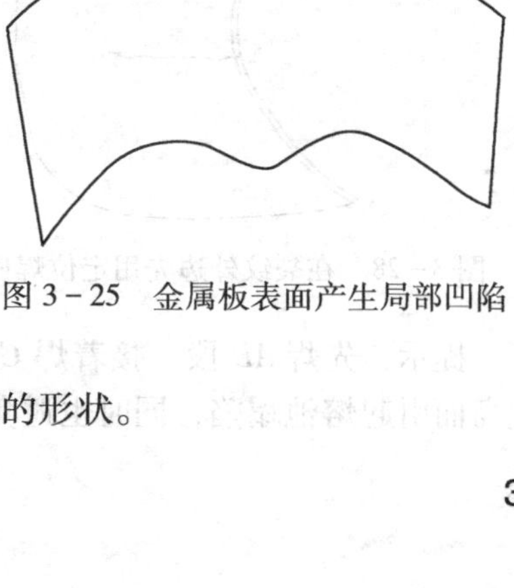

图3－25　金属板表面产生局部凹陷

4）用锤子敲击附近凸起处。

5）从凹陷的外围逐渐向中心区域敲击，直至恢复原来的形状。

说明：一般说来，采用垫铁锤击时，锤击点都应落在表面凸起部位，垫铁则处于低的部位。否则，不但原有的凹凸现象不能消除，反而会增加新的缺陷。修整凹陷时，锤击应从凹陷的外围逐渐向中心区域过渡，才能收到预期的效果。

项目3：汽车裂纹的修复

汽车钣金件发生裂纹，如图3－27所示。

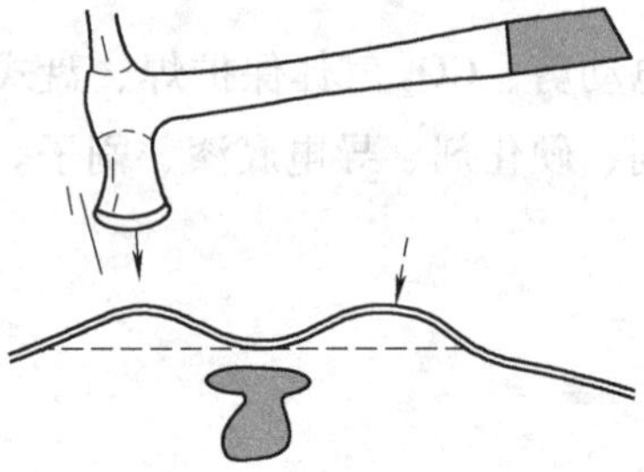

图3－26　锤子与垫铁配合修理凹陷

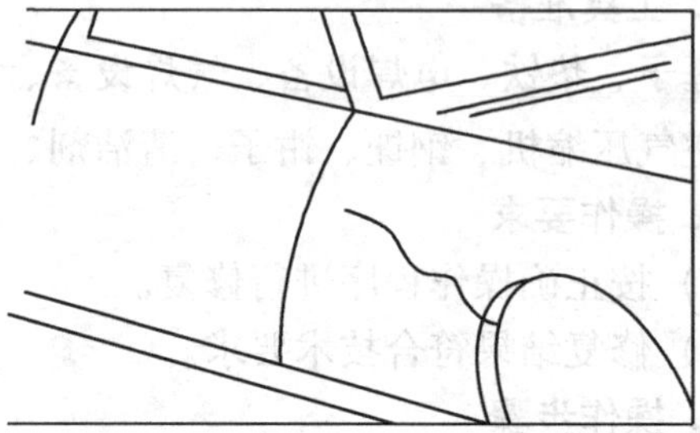

图3－27　汽车钣金件发生裂纹

采用气焊的方法对裂纹进行焊接修复。

1）根据焊件的厚度，选择适当的焊炬、焊嘴及焊丝。

2）搬运、放置氧气瓶及乙炔瓶。

3）安装调节阀。

4）检查其射吸情况。

5）焊炬射吸情况正常后，把乙炔软管紧接在乙炔瓶接头上，用细铁丝扎紧，再检查各气路是否正常。

6）点火时，应先把氧气调节阀稍微打开，再开启乙炔调节阀，使用点火装置点火。

7）焊接时，要将有裂纹的两块板对齐放正，并在外边裂纹处先用定位焊固定一点，如图3－28所示。

8）如裂纹长度在50mm以内，可从钣金件的裂纹末端焊起，沿裂纹的走向从里向外焊接，焊嘴应指向焊件外面，以减少焊件受热变形，防止前焊后裂。

9）如果裂纹较长，则应间隔焊上几点，定位焊后再平整一次，然后采取分段焊，如图3－29所示。

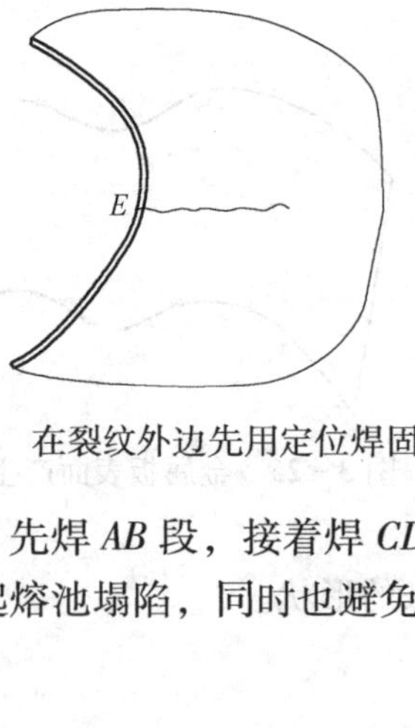


图3－28　在裂纹外边先用定位焊固定一点

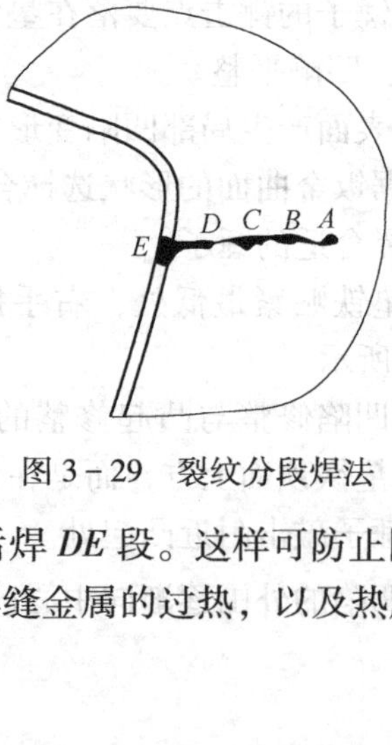


图3－29　裂纹分段焊法

提示：先焊 *AB* 段，接着焊 *CD* 段，再焊 *BC* 段，最后焊 *DE* 段。这样可防止因焊缝温度过高而引起熔池塌陷，同时也避免了因温度过高而引起焊缝金属的过热，以及热胀冷缩过大引起面板的严重翘曲变形，保证焊接质量。

10）施焊过程中，如发现裂纹两侧错位，应敲平对齐，定位焊脱开时应在原焊点附近重新定位焊。

提示：施焊时，焊丝送给和焊炬移动要均匀，同时以涂抹动作熔下熔丝。这样不但能提高焊接速度，减少焊接变形，而且焊缝细薄光洁；发现熔池有塌陷倾向时，应稍作停顿并及时添加焊丝，待温度略降后，再继续施焊。

11）当裂纹发生在受力较大部位时，若焊接操作方便，应采用两面焊接法，即定位焊后，先在裂纹内面“从里向外”施焊，然后再在外面沿相同的走向均匀地焊上一道焊缝，以保证焊缝有足够的强度。

12）在一些不便于用铁丝焊条的地方，可以采用黄铜焊条作为填充金属，在高于焊条熔点的温度下将焊条熔化到焊缝接头上，利用它们之间的粘合渗透力将焊接接头结合在一起。

提示：用黄铜作填充金属时，要选用焊粉或硼砂、硼酸、硅酸等。

13）在焊缝里侧垫上垫铁，在外侧用锤子沿焊缝轻轻敲击，以消除焊接残余内应力。

14）用手提砂轮机将焊缝表面磨平。

项目4：汽车锈蚀的修复

汽车钣金件发生锈蚀成孔，如图3－30所示。

1）用盘式砂磨机将锈蚀部位及其边缘的漆皮磨去，如图3－31所示。

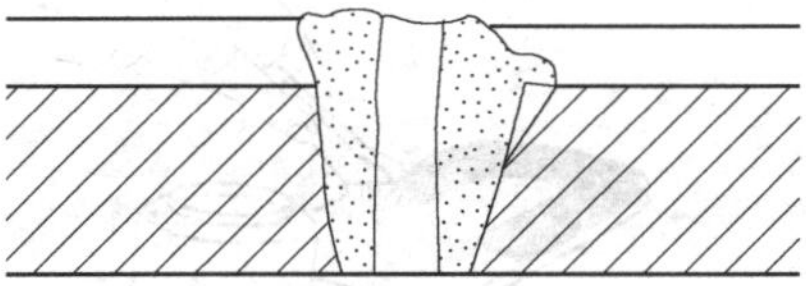

图3－30　汽车钣金件发生锈蚀成孔

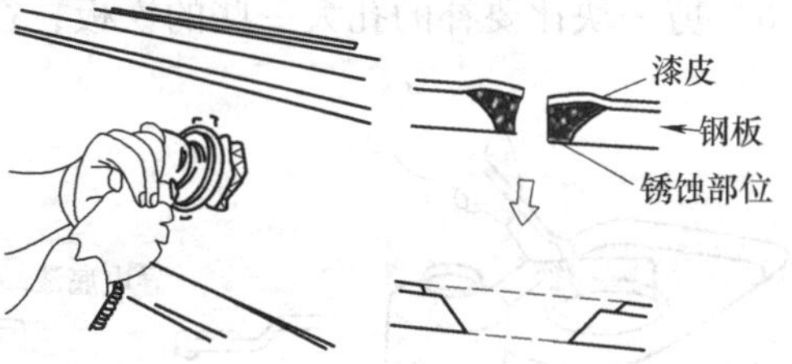


图3－31　除去锈皮

说明：正确的打磨方法如图3－32所示。应使砂轮片的1/3表面与被加工表面接触进行研磨效果最好。因为砂轮片与研磨面接触角度过大时，砂轮片仅有小部分与金属板发生强力研削，从而留下粗糙的加工面；当砂轮片与研磨面平行接触时，又将因研磨阻力大而造成动作不稳，并将留下凹凸不平的加工面。

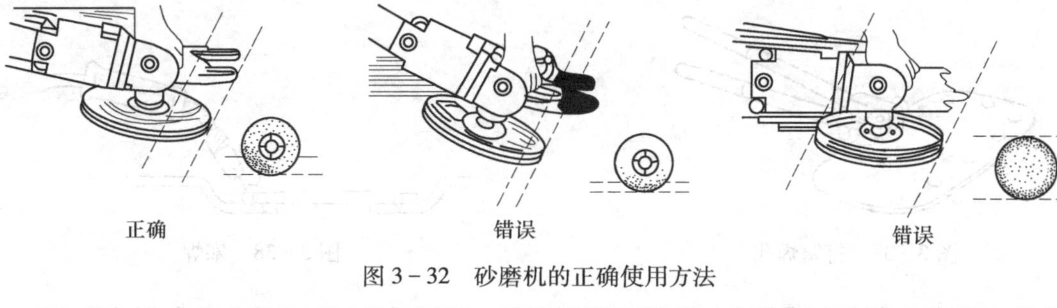


图3－32　砂磨机的正确使用方法

2）用电动剪剪去锈蚀严重的金属板，使锈蚀孔边缘周边平滑无毛刺、尖角等，并使处理后的部位表面干净平整。

3）用钳子将孔边向外撬起，然后用锤子和垫铁敲边形成凹边，如图 3－33 所示。

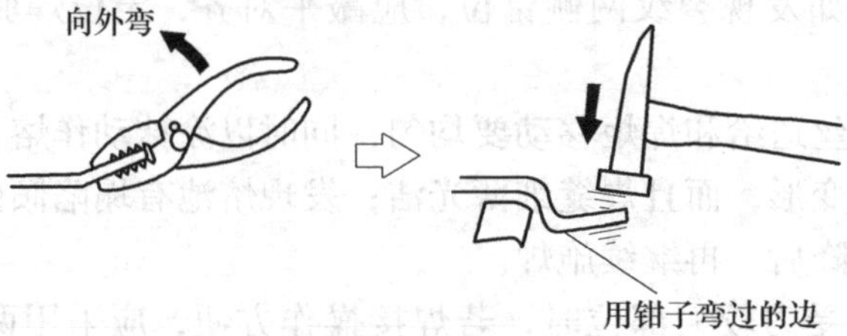


图 3－33　造型修凹边

4）用压缩空气将要补的部位吹净并用清洁剂去污，如图 3－34 所示。

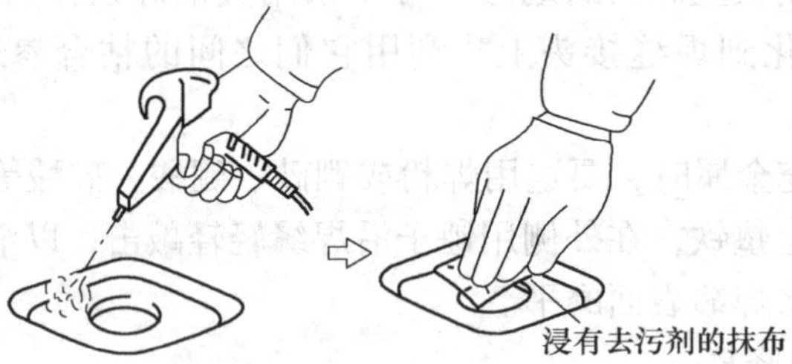


图 3－34　去油污

5）往施焊部位涂防锈剂，往板件背面无漆膜处涂导电底漆，如图 3－35 所示。

6）剪一块比要补的孔大一些的铁板，往焊接面上涂导电底漆，如图 3－36 所示。

图 3－35　涂导电底漆

图 3－36　涂导电底漆

7）在补块上用打孔钳打塞焊孔，如图 3－37 所示。

8）将焊接底板与补板夹紧，采用 $CO_2$ 气体保护焊进行塞焊，如图 3－38 所示。

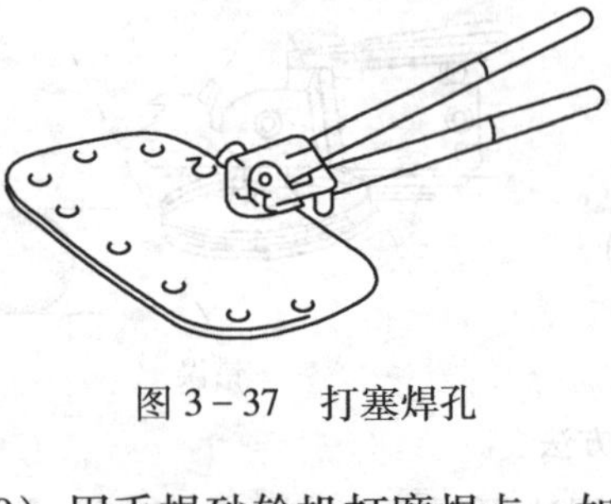

图 3－37　打塞焊孔

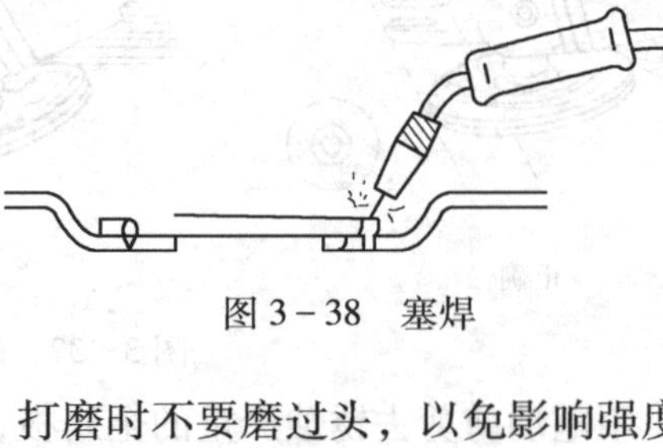

图 3－38　塞焊

9）用手提砂轮机打磨焊点，如图 3－39 所示。打磨时不要磨过头，以免影响强度。

10）按填补工艺用腻子把补块部位填满打平，如图 3－40 所示。

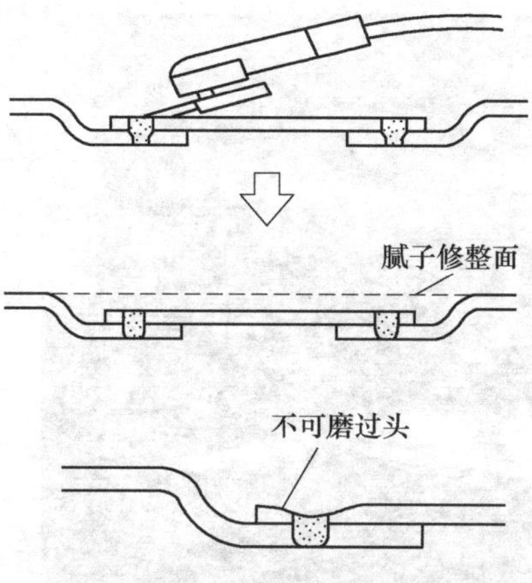

图 3－39　打磨焊点

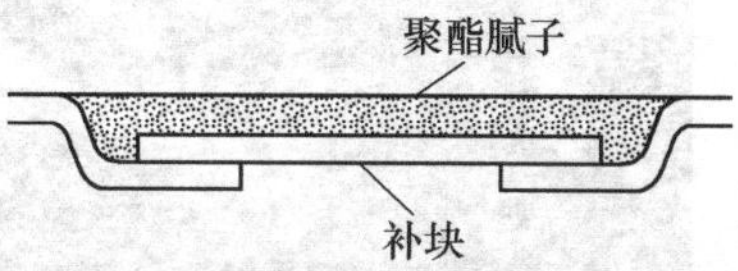

图 3－40　打腻子

11）背面防锈处理。在补件背面的邻近部位涂密封剂，如图 3－41a 所示。对于无法涂密封剂的部位可打工艺孔喷施防锈剂，如图 3－41b 所示。

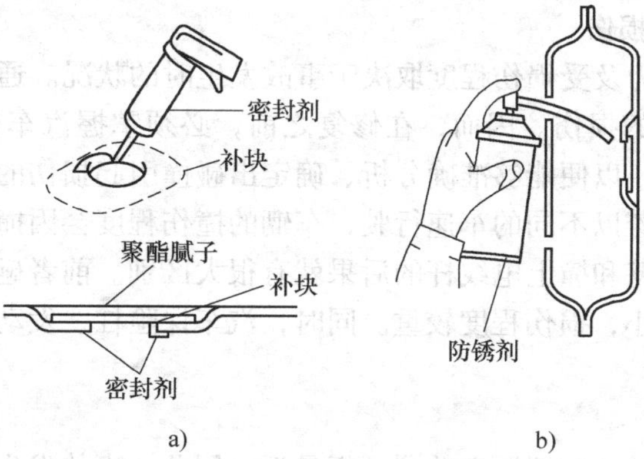

图 3－41　背面做防锈处理

# 任务三　轿车车身修复

## 任务目标

掌握轿车车身修复技术。

## 一、任务

轿车发生碰撞，需要修复，如图 3－42 所示。

## 二、相关知识

汽车发生碰撞或倾翻造成车身损坏的地方，无外乎是汽车前部、顶部（包括发动机罩）、尾部和侧部。有时候是一处损伤，有时候是几处同时损伤，要根据不同的情况进行修复。

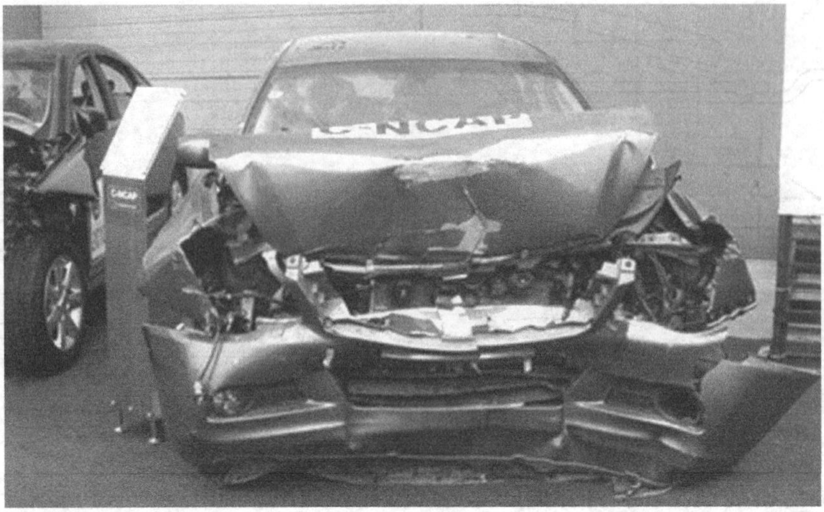


图 3-42　轿车车身修复

**1. 汽车前围护面的损伤**

汽车发生碰撞时的力及受损伤程度取决于事故发生时的状况。通过了解碰撞的过程，能够部分地确定汽车所受的损伤。因而，在修复之前，必须掌握汽车被撞的方位、构造、车速、方向与角度等内容，以便能够准确分析、确定出碰撞引起损伤的实际原因。

重量接近的汽车，若以不同的车速行驶，车辆的撞伤程度会因撞击对象的不同而有较大的差异。如汽车撞上墙壁和撞上电线杆的后果就有很大区别。前者碰撞面积较大，损伤程度较轻；后者碰撞面积较小，损伤程度较重。同时，汽车保险杠、发动机罩、散热器等部件都会发生严重变形。

**2. 翼子板损伤**

由于汽车驾驶人所处的位置距左前翼子板最近，因此，事故发生时由于人的本能，驾驶人会向左打轮，故左前翼子板发生碰撞的几率较低，而右前翼子板发生碰撞的几率就相对较高；同样，发生追尾事故时，也由于驾驶人的本能所致会向左打轮，使后面车的右前翼子板与本车的左后翼子板相撞，同时受损。因此，前车的左后翼子板与后车的右前翼子板受撞的几率比较高，而相比之下，左前翼子板与右后翼子板受撞的几率就比较低。

不管汽车前翼子板还是汽车后翼子板被撞，它们所受的力都很大，会出现塌陷（凹坑）、不规则的褶皱，以及塌陷与褶皱同时产生三种情况。

**3. 发动机罩损坏**

发动机罩碰伤的原因有两类：一类是受到从上方意外落下的重物撞击；另一类是汽车肇事，发生正面碰撞，波及发动机罩。

重物从上方意外落下，这种撞伤一般只是发动机罩本身受损，很少殃及其他部位。因此维修时，不必拆下发动机罩，可直接在车体上进行修复工作。这样，不仅省去了拆卸的麻烦，更节约了大量的拆卸、安装与调整工时，提高了工作效率。

汽车撞车或撞在树干、电线杆等建筑物上，造成车体正面撞击，不仅会使前围及左、右翼子板等部位发生损坏，也会使发动机罩出现拱曲、塌陷与褶皱等损伤变形。这种损伤变形往往比较严重。所以在拆卸翼子板或前围等部件的同时，也必须将发动机罩拆卸下来，以便彻底修复。若不拆卸下来，则无法修复到原来形状。

**4. 车顶的损伤**

汽车车顶出现的损伤大致与发动机罩的损伤情况一致，导致车顶出现扭曲、拱起或凹陷等不同程度的变形。车顶受到从高处落下的重物砸落，或被狂风突然吹倒的树干、电线杆等物体撞击后，车顶一般会出现较大的凹陷。这种情况的修复可不必拆下车顶，而是直接在车体上进行修复工作。所以可省去较多的拆除与安装工时，使修复进度加快。

由于交通肇事，汽车车顶会出现严重损伤。此时，一般的车顶不仅无法在车体上直接修复，甚至需要制作新车顶，进行更换。这时，便需要将已损坏的车顶拆下来。

**5. 汽车后围护面的损伤**

汽车后围护面损伤与变形的主要因素主要是后车追尾，一般情况是将尾灯碰碎或将塑料保险杠刮坏，再严重的也只能是将后围护面撞凹陷、后门口变形等。一般来说不必拆卸后围护面等板件，在车体上可直接修复，且修复过程不是太复杂。

**6. 侧面（支柱）损伤**

汽车侧面发生碰撞时，支柱受到一定的损伤，造成弯曲、塌陷等损伤形式。由于支柱是以焊接的形式连接到车顶和车门槛处，故一般应尽可能在车身上直接修复，无需拆割下来。实在不能直接修复时，若拆割下来的工件没有使用价值，只能报废，可重新制作或从其他报废车辆上拆割下来相同的配件装在本车上。

**7. 车门损坏**

无论汽车的哪个部位发生碰撞，均会殃及车身其他部位。距撞击点越近，损害就越严重，车门更无例外。

若汽车前部发生碰撞事故，将直接造成车身前支柱损伤，导致前车门下垂。另外，车门铰链在使用一段时间后，总是要趋于下垂（因车门自重的原因）。特别是位于驾驶人一侧的车门，开关频繁。

若汽车后部发生碰撞，后部车门必定会发生变形损伤。

若汽车中部遭到撞击，必定会使车门造成严重的损伤，如凹陷、变形或局部开裂现象。损伤严重时，有的无法修复，只能更换新件。

## 三、任务实施

**1. 工具准备**

锤子、垫铁、电焊设备、气焊设备、手提砂轮机、电动剪、$CO_2$ 气体保护焊、盘式砂磨机、空气压缩机、钢锉、钳子、清洁剂。

**2. 操作要求**

1）按正确的操作程序进行修复。

2）修复结果符合技术要求。

**3. 操作步骤**

项目 1：前围护面的修复

汽车发生碰撞，前部损坏，如图 3－43 所示。

（1）矫正

1）将一根粗细适宜的钢丝绳的一端系在前保险杠的中央凹陷处，即被撞击部位。另一端系在地桩上。

2）将该车发动，缓缓倒车。

提示：若此车发动机已损坏不能发动，可用另外的车辆将其往后拖。

3）随着钢丝绳的拉紧，被撞弯曲的保险杠便可渐渐伸直，如图 3-44 所示。

图 3-43　前部损坏

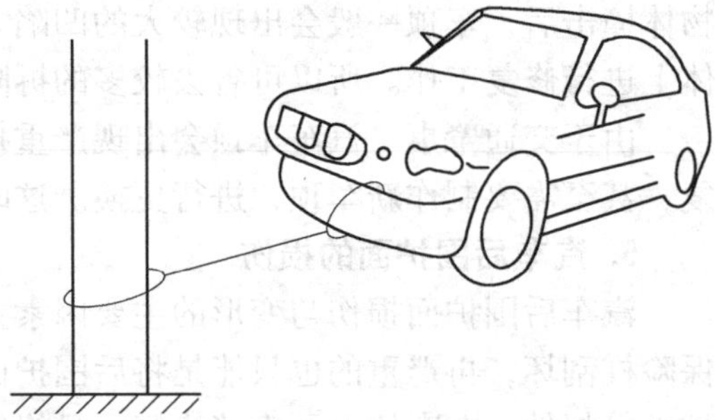

图 3-44　用撑拉法修复前部

提示：在拖拉的同时，用锤子随时敲击保险杠弯曲部分的四周，以助伸展和定形。

如有必要，还应先拆掉发动机、散热器、散热器罩及一些电器零部件，以防不必要的损坏。

（2）修复翼子板

1）卸下翼子板。首先拆下前保险杠，然后拆下螺钉，取下翼子板，如图 3-45 所示。

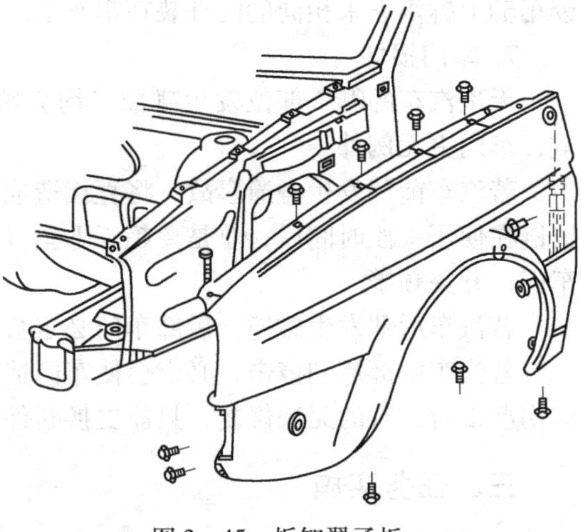

图 3-45　拆卸翼子板

2）将翼子板放在平台上进行修整。

3）用氧乙炔焰对死褶进行加热，并用撬具撬开。

4）将翼子板凹面向上置于平台上，由翼子板里侧敲平活褶。每敲一处，须使平台起到垫托作用，且随时转动翼子板，如图 3-46 所示。

5）将里侧基本敲平的翼子板翻转过来，即凸面向上，用垫铁垫在里侧，由外向里继续敲击，最终使褶皱完全展开，如图 3-47 所示。

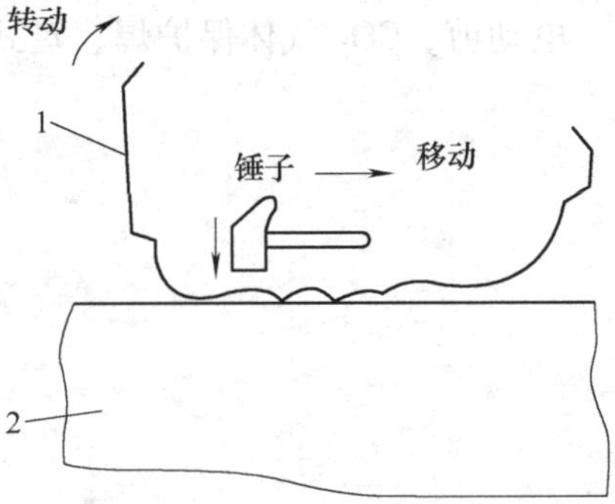


图 3-46　敲击翼子板（一）

1—翼子板　2—平台

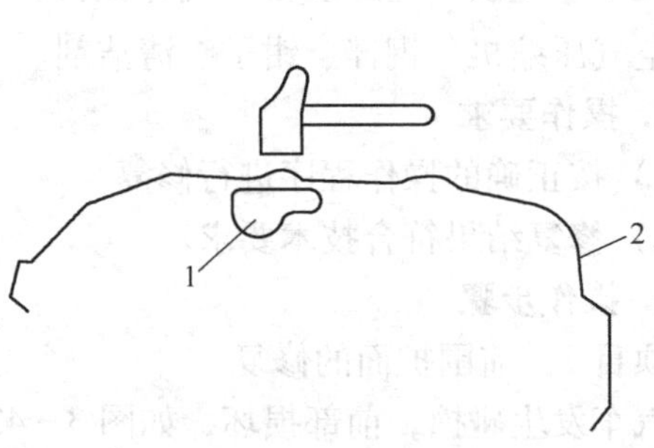


图 3-47　敲击翼子板（二）

1—垫铁　2—翼子板

6）两面均敲平后，将翼子板装在车上。

提示：安装方法与拆卸顺序相反。

7）调整翼子板的位置。

提示：由于翼子板是用螺钉连接到散热器支架、发动机室内部防护板件以及门后和汽车底部的盖板上，所以只要松开这些螺钉即可调整翼子板前后、左右的位置。

（3）修复前翼子板内加强板总成、前横梁和散热器支座　如果汽车碰撞不严重，前翼子板内加强板总成、前横梁和散热器支座只有一些凹凸不平或皱褶，这种情况可以通过利用垫铁、锤子等前面介绍的方法进行修复，以达到平整。

如果变形严重，前部已经损坏，此时需要更换前翼子板内加强板总成、前横梁和散热器支座。具体更换方法如下：

1）首先按照与撞击相反的方向拉拔换件侧的纵梁，如图 3－48 所示。

2）拆除损坏组件。

说明：由于该构件的尺寸比较大，有时即使将焊点分离也很难将其作为整体拆下。对此，可先用氧乙炔割炬将报废的部分沿原焊缝边缘割下，然后再拆除焊点。

拆除方法如下：用钻削或磨削的方法将焊点清除并使焊件剥离，借助撬板等工具将残留部分从车身上拆下。

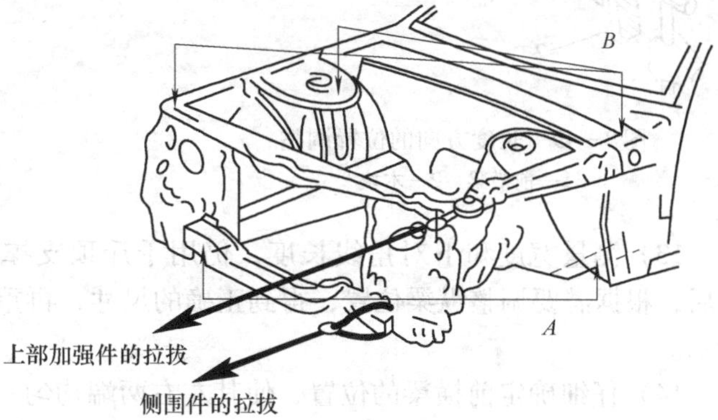

图 3－48　拉拔换件侧的纵梁

3）修复换件侧的翼子板内加强板总成和纵梁的安装部位，对接口进行整理。

4）在点焊区域磨去所有焊缝的痕迹。

提示：用钢丝刷清除连接表面上的油泥、锈斑、油漆、保护层及镀锌层。连接板背面的油漆也应予以清除，否则将影响点焊效果。

5）配合表面凸缘上的凹坑和凸起时要用锤子和垫铁整平。

6）在已清除污物的金属表面上，涂上可焊透的底漆，起防锈作用。

7）用圆盘打磨机清除新组件点焊区域两边的油漆。

说明：所有新部件都涂有底漆，在焊接结合面处应将此底漆除去，才能有效地进行焊接。

注意：打磨时不要磨削到板件，不能有发蓝现象，防止局部被烧毁。

8）对已清除底漆的焊接表面，涂上可焊透的底漆，起防锈作用。

9）检查前翼子板内加强板与纵梁安装面的装配标号是否一致，确认并匹配好之后用夹钳将它们夹紧。没有装配标号的零件，则放在旧零件的位置上。

10）利用量规检测基准点间的距离来确定零件的位置，把零件定位。在一个位置用定位焊临时固定前横梁，然后垫上木块，用锤子击打木块，用木块击打板件使之向必要的方向移动，调整其长度方向上的位置，如图 3－49 所示。

11）在未焊接的板件端部划上定位线，然后钻孔，并用钢板螺钉将零件固定在一起。

在内加强板部位上画一条线，但不要把它们焊接起来。

12）用自定心规检测车辆两侧的新旧内加强板的相对高度，使之一致。然后用千斤顶支撑住新内加强板，以确保其高度位置不发生变化，如图 3－50 所示。

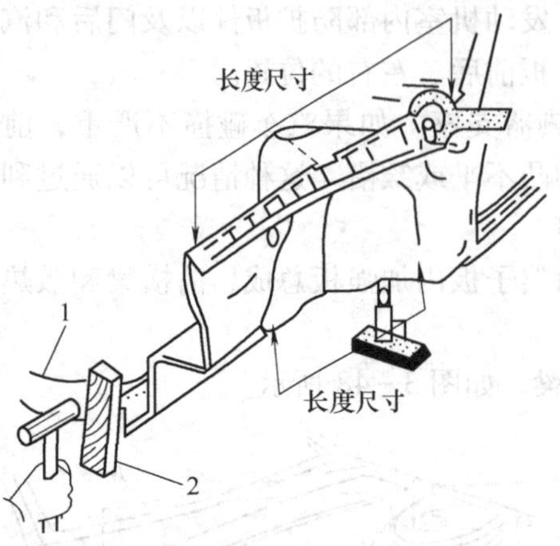


图 3－49　长度方向的位置调整

1—前横梁　2—木块

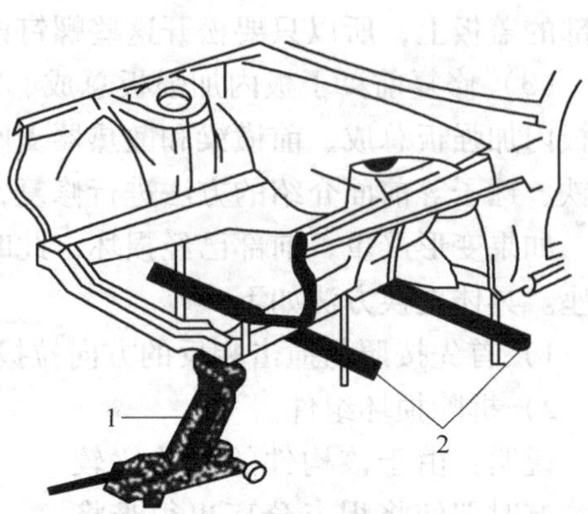


图 3－50　高度位置的检测调整

1—千斤顶　2—自定心规

13）测量宽度和下对角线长度，仍用千斤顶支撑住新板件，以免高度位置发生变化。然后，根据需要调整纵梁位置，得到正确的尺寸，再重新检查，确认高度尺寸，如图 3－51 所示。

14）仔细确定前横梁的位置，使其左右两端均匀一致。

15）确定纵梁的位置尺寸与汽车手册中尺寸图表所标注尺寸一致后将它固定。悬架横梁也可用夹具来安装。以足够数量的塞焊点把前横梁与纵梁的连接部位固定好。

16）确保内加强板的上部尺寸不发生变化，可通过检查所画标线是否产生移位来确认。

17）检测翼子板后安装孔与悬架座孔或翼子板前安装孔之间的对角线长度，如图 3－52 所示。

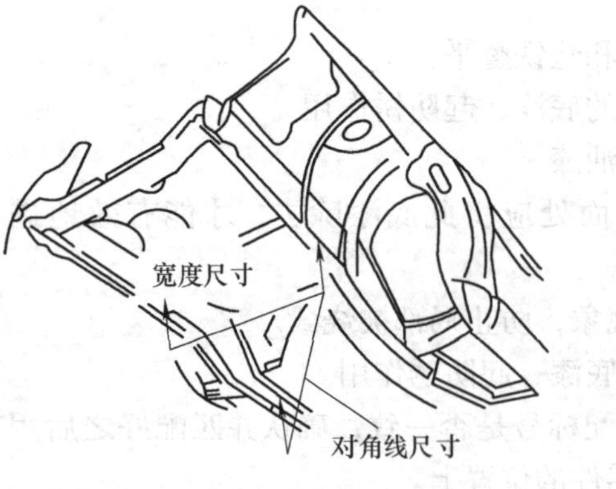


图 3－51　检查对角线和宽度尺寸

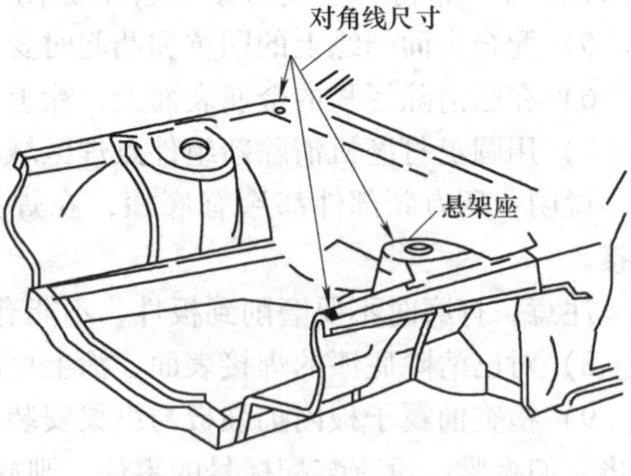


图 3－52　检测翼子板后安装孔与悬架座孔或翼子板前安装孔之间的对角线长度

18）测量在宽度方向上悬架座和前翼子板螺栓孔之间的尺寸，然后把它们固定在一起。如果其宽度方向上的尺寸与汽车车身所标注的尺寸不一致，则需进行微量调整。同时注意对角线的变化，临时性安装并固定散热器的上下支座。

19）测量纵梁在宽度方向的尺寸，将量规调至适当尺寸，并根据需要调整内加强板，如图 3－53 所示。

20）用夹钳较松弛地固定住下支座，然后用手轻轻拍打使其到位，如图 3－54 所示。

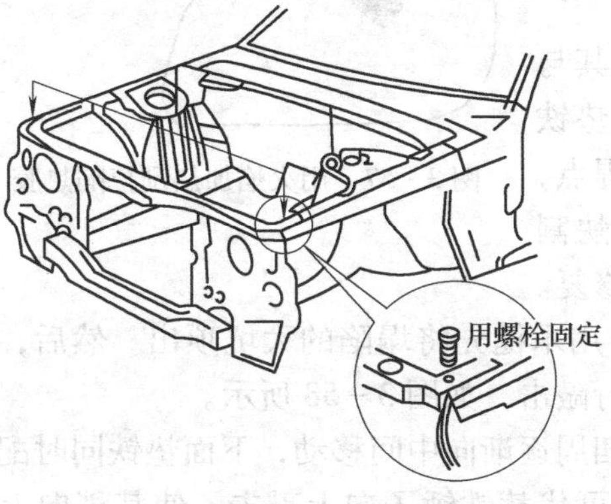


图 3－53　测量纵梁在宽度方向的尺寸

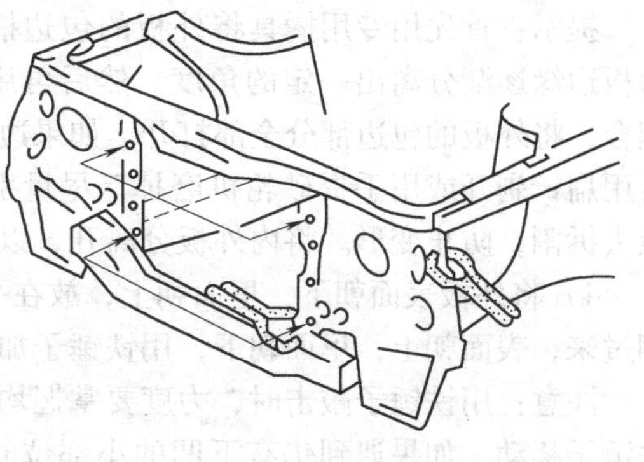

图 3－54　用夹钳固定下支座

21）测量散热器支座的对角线长度，确保这两个尺寸一致，如图 3－55 所示。

22）临时性安装前翼子板，然后检查它与车门间的位置关系。如果缝隙不合适，则原因可能是内加强板或纵梁高度位置不准确。

23）焊接之前再按上述方法检测一遍，再次验证所有的尺寸。

提示：车身前部尺寸测量如图 3－56 所示。

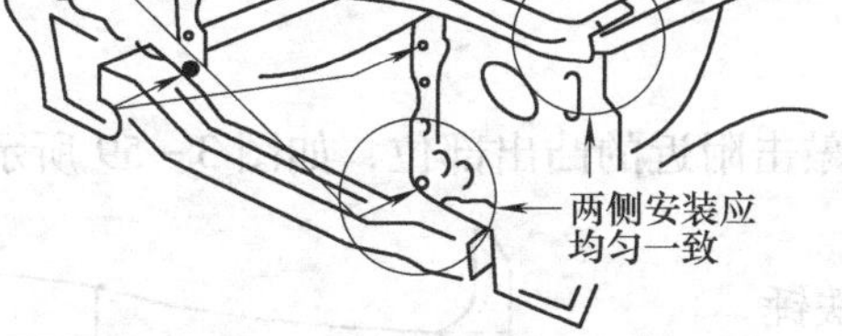


图 3－55　检查散热器支座的对角线

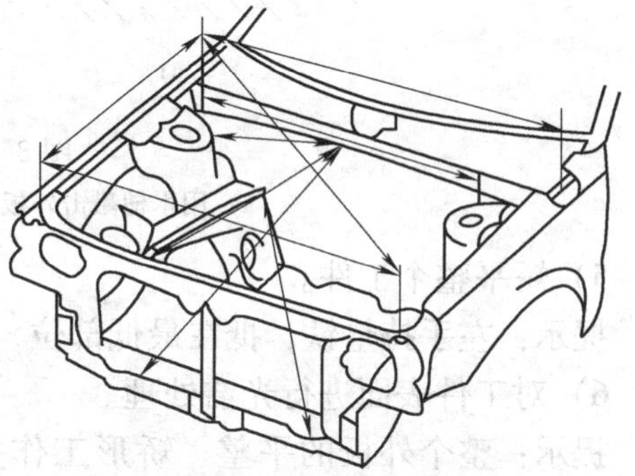

图 3－56　车身前部测量尺寸

说明：检查时，每个尺寸都应从另外两个基准点进行检查，其中至少应有一个基准点在对角线上。检查的尺寸越长，测量就越准确。如果利用每个基准点进行两个或更多个位置尺寸的测量，就能保证所得到的结果更为准确。

24）用 $CO_2$ 气体保护焊开始组合焊接。

（4）修复发动机罩

1）将风窗玻璃冲洗器喷嘴及软管拆离发动机盖。

2）用螺钉旋具松开两个铰链上的紧固螺钉，卸下发动机罩总成。

注意：拆除螺钉后应防止发动机罩滑落。

提示：一般的汽车发动机罩都在内板上涂有一层隔热胶。修复之前，应将其去掉，避免影响下一步的修复工作。去除时，可用氧乙炔焰将其加热烘烤。必须注意的是要用碳化焰烘烤，否则会增加该件的变形程度，甚至烧穿。边烘烤，边用铲刀将其刮掉，直至刮净，如图 3－57 所示。

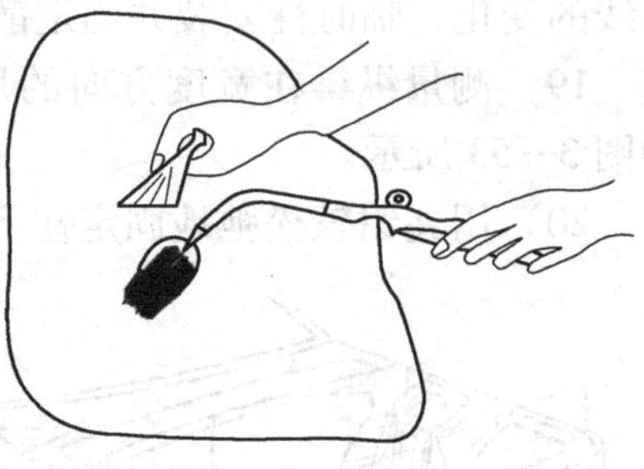

图 3－57　用火焰加热刮掉隔热胶

3）将内外板分离。

提示：首先用专用撬具将外板的包边撬开，使其与内板边缘逐渐分离出一定的角度。然后再用锤子与垫铁配合，将外板的包边部分全部打开。如果边角处有焊点，可用扁铲剃开或用手提砂轮机磨掉，尽量别用氧乙炔割炬去拆割，防止变形。将内外板分离开，以便分别修复。

4）将外板表面朝下，里面朝上，放在平台上，用木槌先将塌陷的大坑顶出。然后，再翻过来，表面朝上，里面朝下，用铁锤子加垫铁进行敲击，如图 3－58 所示。

注意：用铁锤子敲击时，力度要掌握均匀。由四周逐渐向中间移动，下面垫铁同时配合铁锤子移动。如果遇到仍有下凹的小部位时，垫铁可代替铁锤子向上敲击，使其稍向上凸出，再继续用锤子加垫铁敲击。握锤的右手不宜过于死板，一般握在锤柄的后 1/3 位置，并以小臂带动手腕的力量进行敲击，速度为 90～120 次/min。

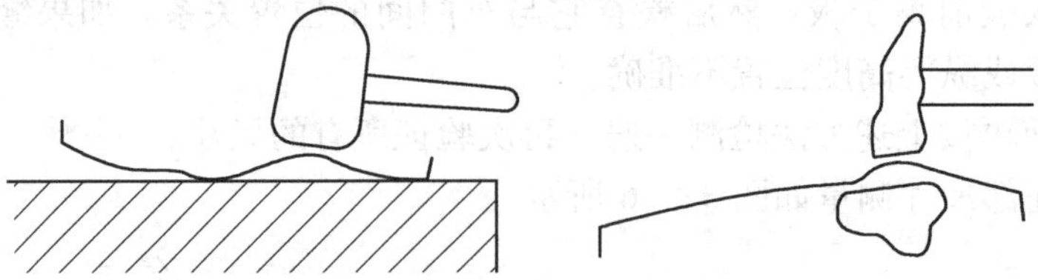



图 3－58　外板的修复

a）用木槌敲击外板里面　b）用铁锤子敲击外板表面

5）矫平整个工件。

提示：左手持垫铁，抵在最低部位，右手持锤敲击附近的凸出部位，如图 3－59 所示。

6）对工件表面进行光洁处理。

提示：整个外板的平整、矫形工作完毕后，铁锤子与垫铁、撬棍等工具作业会留下凹凸不平的小痕迹，可用车身锉刀进行最后的修复，如图 3－60 所示。

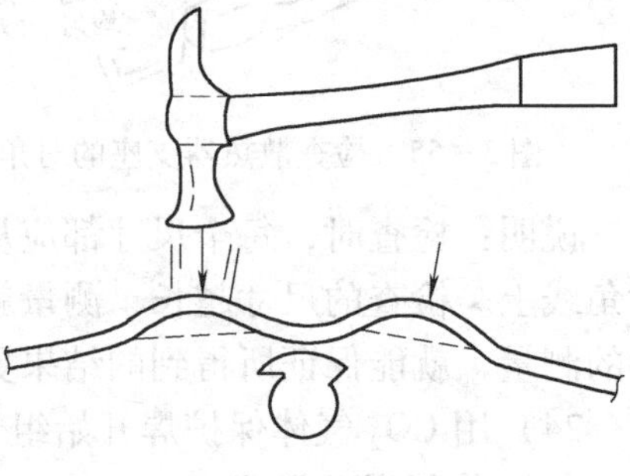

图 3－59　用铁锤子和垫铁矫平工件

7）修复内板。

说明：由于发动机罩的内板位于车身内部，只是起到加强外板刚度的作用，所以对其表面的质量要求较低，故修复起来也容易很多。其修复方法与外板相似，在此不再重述。

8）内外板合成一体。

提示：在内板上涂一层隔热胶，将内板与外板按原来的连接方式合成一体，即将外板的包边重新包住内板的边缘，四角处可用 $CO_2$ 气体保护焊焊几小段，以增加牢固度。最终，应使发动机罩达到原始状态。

9）安装发动机罩总成上的各零部件，然后将后侧两个铰链固定，再将发动机罩总成放在车身原安装位置，拧好铰链紧固螺钉，将其与车身连接起来。

10）调整发动机罩。

① 发动机罩与翼子板及前围之间的调整。

调整方法：首先，调整发动机罩的前后位置。稍微松开固定发动机罩与铰链的螺栓，再扣上发动机罩。将其位置调整后，轻轻揭开发动机罩，开到合适位置时，让他人将螺栓紧固。发动机罩的前缘必须与翼子板前缘对齐，同时其后缘与前围之间保留足够的缝隙，以避免开启时相互干扰，如图 3－61 所示。

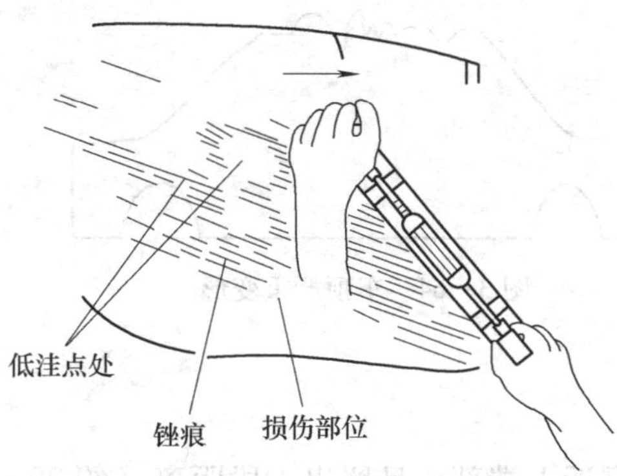

图 3－60　用锉刀进行光洁处理

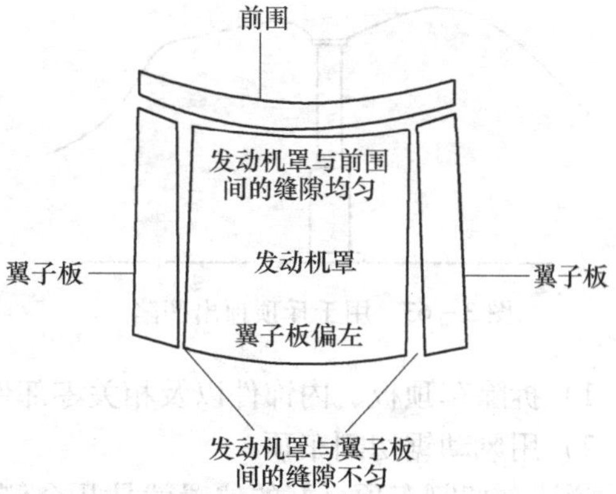

图 3－61　发动机罩与翼子板及前围之间的调整

② 发动机罩高度的调整。

调整方法：

a）首先稍微松开铰链与翼子板及前围连接处的螺栓，然后轻轻盖上发动机罩，根据情况将它的后缘抬起或压下。当它的后部与相邻的翼子板前围高度一致时，再轻轻揭开，将螺栓紧固。

b）对于新换装的发动机罩，容易出现图 3－62a 所示的现象。对此，仅仅通过对铰链等的简单调整不能将发动机罩的变形消除，而需要调整发动机罩的边缘曲线。参照如图 3－62b 所示的方法，用手扳动拱曲部位使其复位。也可参照图 3－62c 所示的方法，在前端垫上布团，然后用手掌轻轻压下拱曲部位，使其达到与翼子板边缘高度一致。注意：不要用力过大，以免出现二次损伤。

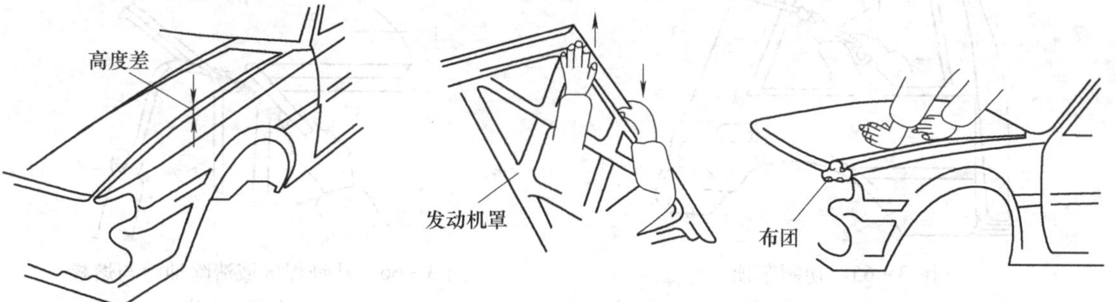

图 3－62　发动机罩高度的调整

11）发动机罩调整后进行检查。

项目 2：车顶的修复

车顶受到从高处落下的重物撞击，或被狂风吹倒的树干、电线杆等物体撞击后，一般会出现较大的凹陷。这种情况下的修复可不必拆下车顶，而是通过千斤顶（也可以通过拉拽法）将凹陷顶出，然后进行修复即可，如图 3－63 所示。

由于交通肇事，汽车车顶会出现严重损伤。此时，一般的车顶不仅无法在车体上直接修复，甚至还需要制作新车顶，进行更换。这时需要将已损坏的车顶拆下来。

如图 3－64 所示，汽车发生严重撞击或翻车，造成车顶塌陷、扭曲或拱曲等不同程度的损伤。维修方法具体如下：

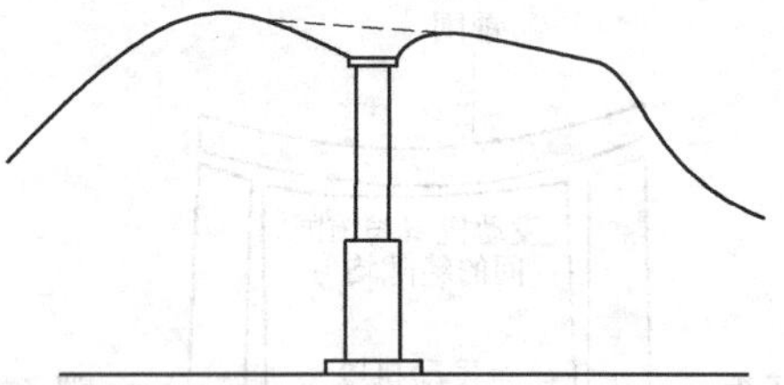

图 3－63　用千斤顶顶出凹陷

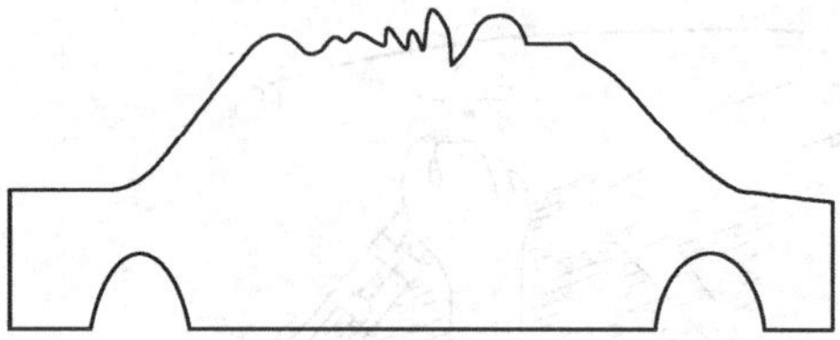

图 3－64　车顶严重变形

1）拆除车顶板、内饰件以及相关零部件。

2）用风动锯切割车顶。

说明：切割车顶最好的位置就是几个侧围支柱靠近上端部，且留出一段距离（约 20～30mm）为宜，这样在安装车顶时焊接更加容易，如图 3－65 所示。

3）用砂轮机切割焊缝及钎焊区域，拆解构件。

说明：汽车车身上的结构板件，在制造时是用点焊连接起来的，故拆卸时应将焊点分离。分离的方法主要有电钻钻去点焊、等离子焊枪切除点焊、錾子錾去点焊、砂轮磨去点焊四种。

还有的板件是用连续的 $CO_2$ 气体保护焊焊接的。由于焊缝较长，故必须使用砂轮或高速砂轮机来分离板件，割透焊缝而不割进板件，握紧砂轮以 45°角进入搭接焊缝。磨透焊缝以后，再用锤子和錾子分离板件。

提示：一般轿车车顶与车身支柱的连接是钎焊，通常是用氧乙炔焊炬熔化钎焊的金属来分离钎焊区域。

① 首先，用氧乙炔焊炬使油漆软化，用钢丝刷或刮刀将油漆除掉，如图 3－66 所示。

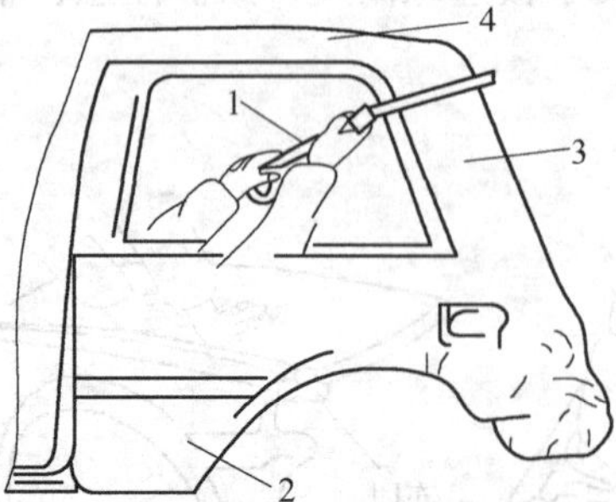


图 3－65　切割车顶

1—顶盖　2—后围立柱　3—后围侧板　4—风动锯

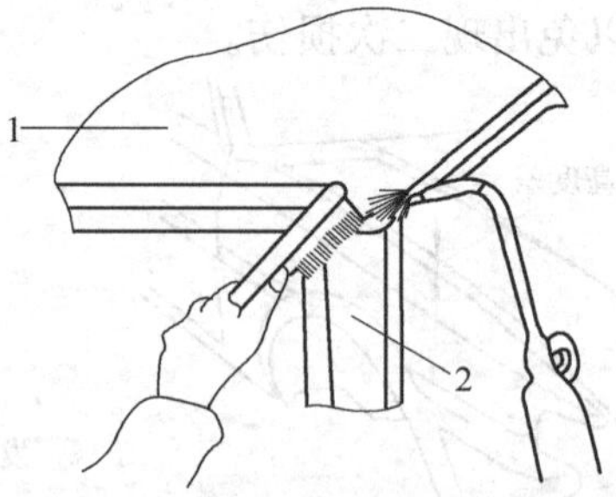


图 3－66　从钎焊区域清除油漆与熔核

1—车顶　2—支柱

② 加热钎焊钎料，直到开始熔化呈糊状，再快速将其刷掉。注意不要使周围的金属薄板过热。

③ 用一字螺钉旋具在两块板件之间旋入，将板件分离，如图 3－67 所示。

④ 除去油漆后，如果确定连接是电弧钎焊，便采用高速砂轮机切除钎焊，如图 3－68 所示。然后将车顶与车围连接处切除，以更换板件。

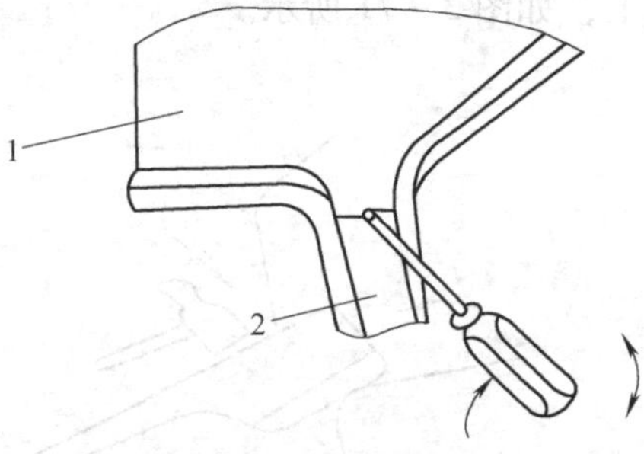


图 3－67　分离板件

1—车顶　2—支柱

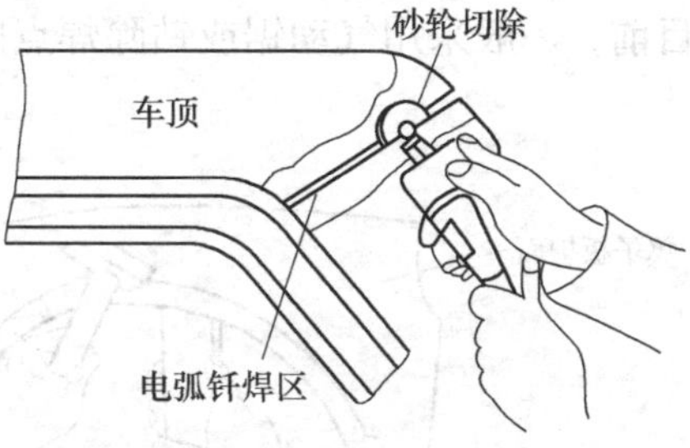


图 3－68　砂轮切除连接板件

4）配做拱形车顶蒙皮。

5）配做车顶加强梁。

6）将更换的车顶置于车上并对正位置后，用夹钳固定，然后临时将其点焊在该位置上。

7）检查车身所有框架部位的尺寸和形状。

8）准确无误后，将车顶牢固地焊接在该位置上。

9）安装车顶加强梁、压条、车顶板、内饰件等。

项目 3：后围护面的修复

右后翼子板侧面发生碰撞，如图 3－69 所示。

维修方法一：在车上直接修复

1）首先，用一根木棒从车轮与翼子板的空隙处伸进，用力往外撬，即可将凹坑大体上顶出来，趋于原状。

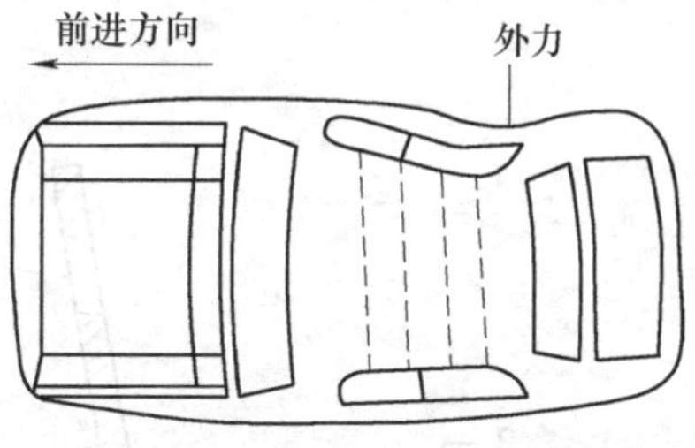


图 3－69　右后翼子板侧面撞击示意图

提示：后翼子板侧面发生碰撞后，由于受力方向是从侧面而来，所以，凹深与塌陷面积更大一些，但不容易产生死褶，所以用木棒撬；如果被撞后凹陷、褶皱较多，则凹陷、褶皱部位的展开与平整基本上与正面被撞的修复方法大致相同。

2）用垫铁在里面顶住向外凸出的小部分，用锤子在外表面处敲击凸起的小面积，且逐渐移动垫铁。

3）边敲击、边移动，锤子也同时移动。

4）翼子板的边缘处应使用专用的垫铁在里边垫托，垫铁的边缘要对准弯折线，一手持锤从正面弯折线外缘敲击，如图 3－70 所示。

5）逐渐移动垫铁，循序渐进，使工件边缘逐渐恢复原形，直到全部平整。

维修方法二：拆下翼子板修复

对于在车上不便直接修复的后翼子板，可以拆下进行修复。

1）首先，采用专门钣金工具破坏焊口。

2）右手持锤左手持刀，用锤子的粗头加力锤击刀背处，同时刀刃处对准焊缝中心。随着锤子对刀背的锤击，左手还要向前移动。击开一个焊点，向前移动一下。边锤击，边移动，直至整个焊缝全部剥开。最终，将整个翼子板拆下，如图 3－71 所示。

目前，一般采用气动锯或钻除焊点的方法拆除。

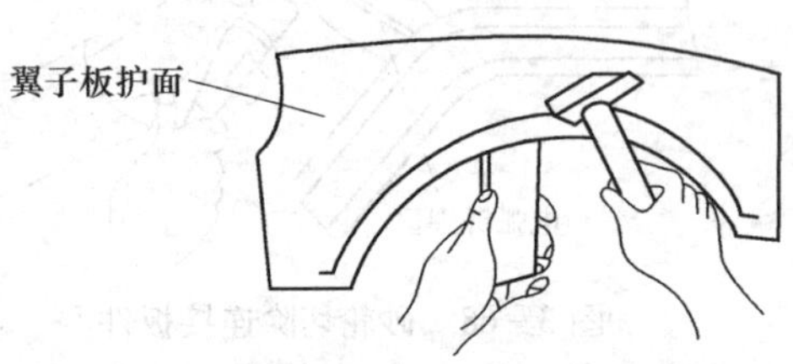


图 3－70　后翼子板侧面撞击修复方法

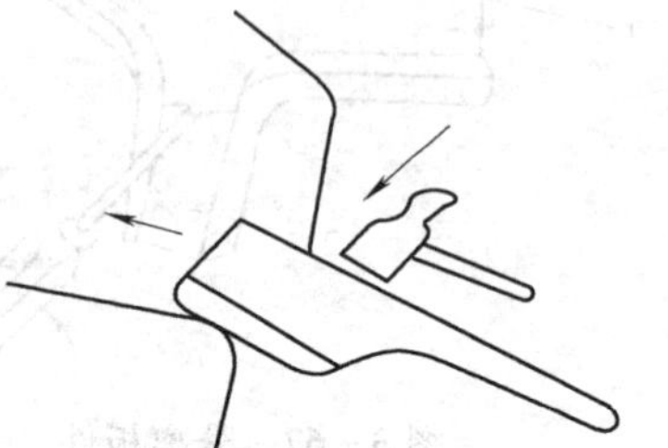

图 3－71　用开刀将后翼子板拆下

注意：后翼子板是以点焊的形式连接在后车身上的，里侧是燃油箱，如图 3－72 所示。因此绝对禁止用氧乙炔火焰进行切割拆卸，以保证安全施工。

3）在平台上进行修复。

4）修整完毕，开始安装翼子板。

5）将翼子板按图 3－73 所示的方法安装到位，用万能夹钳将相邻构件的边缘夹紧，以使后翼子板得到固定。

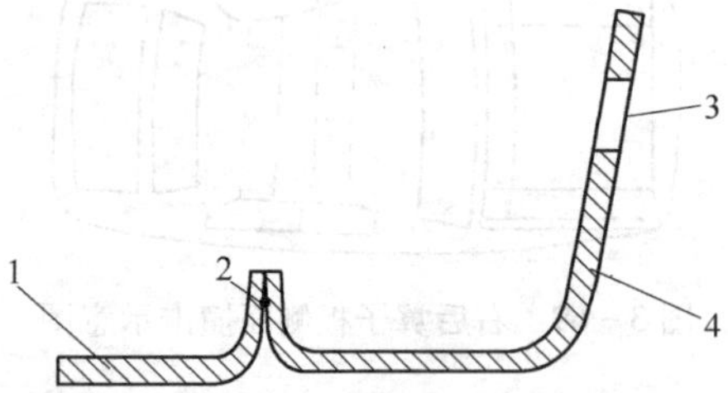


图 3－72　后翼子板的连接形式

1—后部　2—点焊焊接

3—油箱加油口　4—左后翼子板

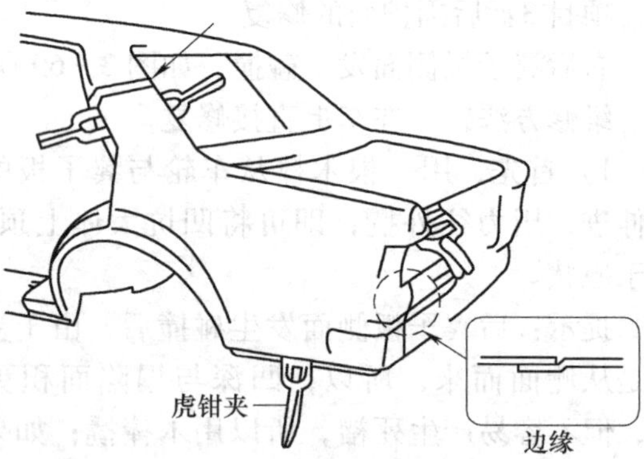


图 3－73　安装后翼子板

6）用目测的方法检查后翼子板与车门的间隙是否符合要求，如图 3－74 所示。

7）用自攻螺钉将其临时固定，如图 3－75 所示。

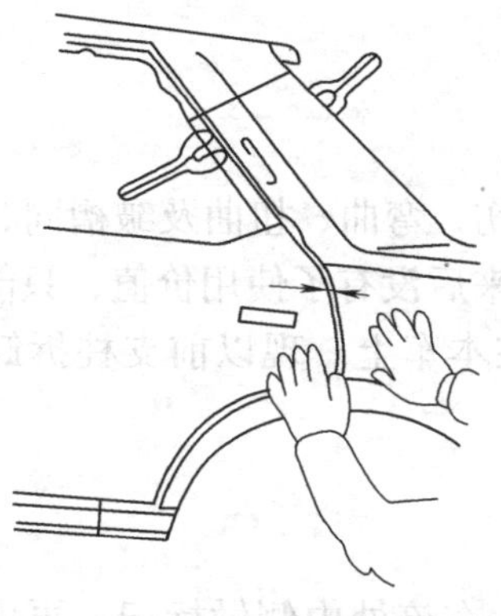
图 3-74　目测检查

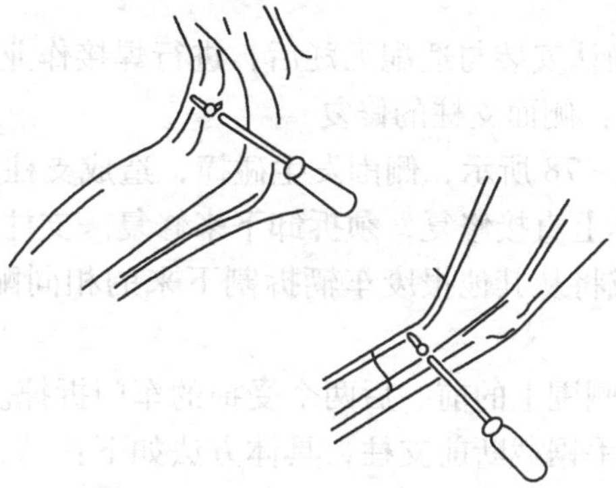
图 3-75　用自攻螺钉定位

8）在行李箱盖处于关闭状态时，检查后翼子板与其之间的间隙和高度是否合适，并用对比法测量、验证窗口的对角线，如图 3-76a 所示。确认无误后，也用自攻螺钉临时固定，如图 3-76b 所示。

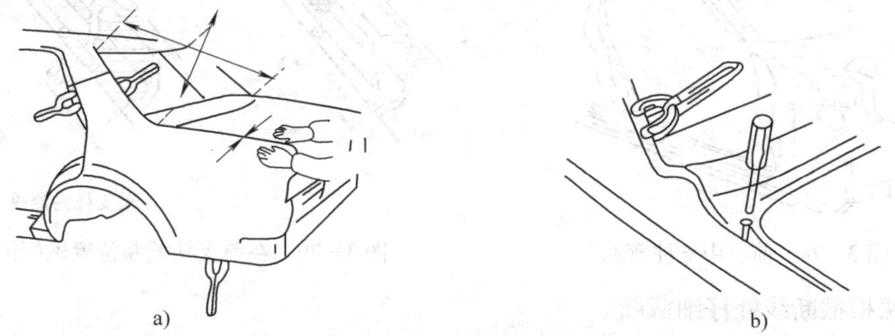
a)　b)
图 3-76　调整尺寸并固定

注意：每进行一项适配作业，都应在构件边缘的适当部位钻孔，而后用自攻螺钉将其临时固定。因为使用夹具固定有时不够可靠，适配度的调整也不够方便。

9）安装车身后部的灯具，以验证其适配情况及高度是否与另一侧对称，如图 3-77 所示。

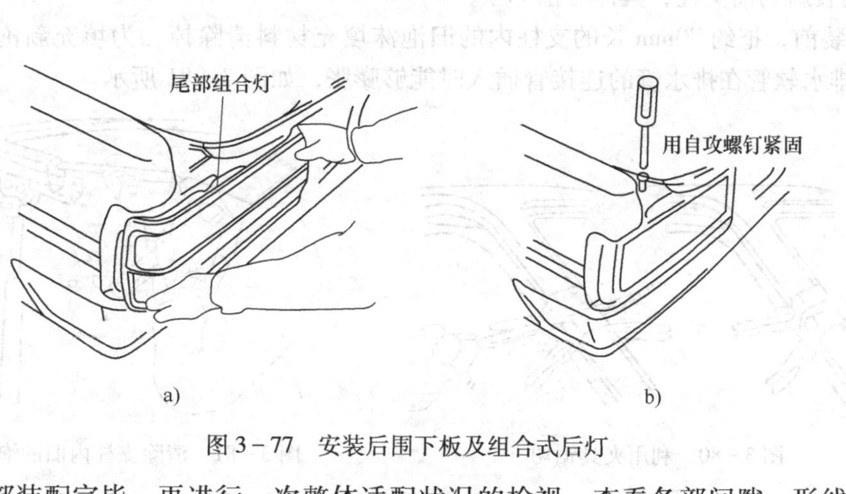

a)　b)
图 3-77　安装后围下板及组合式后灯

10）全部装配完毕，再进行一次整体适配状况的检视，查看各部间隙、形线以及对称度等。

11）确认安装与适配无疑后，进行焊接作业。

项目4：侧面支柱的修复

如图3－78所示，侧围发生碰撞，造成支柱严重损伤，弯曲、扭曲及皱褶同时出现，因此不能在车上直接修复，须拆卸下来修复。支柱拆割下来后没有了使用价值，只能报废，可重新制作或将从其他报废车辆拆割下来的相同配件装在本车上。现以前支柱拆卸为例加以介绍。

1）将侧围上的前、后两个受损的车门拆掉。

2）用手锯截断前支柱，具体方法如下：

① 找到支柱上端的基准孔，并由此向下量100mm，在该处内侧做标记。再由此标记向上量60mm，在该处外侧做标记。两标记处即作为截断线，如图3－79所示。

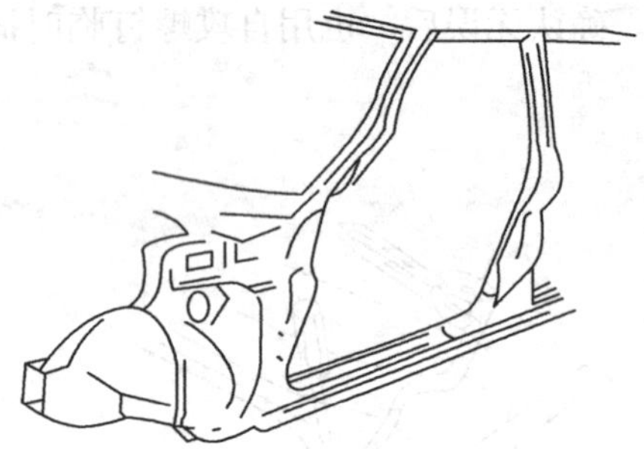

图3－78 前、中支柱弯曲

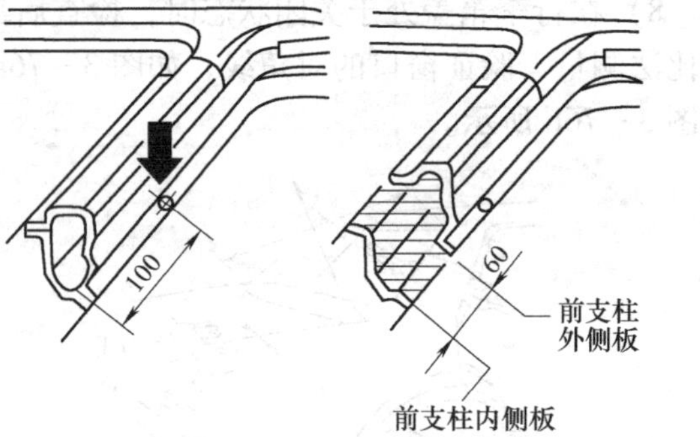


图3－79 在前支柱截断位置做标记

② 在两根截断线处仔细截断。

提示：为了锯切准确而又方便，可采用锯切夹具。这种夹具可用边角料自制，如图3－80所示。

③ 从支柱内侧仔细钻除支柱上两个切口之间和底部的焊点，卸下支柱。

3）选取新的前支柱。

4）安装新的前支柱，具体方法如下：

① 安装前，把约70mm长的支柱内的旧泡沫填充材料清除掉，为填充新泡沫材料腾出空间，让排水软管在排水管的连接管插入时能够膨胀，如图3－81所示。

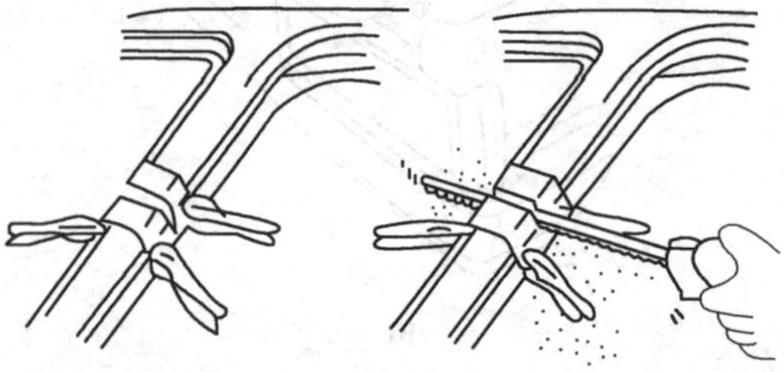

图3－80 利用夹具锯切

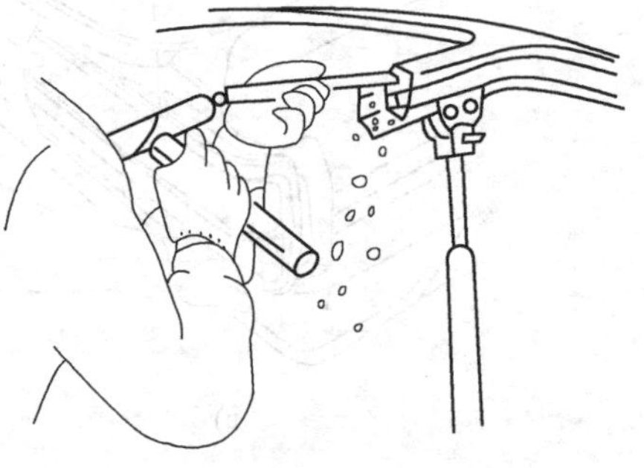

图3－81 清除支柱内旧的泡沫材料

② 把支柱上端截至所需尺寸，形成相配的错口对接接口。

③ 在支柱底座上钻出塞焊孔，塞焊将用 $CO_2$ 气体保护焊进行。

④ 把排水管的连接管插入更新的支柱上的排水软管。

⑤ 在塞焊和焊缝部位涂上焊透防锈剂。

⑥ 在排水软管上涂以肥皂水，使连接管容易插入，然后将新支柱安装就位。

提示：应保证把排水软管正确地插入支柱的排水孔内，如图 3-82 所示。

⑦ 将支柱夹紧固定，检测其定位配合情况。

⑧ 取下支柱，仅在塞焊接合面上涂抹焊透防锈剂。

⑨ 在其余配合表面涂焊粘结剂。

⑩ 按制造厂家的说明进行焊接，如图 3-83 所示。

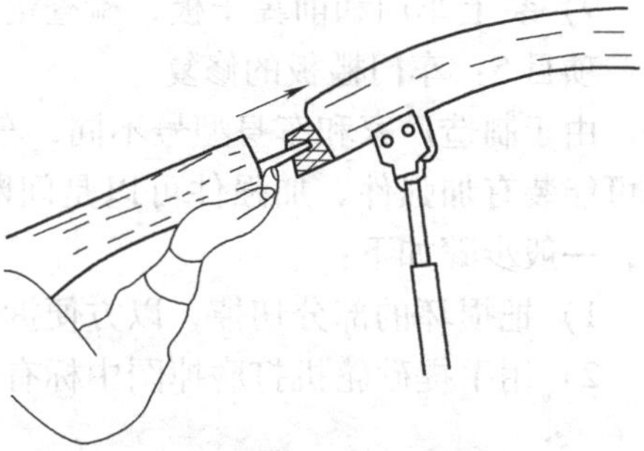

图 3-82　安装有排水软管的支柱

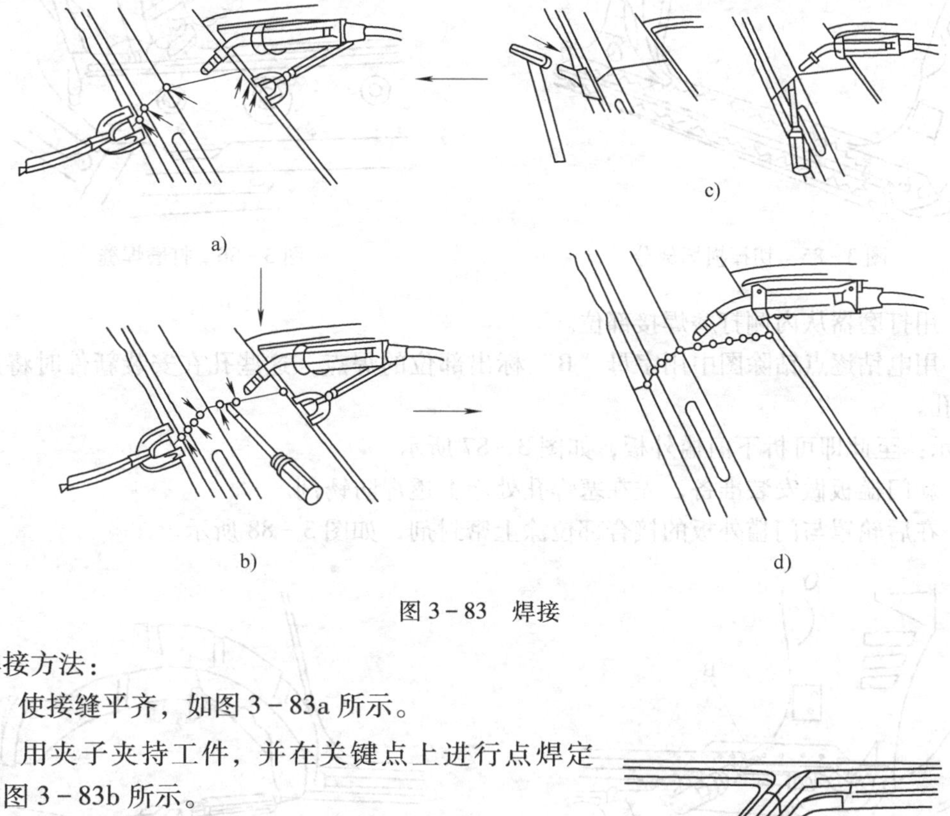

a)　b)　c)　d)

图 3-83　焊接

焊接方法：

a）使接缝平齐，如图 3-83a 所示。

b）用夹子夹持工件，并在关键点上进行点焊定位，如图 3-83b 所示。

c）用工具调整对缝，并施定位焊，如图 3-83c 所示。

d）准备就绪，进行对接焊，如图 3-83d 所示。

⑪ 用手提砂轮机修整焊缝，打磨平整。

5）安装完毕，由支柱内侧上部的注入孔注入泡沫材料，如图 3-84 所示。

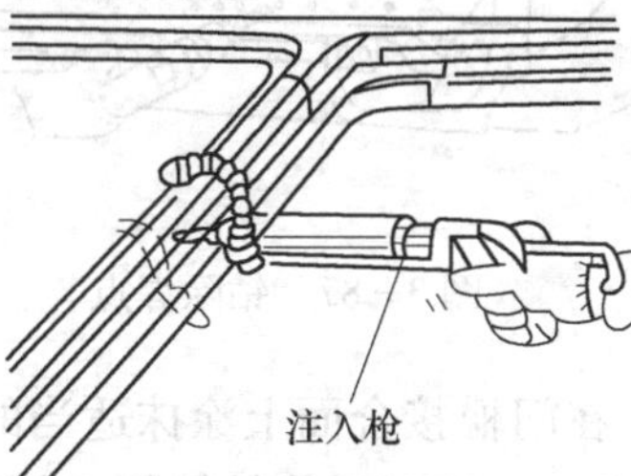


图 3-84　注入泡沫

6）清除连接部位多余的泡沫材料。

7）焊缝部位涂双组分环氧树脂保护漆和颜色涂料。

8）在未填充泡沫材料的内表面涂防锈剂。

9）装上车门和前翼子板，检查定位质量。

项目5：车门槛板的修复

由于制造厂家和车身型号不同，车门槛板的设计也不尽相同。无论是哪一种，车门槛板都可能装有加强件。加强件可以是间断的，也可以是连续的。在进行车门槛板的修复工作时，一般步骤如下：

1）把损坏的部分切掉，以方便拆卸，如图3－85所示。

2）用手提砂轮机打磨掉图中标有字母“N”处的焊缝，如图3－86所示。

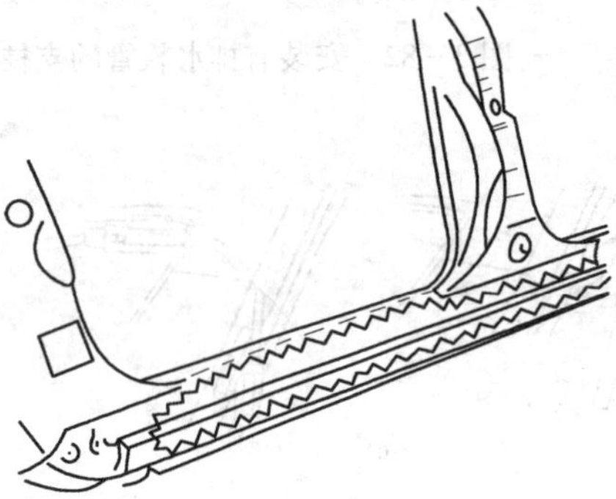

图3－85　切掉损坏部分

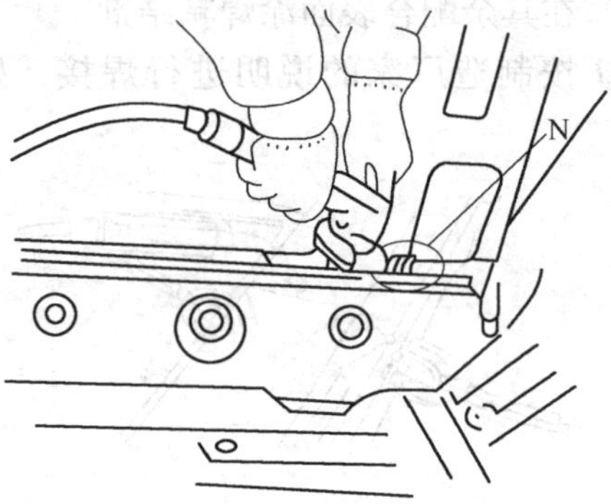


图3－86　打磨焊缝

3）用打磨器从内侧打磨焊接部位。

4）用电钻逐点钻除图中用字母“B”标出部位的焊点，这些孔在安装新件时将用来作为塞焊孔。

提示：至此即可拆下门槛外板，如图3－87所示。

5）新门槛板做安装准备，先在塞焊孔处涂上透焊防锈剂。

6）在后轮罩与门槛外板的接合部位涂上密封剂，如图3－88所示。

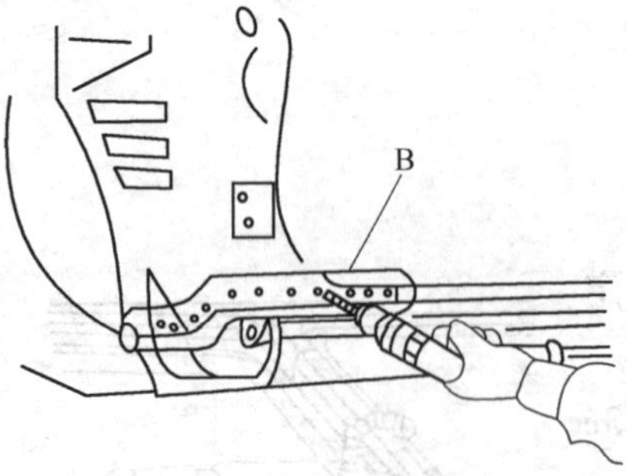


图3－87　钻除焊点

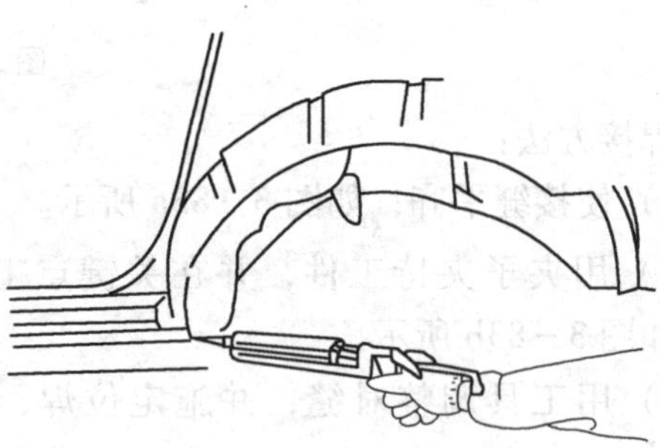

图3－88　涂粘结剂

7）在门槛接合面上涂抹适当的环氧树脂焊缝粘结剂。

注意：一定不要将粘结剂直接涂到塞焊孔处。

8）对好定位孔，将新门槛板放置到位并夹紧，如图3－89所示。

9）对图中 A ~ E 表示的部位进行钎焊，然后在孔内用 $CO_2$ 气体保护焊进行塞焊，如图 3－90 所示。

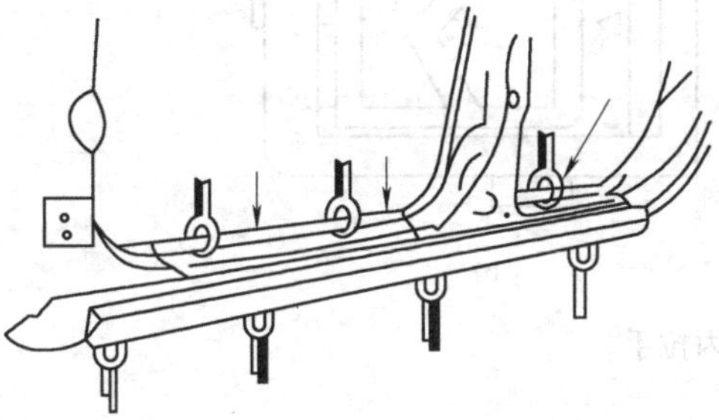

图 3－89　装夹新门槛板

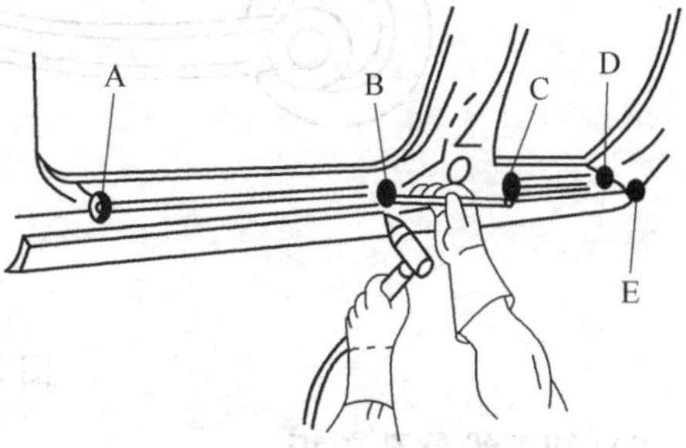


图 3－90　在定位孔内塞焊

10）用手提砂轮机磨平塞焊和钎焊焊迹，然后用手提砂轮机进行打磨，再涂上接缝密封胶。

11）最后，按照正确的方法在新安装的门槛内表面涂防锈剂，完成安装。

项目 6：车门的修复

汽车车门严重损坏，须更换面板，如图 3－91所示。

（1）拆卸车门　拆卸方法如下：

1）卸下车门内手柄。

方法：卸下固定螺钉后，向前推动车门内手柄，待车门内手柄与门锁控制机构脱离后，即可取下车门内手柄。

2）取下车门摇窗机构手柄。

方法：可用一布条压出手柄内挡圈后，即可取下摇窗机构手柄，如图 3－92 所示。

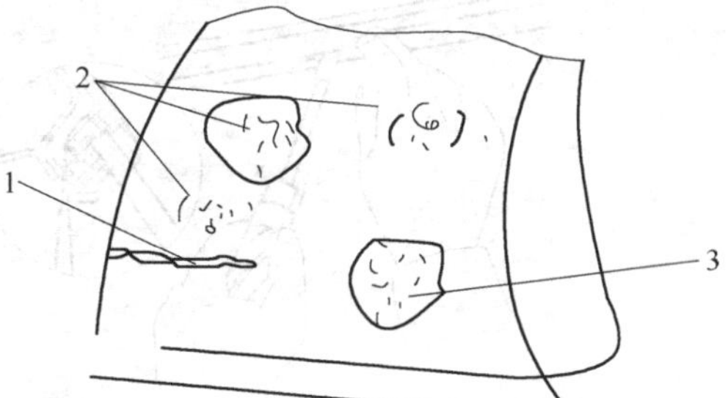


图 3－91　车门损坏

1—裂纹　2—锈蚀　3—凹坑

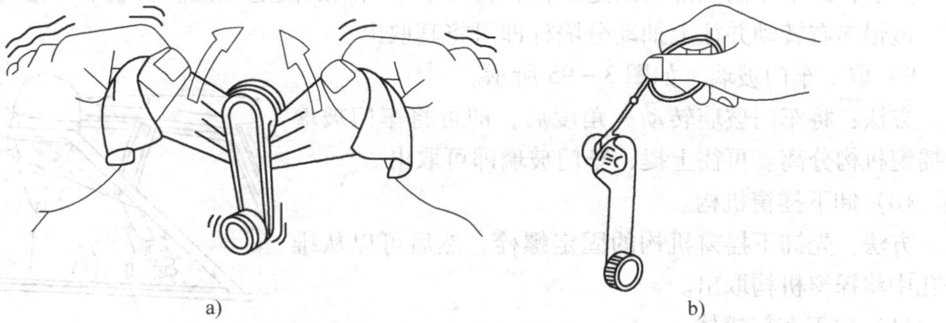

a)　　b)

图 3－92　取下车门摇窗机构手柄

a）用布条兜下挡圈　b）用钢丝钩拉出手柄

3）卸下内拉手，如图 3－93 所示。

4）卸下车门装饰板。在车门和装饰板保持器之间伸入钉旋具将其撬离。

注意：螺钉旋具应事先包上布条，以免损伤车门。

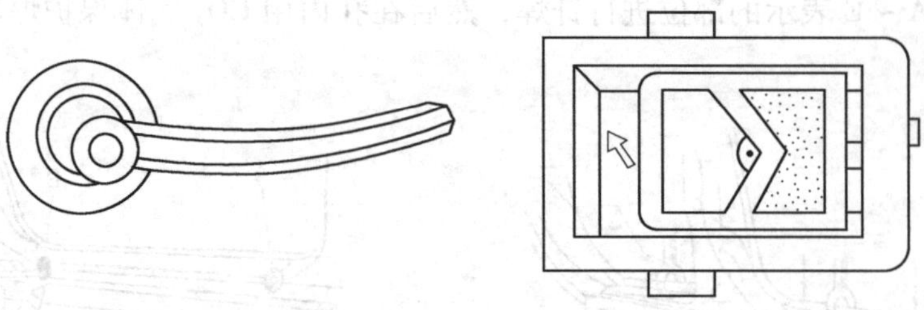

a)　　　　b)

图 3－93　卸下内拉手

5）卸下维修孔盖板。

6）卸下门锁遥控连杆。

7）拆卸车窗内、外密封槽条，如图 3－94 所示。

方法：先用刮刀将车窗内槽条撬出，并连同四个卡子一起取下。再用刮刀将车门外槽卡子的夹头部撬松后，可将车门外槽条取出。将卡子转动 90°后，即可取出卡子。

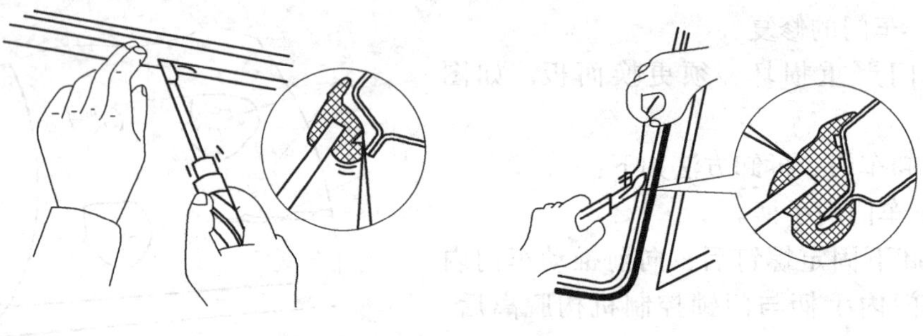

a)　　　　b)

图 3－94　拆卸车窗内、外密封槽条

8）取下分隔杆。

方法：卸下车门上部的固定螺钉，再卸下车门上的固定螺栓。将玻璃导槽与分隔杆相分离。慢慢向右转动并往上抽动分隔杆即可将其取出。

9）取下车门玻璃，如图 3－95 所示。

方法：将车门玻璃转动一角度后，即可将车门玻璃与摇窗机构分离。再往上提，车门玻璃即可取出。

10）卸下摇窗机构。

方法：先卸下摇窗机构的固定螺栓，然后可以从维修孔中将摇窗机构取出。

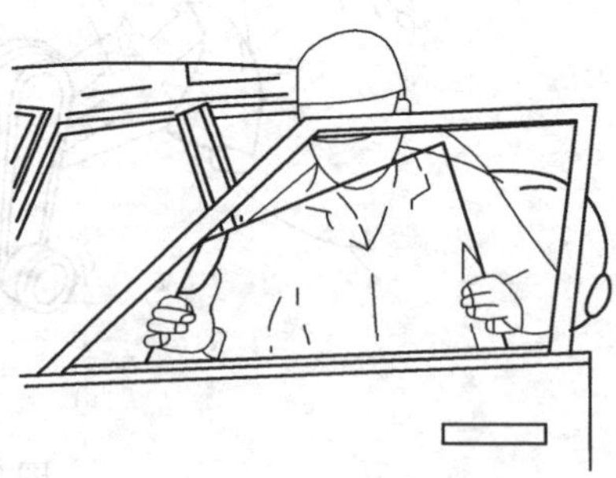

图 3－95　取下车门玻璃

11）取下车门锁体。

方法：用钳子将卡圈取出，即可取出锁体。

12）取出车门锁组件。

方法：卸下车门锁组件的螺钉，即可取出车门锁组件。再卸下车门内锁止按钮。

13）卸下车门外手柄。

14）取下角窗玻璃。

方法：若不必更换车窗密封槽条时，可向后转动角窗，即可将角窗玻璃连同车窗槽条一起取下。在需要更换车窗密封槽条时，可先用小刀从车门外将车窗槽条沿玻璃边缘割开，再从车门内往外均匀用力推角窗玻璃即可将其取下。最后，从取下的玻璃上取下车窗密封槽条。

提示：到此，车门的拆卸完毕。然后对拆卸下来的零部件进行检验分类。对能用的和经过修理后能继续使用的部件，应分别放置好。

(2) 更换面板

1) 用氧乙炔焰炬和钢丝刷除掉面板边缘焊点部位的油漆，然后用钻和焊点剔除工具除掉焊点。

2) 在门框上贴上标记条，分别测出面板边缘到标记条下边线的距离 $b$ 和面板边缘到门框的距离 $a$，如图 3-96 所示。

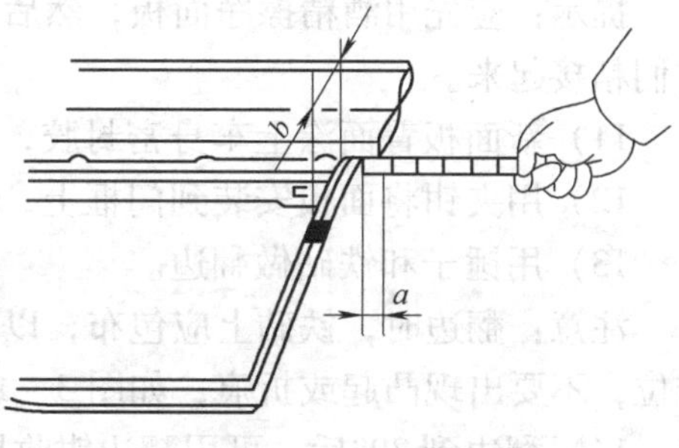

图 3-96　测量距离

3) 用手提砂轮机把面板与门框之间的钎焊缝剔除，如图 3-97 所示。

4) 打磨面板边缘的翻边。

要求：只需磨掉外缘而使其断开即可，不要打磨到门框上。不要用割炬或电凿来拆卸，以免造成门框变形或被意外割坏，如图 3-98 所示。

图 3-97　剔除钎焊缝

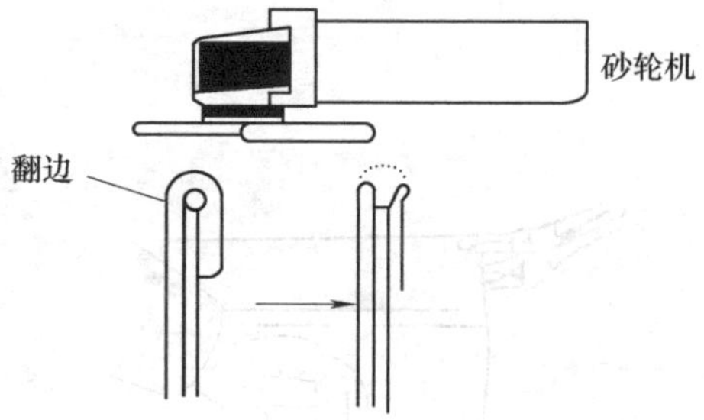

图 3-98　打磨面板边缘的翻边

5) 用剪刀把面板与门框剥离开来。

提示：用剪刀沿那些无法钻掉或磨掉的焊点周围把面板剪开，如图 3-99 所示。

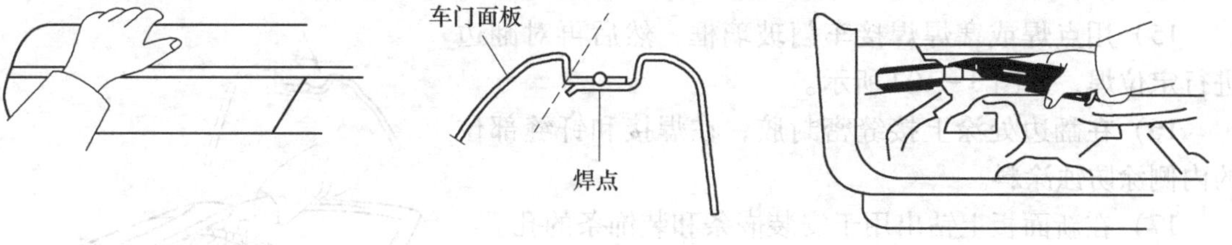

图 3-99　用剪刀剥离面板与门框

6) 到面板自由活动时，拆下面板。

要求：用钳子拆除留下的翻边，再用手提砂轮机打磨掉残留的焊点、钎料和锈斑。

7) 拆下面板后检查门框的损坏情况，同时对内部损伤进行修理。

提示：必要的话，用锤子和砧铁修理内折边上的损伤。

8）焊接部位涂上透焊防蚀涂料，其余裸露部位涂防锈漆或其他防锈涂料。

9）准备安装新面板。

要求：钻出或冲出塞焊用孔，用砂纸磨去焊接或钎焊部位的油漆。裸露部分应涂上透焊涂料。

10）有些面板配有隔音板，这些隔音板必须固定到面板上。

提示：应先用酒精擦净面板，然后用加热灯对面板和隔音板进行加热，最后用粘结剂将它们粘接起来。

11）新面板背面涂上车身密封胶，在距翻边10mm处涂抹均匀，厚度为3mm。

12）用夹钳将面板安装到门框上，准确地对好位置。需要钎焊的部位进行钎焊。

13）用锤子和铁砧做翻边。

注意：翻边时，铁砧上应包布，以免划伤面板。翻边应分三步渐渐地进行，不要使面板错位，不要出现凸起或折痕，如图3－100所示。

14）翻边到30°后，可用翻边钳收尾。

注意：收尾分三步进行，不要造成面板变形，如图3－101所示。

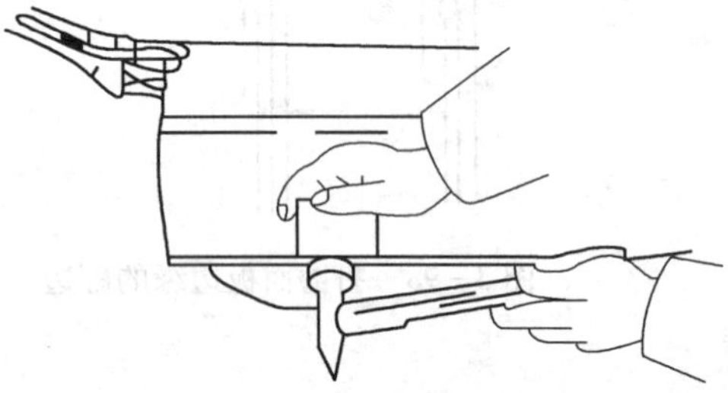

图3－100 做翻边

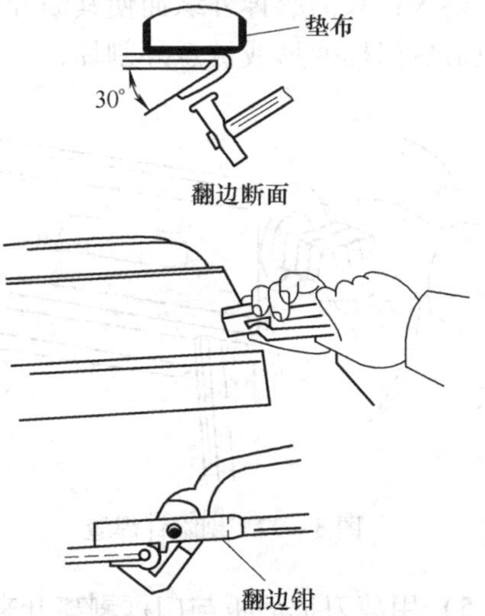


图3－101 用翻边钳收尾

15）用点焊或塞焊焊接车门玻璃框，然后再对翻边进行定位焊，如图3－102所示。

16）在翻边处涂上接缝密封胶，在焊接和钎缝部位的内侧涂防蚀涂料。

17）在新面板上钻出用于安装嵌条和装饰条的孔。

要求：在安装任何零件前，所有的棱边都应是修整好的。

18）将车门放入门洞内，检查定位状况，做好安装准备工作。

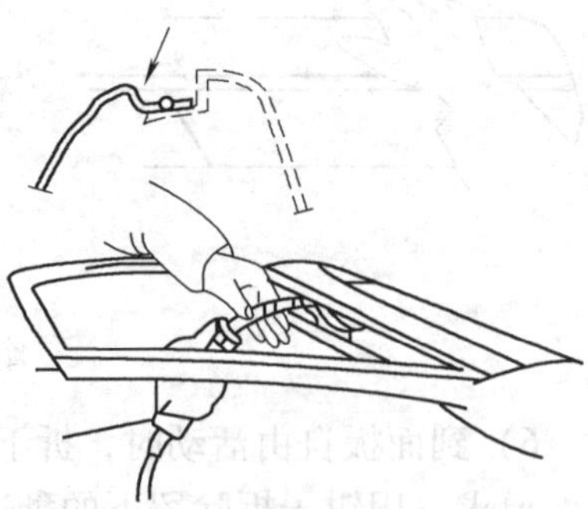

图3－102 对翻边进行定位焊

(3) 安装车门

1) 安装角窗。

提示：将车窗密封槽条嵌上角窗玻璃。在车窗密封槽条与车门凸缘相互接触处，涂一些肥皂水，然后装上角窗。

2) 安装摇窗机构。

提示：安装之前，应在摇窗机构的各滑动面，弹簧、齿轮及活动部位涂上润滑脂。

3) 装上车门外手柄。

4) 装上车门锁组件。

提示：将门内锁止按钮装到门锁组件上，通过车门上的维修孔将车门锁组件安放到位。最后装上并拧紧固定螺钉。

5) 装上车门锁体。

6) 装上摇窗机构。

提示：通过车门上的维修孔放入摇窗机构，再装上并拧紧螺栓将摇窗机构固定。

7) 装上车门玻璃。

提示：先将车门玻璃装入车门，再将摇窗机构的滚轮滑入车门玻璃卡铁上的凹槽。

8) 装上分隔杆。

提示：先将分隔杆放入车门，再在分隔杆上部装上螺钉，在下部装上螺栓。最后将玻璃导槽装入。

说明：为了安装方便，应先在玻璃导槽上涂一些肥皂水。

9) 安装车门内、外侧的车窗密封槽条。

提示：先将外侧的四个卡子装入车门，再装上外侧的车窗密封槽条，然后将内侧的四个卡子装到内侧的车窗密封槽条上，最后装上内侧的车窗密封槽条。

10) 装上维修孔盖板。

提示：在维修孔盖板上涂一圈粘结剂，将维修孔盖板下缘装入车门的槽口内，再用棉布带封住槽口。

注意：用棉布带封槽口时，不要将装饰板保持器孔封住。装上门锁遥控连杆后方可将维修孔盖板与车门贴合。

11) 装上车门锁遥控连杆。

12) 装上车门装饰板。

13) 装上车门内手柄。

要求：先将遥控连杆与车门内手柄连接，再将车门内手柄固定到车门上。

14) 安装摇窗机构手柄。

要求：将车门窗充分关闭后，装上摇窗机构手柄，并用挡圈将其保持住。

15) 装上车门拉手。

提示：到此，车门装配完毕。

(4) 车门的调整

1) 只要调整车门铰链和锁座，即可调整车门。将固定螺栓拧松，车门铰链与锁座即可在其加大的孔内上下前后移动。

2) 车门必须与门框和周围车身嵌板平整对齐。调整时，不可将车身及嵌板损伤。

3）精确调整车门是很重要的，调整良好的车门不必用很大的力量即可轻易地开关。如果车门调整不恰当，不仅开关不方便，而且车辆行驶时，车门还会吱吱响，甚至有大量的雨水或灰尘侵入车内。

4）调整车门后，车门与周围门框的间隙大约为3mm，而且在下部的底缘应有约5mm的间隙。

5）前车门安装后，应调整车门与前翼子板的间隙（如图3－103所示的A点）、车门与后侧围的间隙（如图3－103所示的B点）、车门与门槛的间隙（如图3－103所示的C点）及车门与顶盖的间隙（如图3－103所示的D点），最后调整门锁。

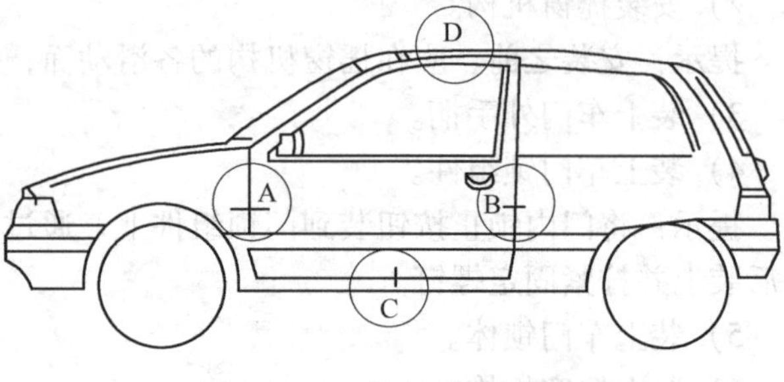

图3－103　车门间隙的调整

# 任务四　货车车身修复

## 任务目标

掌握货车车身修复技术。

## 一、任务

货车发生倾翻，造成整车损坏，需要修复，如图3－104所示。

图3－104　货车车身修复

## 二、相关知识

**1. 翼子板的修复**

货车翼子板在制作过程中，由于变形量较大，所以内部残余应力较大。又通过局部小面积接触固定在支架上，因此行驶时由于振动引起的负荷较大；翼子板前、后边和外侧容易受撞击、腐蚀等。翼子板的修复方法有焊修、整形、校正和挖补等。具体修复方法与轿车翼子板的修复方法基本一致，有一点不同的是，货车翼子板的结构与轿车不一样，所以货车翼子板还需采用撑拉器进行矫正。

**2. 车门的修复**

货车驾驶室的车门与轿车车门结构基本上是一致的，都是由外门板、内门板、窗框等组成。内门板是各种附件的安装基体，其上装有门铰链、玻璃及升降器、门锁、车门开度限位器和定位榫舌等。车门借助门铰链安装在车身壳体上。由于车门结构紧凑，附件繁多，使用次数高，故车门容易受损。

货车车门与轿车车门钣金的维修方法是一样的，现在介绍其他一些部件的修理方法。

（1）车门铰链焊接处的修复　车门铰链受力较大，容易造成门板与加强板间的焊缝开裂。出现裂纹时需进行重新焊补。

具体修复方法如下：

1）由于门铰链和加强板的材料较厚，而门板的板料厚度又较小，因此对焊接造成了很大的困难。通常在裂缝较短时，将气焊枪嘴角度放大，火焰直射加强板点焊处。

2）加强板温度升高后，将火焰移至焊点处。同时加入焊条，使焊条和两层金属同时熔化。

3）为保证焊接牢固，可用鞍形托架（如图3－105c所示）从外部顶住铰链，使外层与加强板贴紧，如图3－105a所示。这种方法焊后平整，有利于敲平复原。

4）如果下部铰链损坏严重，可用图中3－105b所示的滑动伸缩顶杆伸展顶好，从门壳内部将加强板向外顶住，即与外层贴紧焊接。滑动伸缩顶杆要保证较大的伸缩量，收缩后的最短尺寸应能从夹壁孔中拿出。

（2）车门铰链处金属板面的修复　车门铰链处金属板面由于受力较集中，而板料厚度较小，因而易产生变形，导致早期损坏，常用的修复方法是更换。

1）根据不同的更换面积，用厚度为1.2mm的板料加工出下料板。

2）在下料板上加工出相应的螺栓孔和直径为5mm左右的若干焊接小孔。

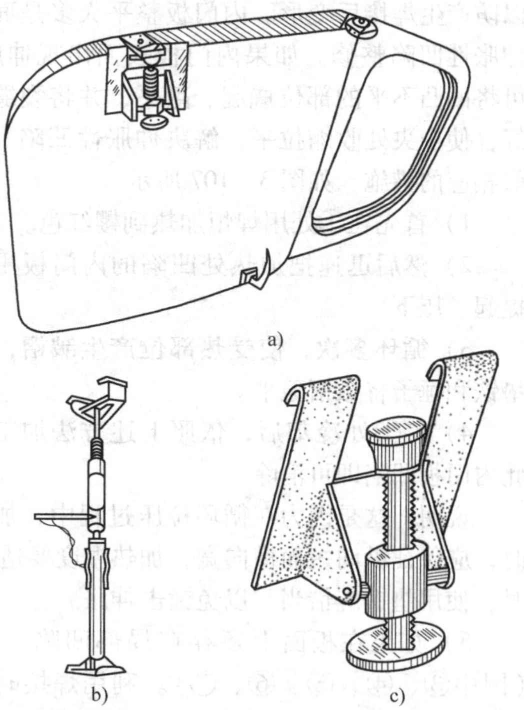

图3－105　焊接门铰链的专用工具及使用方法
a）使用方法　b）滑动伸缩顶杆　c）鞍形托架

3）按已做好的金属板对准螺栓孔位置画线，用割炬将需要更换的金属板割掉。

4）若发现加强板也需要焊修加固，则应先修好加强板。

5）把外层对口焊牢。

6）对于已焊过的部位，凡是从里面用各种形状的垫铁能够顶到的地方，都要将焊缝敲平展开。

7）如果折边处同时也需要更换，还要将边包好。并在包边处加焊若干点，最后将更换部位敲平校正。

（3）门板底部腐蚀部位的更换　更换门板底部时，注意更换焊接焊缝时应选在平面上，不宜选在棱线上。

用原厚度的板料，根据更换范围分别确定内、外门板的下料尺寸，如图3－106所示。下料后先将外门板料的折边处用錾子引线，再将内门板料做成原来相应部位的形状。把将更换的板料分别用夹具夹在更换部位处，沿新板料边缘划线。

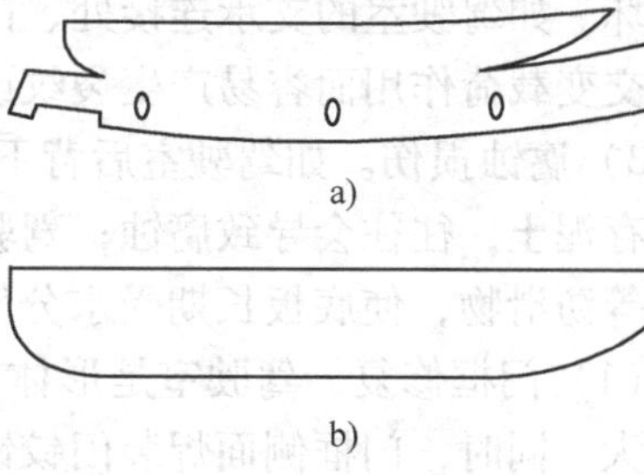

图3－106　下料样板
a）内侧样板　b）外表面样板

用细小的焊嘴将更换部分沿划线割掉。将外门板料沿折边线向内门板料折边包好，并与驾驶室适配，待间隙调整合适，将包边处内、外板料定位焊牢固。

（4）内门板的焊接与整平

内门板的焊接与整平通常是在车门配合完毕的情况下进行的，所以在焊接时，应尽量减小受热面积，以防产生焊接后变形。内门板整平大多是面积较大的伸胀性凹陷整修。如果内门板表面出现伸胀性凹陷，可将凹凸不平的部位撬起、敲平，并将裂缝对口焊接好，使中央处收缩拉平，解决伸胀性凹陷。但需要采取相应的措施，如图 3－107 所示。

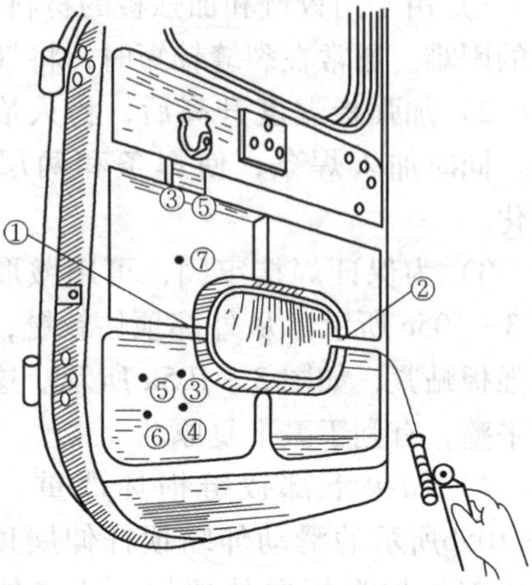

图 3－107　内门板大面积凹陷的整平

1）首先在①处用焊炬加热到樱红色。

2）然后迅速把加热处凹陷的内门板用专用工具提起、压下。

3）循环多次，使受热部位产生皱褶，再趁热用垫铁和锤子将皱褶敲平。

4）待①处冷却后，依照上述方法加工②处，如此内门板凹陷即可消除。

说明：这是因为在循环拉压过程中，加强肋由于应力集中而导致材料变厚收缩。加热时，应保证纵向短而横向宽，加热温度要适当，即使板面收缩，也不致产生收缩变形。敲击时，使用垫铁应恰当，以免锤击伸胀。

5）如果在板面上还存在局部凹陷，可用 $CO_2$ 气体保护焊在凹陷处定位焊若干点（图中③、④、⑤、⑥、⑦）。利用焊接时材料收缩的原理，使凹陷处得以修平。但焊点不宜过大，以防焊穿板料。凹陷严重时可多加焊点。焊后用手提砂轮机将焊点凸起打磨平整。

**3. 驾驶室的修复**

货车在长期使用过程中，由于使用条件各不相同，因而产生的损伤部位及损伤程度也就不同。

1）由于碰撞、挤压或擦伤导致的驾驶室变形、裂纹或损伤，多发生在驾驶室的两前下角、两后角及顶部。

2）驾驶室除承受自身重力外，还要承受汽车因颠簸而产生的冲击载荷，材料因疲劳产生破坏。如驾驶室的支承连接处、门框的前下角与后下角两个接触处及门铰链处等，由于频繁的交变载荷作用而容易产生裂纹或断裂。

3）腐蚀损伤。如驾驶室后背下部夹层处，由于制造过程中的防腐措施不当，使用中长期夹存泥土，往往会导致腐蚀；驾驶室底板由于脚踩致使防腐漆脱落，加之其上长期铺用橡胶垫等防滑物，使底板长期受水分侵蚀，因而易损。

（1）门框修复　驾驶室是形体较大的空间壳体结构，门框起主要的支撑作用，因而受力很大。同时，门框侧面焊装门铰链固定板，承受车门的全部重量，容易拉弯变形。另外，门框前、后两个下角接合处由于应力集中也容易损坏。

（2）门框下角的焊修　修复门框下角时，可将驾驶室翻倒，在里侧将裂缝茬口校平对齐，用气焊在原裂缝处焊接牢固，冷却后敲平，如图3－108所示。

如果从外侧原焊缝处焊接，应先校正变形，使下角恢复原位。此时裂缝可能扩大因而无法直接焊修。根据裂缝大小及拐角形状做一薄料补板，在驾驶室里侧裂缝处补焊，焊后敲平。如果不经过校正而随意焊接，可能会给车门安装带来问题，并给以后的修复带来麻烦。

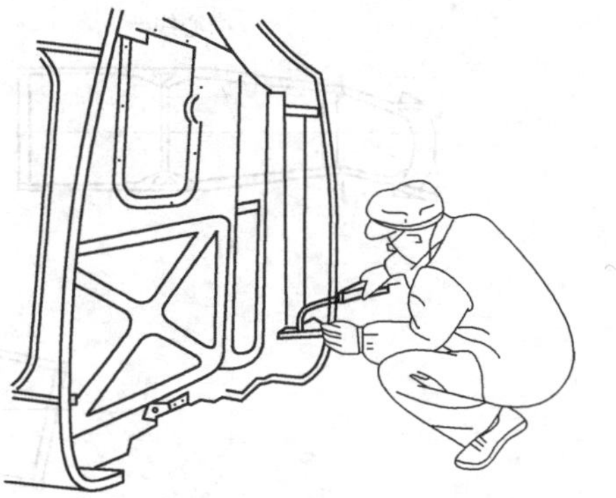

图3－108　修复门框下角

（3）门框铰链处修复　门框铰链固定板有轻微裂纹，或固定板与外层铁板焊接处脱焊，可用焊枪通过外层螺栓孔对正裂缝焊修。如果无法从螺栓孔处焊修，应将外层铁板用钢锯拉开并撬起，对内层进行焊修。

如果发现因为固定板尺寸太小导致门框拉弯，应对门框敲平并更换固定板。更换的新板料可不再开母板卡子孔，但要将原来的母板卡子修整好，以保证固定板从板孔中取出。

更换固定板时，板孔位置要找准确，接口对正。焊平焊牢后，再把原来锯开的外层铁板对齐焊好。待全部修好后，装上门铰链，并检查上、下两铰链的销子孔中心线是否重合。

（4）外侧整形修复　针对驾驶室外侧不同情况的损伤，应具体采用不同的修理方法。

如果驾驶室顶部大面积塌陷，可用木槌在外面轻敲凹陷的边缘。再用顶压工具从内侧慢慢顶挤塌陷部分，使之初步复位。再用木槌将局部凹陷处轻轻敲击。若遇折边，可用垫铁在里面顶压，再轻轻敲击。

驾驶室两侧前板的修复，因其形状特别而比较复杂。锤子不能直接敲击损伤变形处，而是先将驾驶室翻转90°，把前下角撬出，使其恢复到原位，以便在装配时能与翼子板紧密配合，再将皱折处敲平。有裂缝时，将裂缝焊好。在施焊时，火焰不能直接触碰前板，以免引起热变形。

（5）驾驶室后背下部锈蚀部位的更换修复　汽车钣金维修时，应注意驾驶室后背下部的锈蚀情况。有时外观锈蚀不明显，但用划针从外面轻扎锈点，即可扎穿。此现象表明材料已经锈蚀严重，应根据损伤程度采用挖补法进行修复。

（6）驾驶室撞伤修复　对于局部撞伤，如果没有影响到骨架变形，一般可采用敲击的方法矫正。必要时采用一些专用工具。如果骨架已变形，应将驾驶室拆卸下来进行矫正修复。

如果驾驶室撞击十分严重，无法直接矫正，可对驾驶室进行局部解体维修。用手电钻或手动砂轮将原来的焊点打开，然后用钢锯或气割将外层卸下。当变形范围较大时，外层可分片取下，且分别校正整平后再统一组装。在校正整平时，应注意各部件之间的配合，而且应注意材料在焊接时的收缩变形，以免给后面的装配带来困难。

**4. 车架的修复**

（1）车架的损伤形式　汽车遇到强烈的撞击，导致车架发生损坏。车架损坏的形式大致有以下五种：

1）左右弯曲。从一侧来的碰撞冲击经常使车架左右弯曲，如图3－109所示。

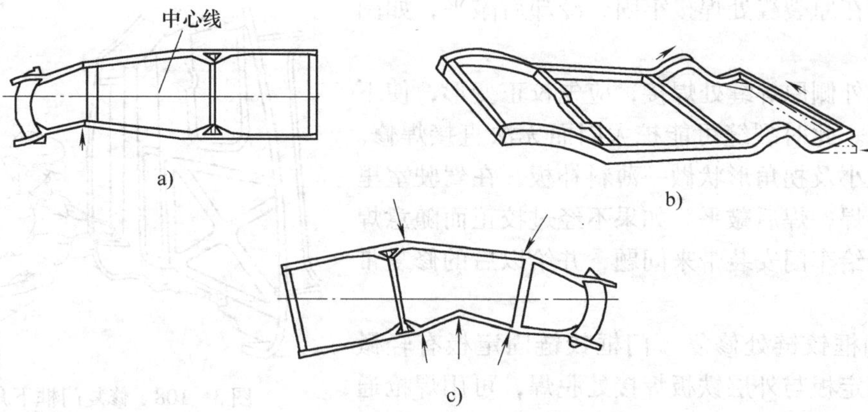


图 3-109　左右弯曲变形

a）前部碰撞引起左右弯曲　b）后部碰撞引起左右弯曲　c）车架外部受到双重碰撞引起左右弯曲

2）上下弯曲。车架上下弯曲后，车身外壳表面会比正常位置低，结构上有后倾现象，如图 3-110 所示。

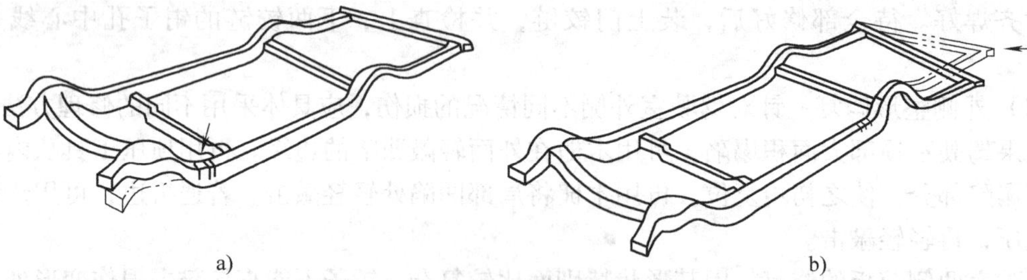


图 3-110　上下弯曲变形

a）左前端上下弯曲　b）后尾部上下弯曲

3）断裂损伤。车架的断裂损伤如图 3-111 所示。

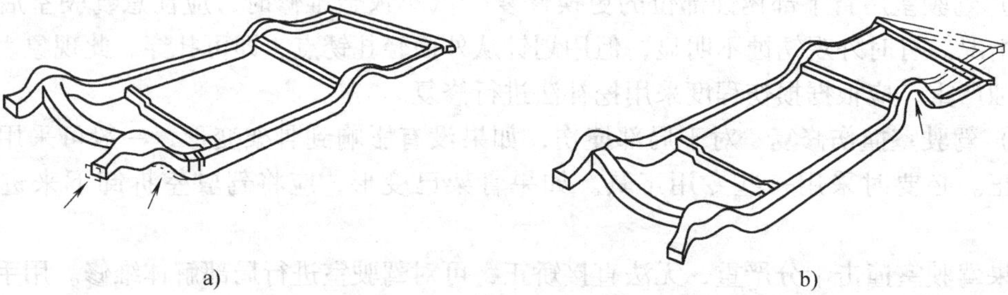


图 3-111　断裂损伤变形

a）左前侧的断裂损伤　b）左后侧的断裂损伤

4）菱形变形。汽车的一角受到来自前方或后方的撞击时，会导致车架歪斜，使其形成一个接近于平行四边形的形状，称为菱形变形，如图 3-112 所示。

5）扭转变形。当汽车撞击到路缘或隔离墩时，有可能发生车架的扭转变形，如图 3-113 所示。

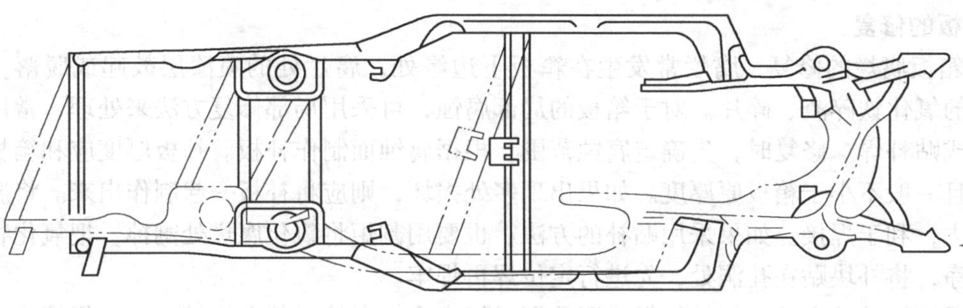

图 3-112 菱形变形

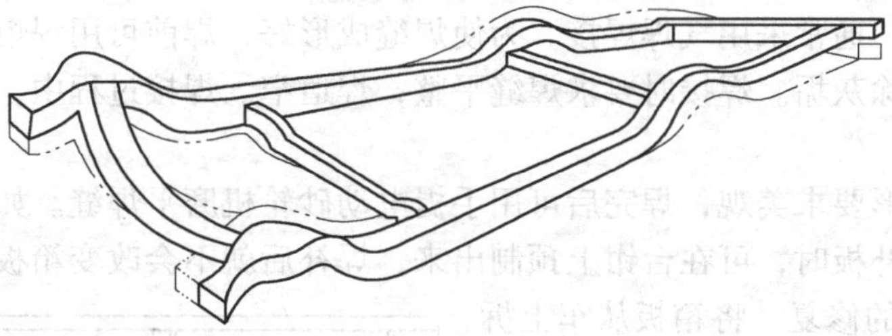

图 3-113 扭转变形

（2）车架的校正 车架经检测后，若发现各项几何误差超过了允许值，则应进行矫正。当车架总成情况良好，仅个别部位发生不大的弯曲变形时，可直接在车架上进行矫正。如图 3-114 所示为矫正车架纵梁的常用工具及其使用方法。

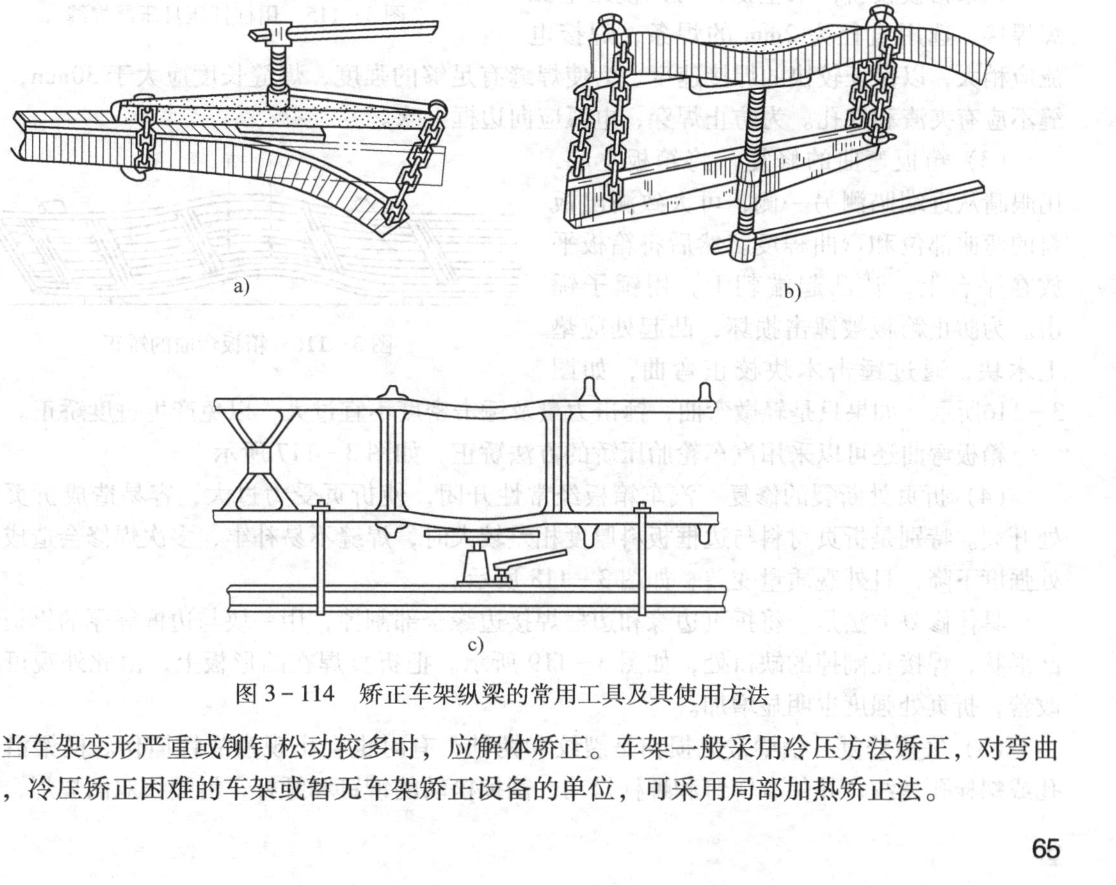

图 3-114 矫正车架纵梁的常用工具及其使用方法

当车架变形严重或铆钉松动较多时，应解体矫正。车架一般采用冷压方法矫正，对弯曲严重，冷压矫正困难的车架或暂无车架矫正设备的单位，可采用局部加热矫正法。

**5. 箱板的修复**

（1）箱板腐烂的修复　腐烂常发生在箱板下边缘处，腐烂处的喷漆层鼓起或脱落，露出赤红色的氧化铁碎渣、碎片。对于箱板的局部腐蚀，可采用局部修复方法来处理，常用的是挖补焊或贴补焊。修复时，先确定腐蚀范围，根据腐蚀面制作补板。补板厚度应和箱板厚度接近，且一般不小于箱板原厚度。如果出现多处损坏，则应将补板一起制作出来。将腐蚀面扩大割去，利于焊接。如果采用贴补的方法，也要用割炬将氧化腐烂处割掉，把氧化物碎渣清理干净，将补块贴在孔洞处，先进行定位焊再焊牢。

如果采用挖补的方法，将补块做成跟孔洞一样大小，对接时就会比较麻烦，焊接容易产生变形，但比较平整。当所有的补块定位焊后就可以焊接了。

由于箱板较薄，通常采用气焊焊接。为使焊缝成形好，焊前可用焊炬在焊缝背面将油漆烤掉，并用钢刷清除灰垢。焊接时要求焊缝平整，焊道窄。焊接过程中，应随时用锤子和垫铁敲击焊缝。

轻型车箱板外形要求美观，焊完后可用手提电动砂轮机磨平焊缝。如果焊接部位涉及箱板加强肋，在制作补板时，可在台钳上预制出来，焊补后就不会改变箱板的形状。

（2）箱板开焊的修复　将箱板从车上拆下来，放在地面或平台上。用木块将两端垫起，便于夹具穿入。将F形夹具别在开焊的焊缝之间，用力将两板压实，如图3－115所示，然后进行点焊。

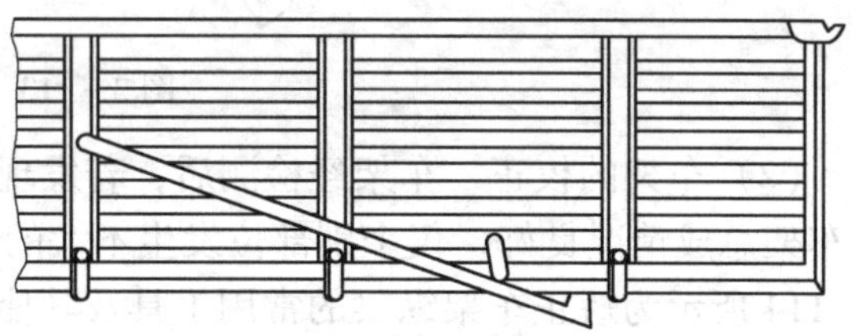

图3－115　用杠杆压具压严焊缝

如果箱板较新，未生锈，可以使用电弧焊焊接。选用直径为2mm的焊条，焊接电流应稍大，以保证较快的焊接速度。为使焊缝有足够的强度，焊缝长度应大于30mm，且焊缝不应有夹渣和气孔。为防止焊穿，电弧应向边框上吹。

（3）箱板弯曲的修复　将箱板立起，用眼睛从近端瞄测另一侧，可大致测出板料的弯曲部位和弯曲程度。然后将箱板平放在平台上，让凸起端朝上，用锤子锤击。为防止箱板被锤击损坏，凸起处应垫上木块，通过锤击木块校正弯曲，如图3－116所示。如果只是轻微弯曲，锤击力量及锤击密度不宜过大，以免产生过度矫正。

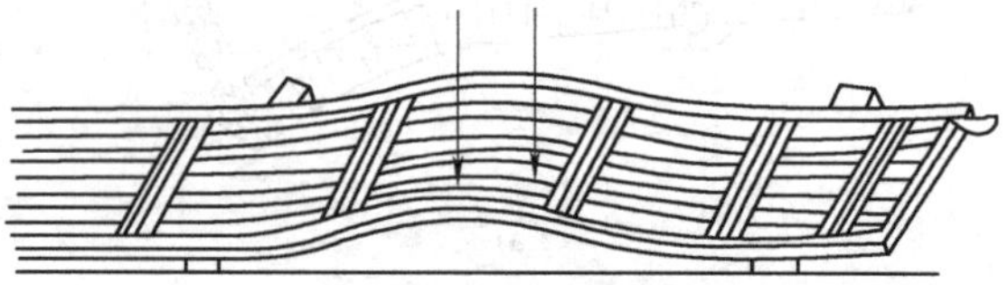

图3－116　箱板弯曲的矫正

箱板弯曲还可以采用汽车轮胎压矫的方法矫正，如图3－117所示。

（4）折页处断裂的修复　汽车箱板经常性开闭，使折页受力过大，容易造成折页焊接处开裂。特别是折页材料与边框板料厚度相差较大时，焊缝不易补牢，多次焊修会造成焊接处强度下降，且外观质量变差，如图3－118所示。

具体修复方法是，将折页边缘和边框焊接边缘全部割掉，用一块与边框等厚的钢板制成凸形状，焊接在割掉的缺口处，如图3－119所示。把折页焊在凸形板上，由此外观可得到改善，折页处强度也明显增加。

（5）底板修复　横梁常见损伤是裂纹和锈蚀，有时也会出现事故性撞伤。横梁沿铆钉孔或螺栓孔裂纹，并伴有铆钉和螺杆松动。割掉松动的铆钉和螺杆，沿裂纹双面焊焊合，焊后用铰刀铰孔。

图 3－117 轮胎压矫弯曲变形
1—弯曲变形状态 2—矫正过程 3—矫压后的箱板

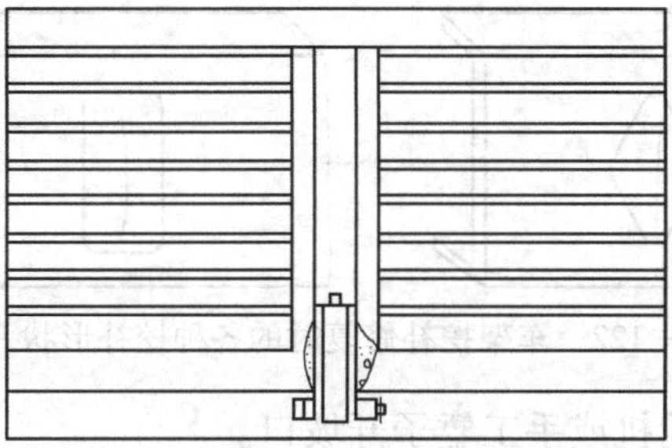
图 3－118 折页焊接部位呈蜂窝状

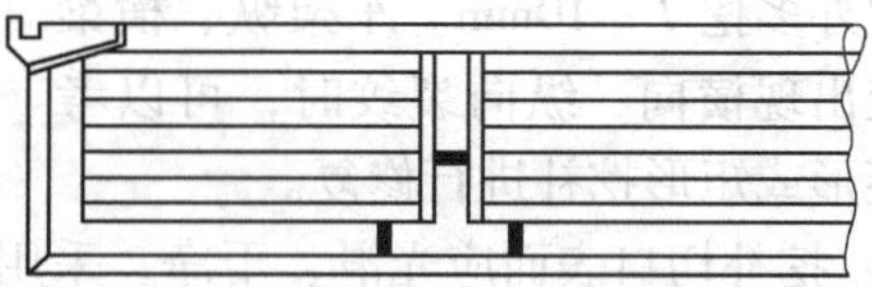
图 3－119 蜂窝状部位挖补后的焊接形状

横梁在其他部位产生裂纹，可采用局部帮补的方法，从槽内帮补，如图 3－120 所示。

后轮两侧的横梁产生腐蚀较为严重时，可采用帮补加强的方法减轻横梁锈蚀，修补方法如图 3－121 所示。

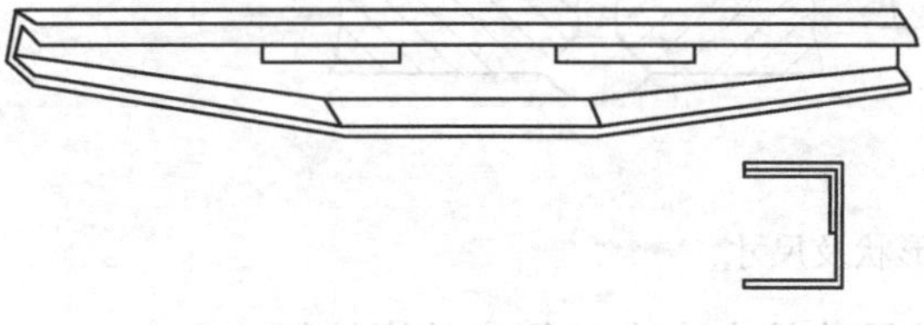
图 3－120 横梁槽内帮补方法

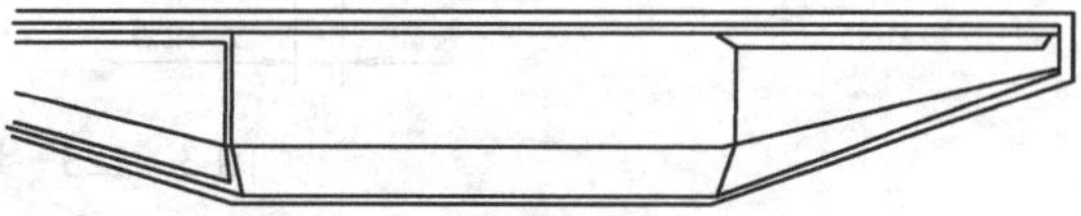
图 3－121 横梁锈蚀的修补方法

## 三、任务实施

### 1. 工具准备

1）废旧货车一辆。

2）手提砂轮机、手电钻、垫铁、锤子、螺钉旋具、扳手、气焊、$CO_2$ 气体保护焊。

**2. 操作要求**

1）按正确操作程序进行修复。

2）修复结果符合技术要求。

**3. 操作步骤**

项目 1：车架裂纹修复

修复方法一：采用车架的挖补修复方法

说明：车架挖补修复是将纵、横梁裂纹的部位挖掉，然后用对接焊的形式焊补一块材质及厚度与原来车架相同的嵌接钢板。

1）首先要清除车架上的旧涂膜锈蚀。

2）检查裂纹的大小和方位。

3）然后根据裂纹的性质和部位，确定挖补的形状及大小。

提示：在汽车修理中，采用的挖补形状有椭圆形、三角形、菱形、矩形等，如图 3－122 所示。对车架纵、横梁上、下平面和侧面上出现的横向裂纹、纵梁侧面上的纵向裂纹或纵梁断裂，都可采用椭圆形或三角形挖补进行修理。一般情况下，挖补孔应能将裂纹全部除去。为保险起见，可在肉眼观察到的裂纹端头再向外多挖 7 ~ 10mm。车架纵、横梁侧面上出现横向、纵向裂纹时，可以考虑用菱形或矩形挖补进行修复。

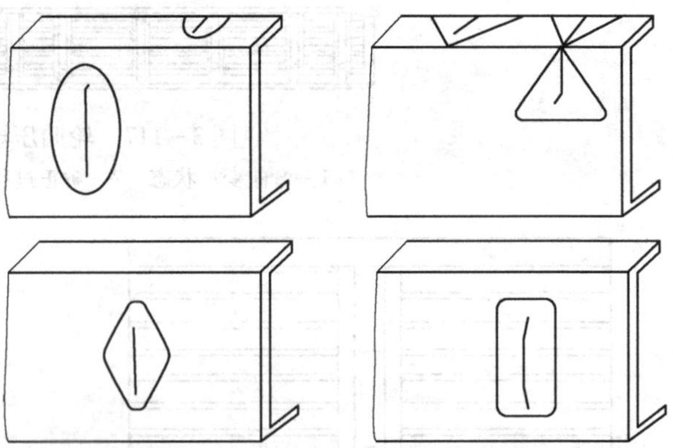

图 3－122　车架挖补修复时的各种挖补形状

4）挖补切口表面应光滑、干净，采用手提砂轮机或手工錾子开坡口。

提示：由于车架受力复杂，工作条件苛刻，挖补修复时切口与嵌接板的边缘一般均采用 V 形坡口或 X 形坡口处理（如图 3－123 所示），然后进行双面焊。

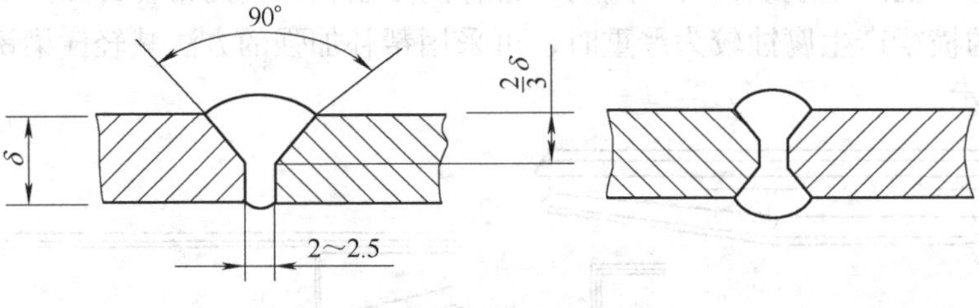


图 3－123　坡口形状及尺寸

5）进行车架挖补修复时，应按挖补形状及其尺寸的大小准备相应的嵌接板。

提示：嵌接板应与被修车架纵梁或横梁的材质、厚度相同，这样既可以从已报废的同型旧车架上挖取，也可用新钢板制成。

6）为保证焊接质量，嵌接板与挖补孔之间应预留间隙。

7）施焊前，应清洁坡口表面，然后将嵌接板放入挖补内，均匀地点焊数点，将嵌接板大致固定，然后矫正平整。

8）由于车架所处的工作条件对焊接强度要求很高，所以应正确地选择焊条牌号、直径、焊接电流及层数等焊接规范。

提示：一般采用结502、结503、结506、结507和结422焊条，它们均可保证焊接质量，焊条直径常选3.2～4.0mm。焊接时选用交、直流电流均可（结507焊条需用直流），视焊条直径、板材厚薄不同，焊接电流可在100～200A的范围内选择。焊接时宜采用多层堆焊法，一般可堆焊3～4层，以尽量减轻焊接应力。

9）施焊时应采用短弧，以防在熔化金属中产生气孔。

要求：焊缝应平整、光滑、无焊瘤、弧坑，咬边深度不大于0.5mm，咬边长度不大于焊缝长度的15%，并不得有气孔、夹渣等缺陷。车架修复时的焊缝方向，除特殊车架外不允许与棱线垂直或重叠。焊缝及其周围基体金属上不应有裂纹。焊修时合理安排焊接方向，能减少焊接变形与应力，防止使用中重新出现损坏。施焊时，一般均应从纵、横梁侧面的中部开始，并沿相反的方向展开，如图3－124所示，以便将焊接应力引向边沿。

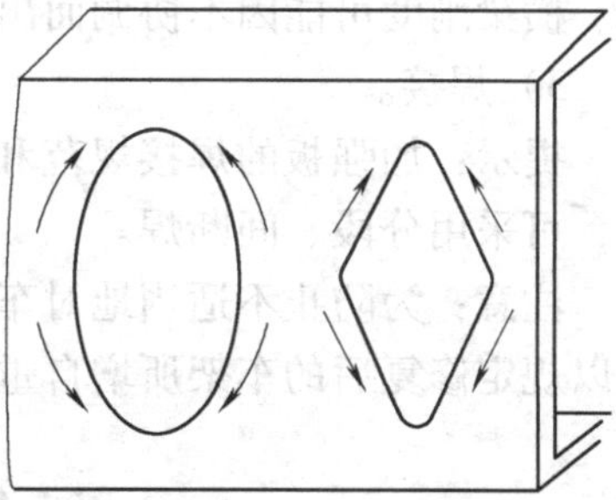
图3－124　施焊方向

10）焊接后，对影响装配的焊道应予以修整；对不影响装配的部位，允许焊道高出基体平面1～2mm。

修复方法二：采用车架的对接修复方法

说明：车架纵梁上的某一段尤其是纵梁前、后端1.5m范围内出现完全断裂或裂纹比较集中时，可将损坏段（端）截去，采用对接形式焊接一段与截去段（端）完全相同的新梁。

1）气割。

说明：切割形式有斜口和平口两种，一般采用斜口方式。斜口对接的焊道长度比平口对接长，焊后强度有保障。只有在斜口对接的切口延伸至与纵梁相连的横梁等处，需拆除横梁而使修复过程复杂化时，才可考虑采用平口对接。一般不允许对接修补时的焊缝方向与车架纵梁的棱线垂直。

2）用手提砂轮机打磨切口。

3）用手提砂轮机或手工錾子开坡口。

4）清洁坡口。

5）焊接。

提示：采用对接焊补时，车架的切割、坡口处理、焊接规范与要求等，均与车架的挖补修复相同。

注意：对接段与原纵梁点焊连接后，应检查纵梁上平面及侧面的纵向直线度误差。焊接完毕后再进行检查。

修复方法三：采用车架的帮补修复方法

说明：某种车型的特定车架部位出现规律性的裂纹或断裂时，表明该车架设计或汽车的使用有问题。若系车架设计缺陷，则除对裂纹处进行正常修复外，还应在此部位焊接加强板，即帮补修复，如图3－125所示。

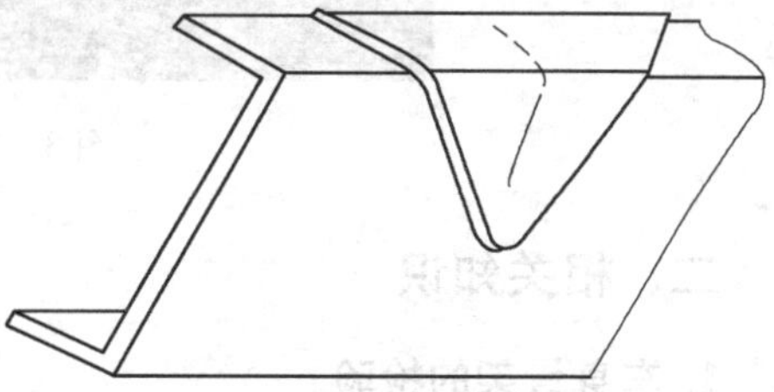
图3－125　帮补修复

1）选取帮补加强板。

提示：选用的加强板材质应与原车架相同、厚度可略小于而决不可大于原车架的钢板。

2）制作加强板的形状。

提示：加强板形状可为三角形，也可为其他形状，其长度一般应大于纵梁高度的 2 倍。为使修复后车架纵、横梁的局部刚度过渡平缓，避免因加强处与原车架其他处刚度相差悬殊而出现应力集中造成新的断裂危险，一般加强板两端的尺寸应逐渐减小。还应注意加强后纵、横梁刚度可能因不协调而出现顾此失彼的现象。

3）焊接。

提示：加强板的焊接规范和工艺与车架采用挖补修复法时的相同。为防止刚度增加过多，可采用分段、间断焊。

注意：为防止不适当地对车架采取加强措施而造成车架重量增加过多，影响其经济性，所以规定修复后的车架所增自重不得超过原设计重量的 10%。

# 任务五　大客车车身修复

## 任务目标

掌握大客车车身修复技术。

## 一、任务

大客车发生倾翻造成车身损坏，需要修复，如图3－126所示。

图 3－126　大客车车身修复

## 二、相关知识

### 1. 车身骨架的检验

车身骨架发生变形时，可用样板或通用量具进行检查。通常检查的部位是前、后风窗玻璃框、窗板、门框及骨架强度等。

（1）样板检测　用样板检测车身时，其技术要求一般为：

1）前、后风窗玻璃框止口弧度的面轮廓度公差为4mm，止口高度应符合原设计要求。

2）驾驶人员门框用样板检查时，其线轮廓度公差为4mm。

3）顶横梁弧度分三段用样板检查，其面轮廓度公差为4mm。检查用样板的重叠长度必须超过检查部位长度的100mm以上，以保证各段接合圆顺。

4）车身骨架整形后，外形应平整，曲面衔接应变化均匀，侧窗下沿及地板围裙处用样板检查，其面轮廓度公差值为4mm。

用样板检查前、后风窗的方法是，用比名义尺寸小4mm的样架进行检查，样架应能放入框内，且周边间隙不大于4mm；用样架紧贴窗框止口曲面，用厚薄规检查，其曲面开关与样架不贴合时，间隙不应大于4mm。

用样架检查门框时，是用比名义尺寸小4mm的样架进行检查，样架应能放入门框，且周边间隙不大于4mm。

用样板或样架进行检查只适用车型单一的情况，当车型较多时，则宜采用通用量具或专门的车身测量设备进行检查。

（2）通用量具检测　采用通用量具检测骨架时，主要是针对乘客门框、侧窗框及车身骨架横断面龙门框架等，通过测量两个对角线长度进行比较来进行检验。采用这种方法时，其技术要求如下：

1）侧窗框对角线长度的偏差不得大于3mm。

2）车身横断面框架（龙门框架）对角线长度差不得大于8mm。

3）乘客门框的对角线尺寸差不得大于6mm。

为保证测量的准确性，可采用如图3-127所示的测量定位杆。

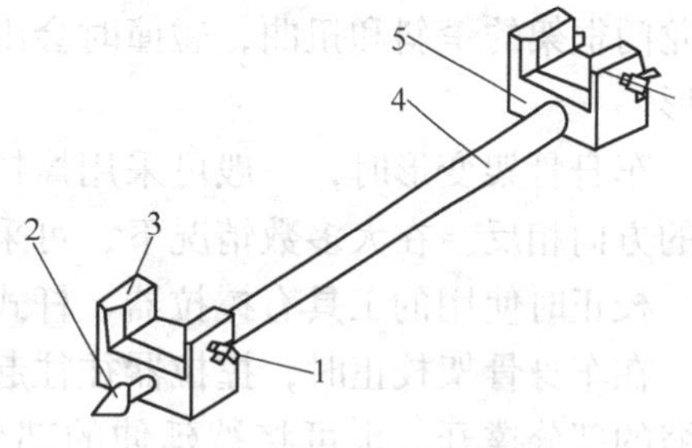


图3-127　测量定位杆

1—固定螺钉　2—定位调整装置　3—上定位卡　4—连接杆　5—下定位卡

用定位杆检查侧窗对角线时，其测量方法如图3-128所示。测量时，应将测量定位杆固定在两侧窗框立柱内侧，以上纵梁下平面为定位基准，用卷尺测量对角线长度差。

用定位杆测量龙门框架对角线长度差时，其测量方法如图3-129所示。

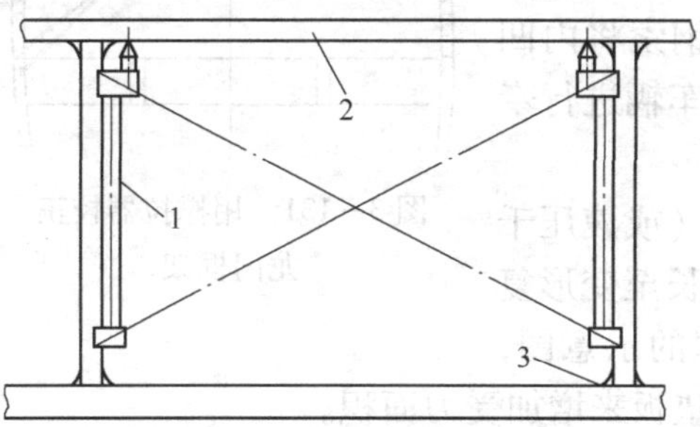


图3-128　用定位杆检查侧窗对角线

1—定位杆　2—上纵梁　3—窗圆角

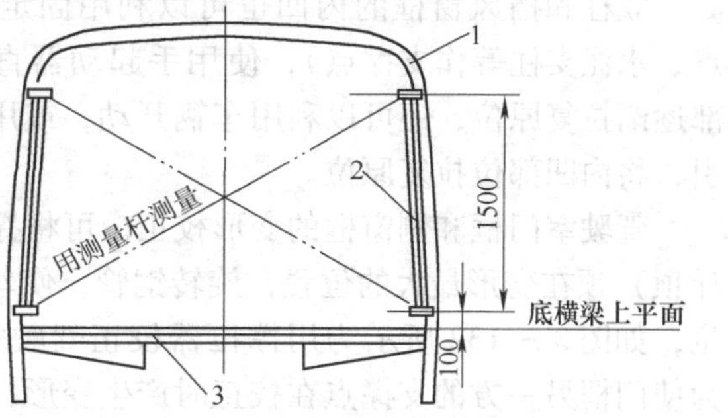


图3-129　车身龙门框架对角线的测量

1—龙门框架　2—定位杆　3—底横梁

测量时，先将定位杆固定在左右两侧立柱内侧上，以底横梁上平面为定位基准，用测量杆（如图 3－130 所示）测量对角线的长度差。测量时，注意测量点应在车身横断面上的中心左右对称处，否则应另制作特殊定位杆，将测量点校正过来。

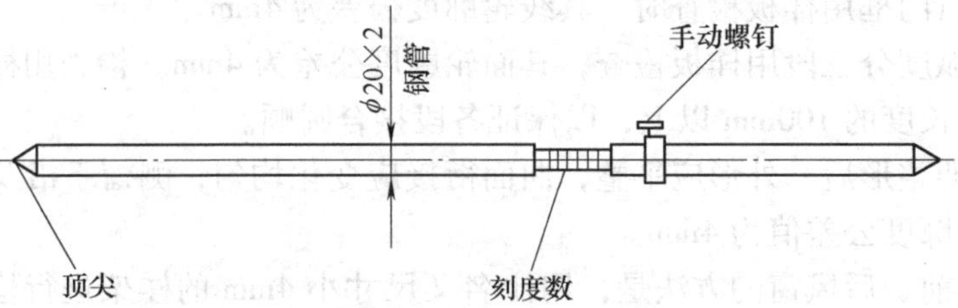


图 3－130　测量杆

大客车乘客门门框对角线长度差的测量方法与龙门框架对角线长度差的测量方法基本相同，但在大多数客车上，定位杆固定在两乘客车立柱外侧或车内方向，其定位杆通常也需特殊制作。

测量检验后若发现骨架变形，可根据测量结果有针对性地进行修理。在修理时应根据结构及损伤部位来确定其修理顺序。

**2. 车身骨架的修复**

车身骨架的修复通常包括骨架的整形校正、加固、局部更换或整件更新等。

（1）车身骨架变形的整形修复　车身骨架的变形通常是因事故引起的，如翻车时会造成龙门框架的歪斜和扭曲，碰撞时会出现车身立柱及风窗玻璃内凹和驾驶室门框、侧窗框的变形。

车身骨架变形时，一般可采用撑拉法来进行校正。校正时，校正力的方向应与引起变形力的方向相反。在大多数情况下，可采用冷态校正法，但有时也必须采用局部加热法校正。

校正时使用的工具有撑拉器、杆式液压千斤顶或专用的校正台架等。

在车身骨架校正时，撑拉器往往起着重要的作用，它可将压缩的部分撑开，也可将被延伸的部分拉回，如图 3－131 所示是校正龙门框架出现歪斜时，利用撑拉器两端的活动挂钩和钢索将对角线较长的一方钩住，然后再加力旋转钢管，缩短丝杆，使龙门框架左上角逐渐被拉回。

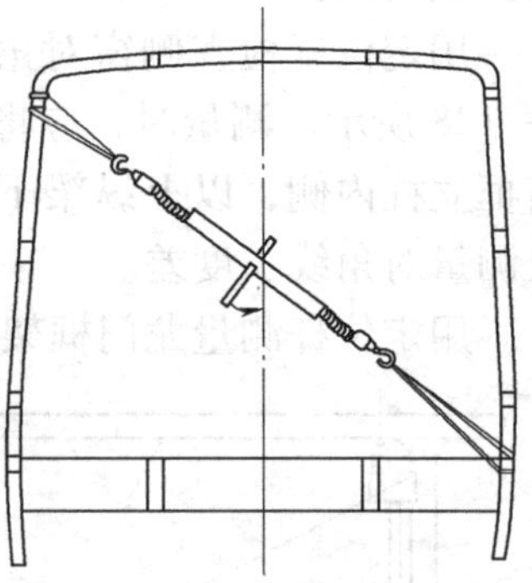

图 3－131　用撑拉器校正龙门框架

立柱和挡风窗框的内凹也可以利用固定物（如地面支撑点、水泥支柱等作支撑点），使用手起动器直接用钢索将内凹部逐渐拉复原位，还可以利用车辆开动，或用其他车辆进行牵引，将内凹部位拉复原位。

驾驶室门框和侧窗框的变形校正，可将撑拉器（或液压千斤顶）顶在变形最大的位置，旋转钢管，使丝杆伸长至变形复位，如图 3 － 132 所示为用撑拉器校正驾驶室门框的示意图，为使门框另一方的支撑点在校正时产生变形，可用垫板来增加受力面积。

采用撑拉法来校正车身骨架时，要分析各部位的受力方向，找到受力点，并分清主次。根据具体情况采取撑顶或拖拉，只要在关键部位上施加一定的相反的力，弯曲即可初步伸直，其他受牵连的部位也随之复位。有时还需采用撑拉结合或几处位置同时撑拉的方法进行，并在支撑点处垫上垫板或橡皮，以防损坏构件。

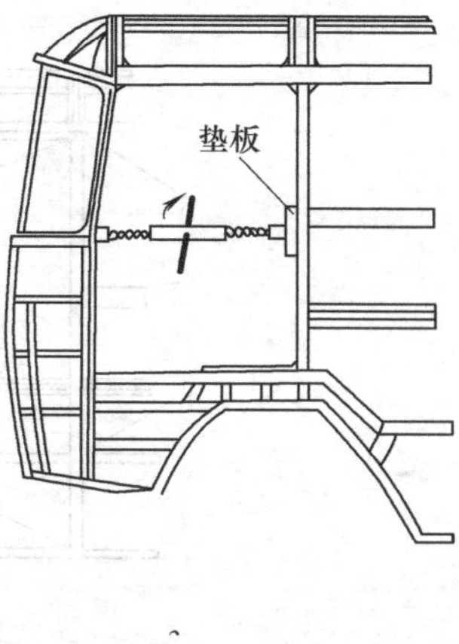

图 3－132 用撑拉器校正驾驶室门框

（2）大客车车身的加固修复 当骨架构件遭受局部损伤、撕裂或产生裂纹时，如果需要，可对其进行加固。尤其是经常出现损伤的部位更应该采取加固措施。但在加固时也应注意，不要过多地增加质量，并应限制车身骨架修理过程中对构件随意加固或补焊的不正确修理方法。因为随意加固或补焊构件时，任意增加构件截面尺寸，还将影响车身骨架的受力状态。有时加固后的构件虽然刚度增加了，但其相邻的构件刚度却反而被减弱了。

1）前围骨架及驾驶门框的加固修复。前围骨架及驾驶门框的主要损伤部位如图 3－133 所示。前围左右立柱及前挡风窗下横梁可以采取局部截换，并在截换位置镶套或帮补加固。

主要构件间的连接可采用圆弧镶角或用直角板加固，以降低折角部位的应力集中。

立柱无底横梁支承的，可在车架或底架上增设底横梁以改善支承条件。前围骨架及驾驶门框的加固修复如图 3－134 所示。

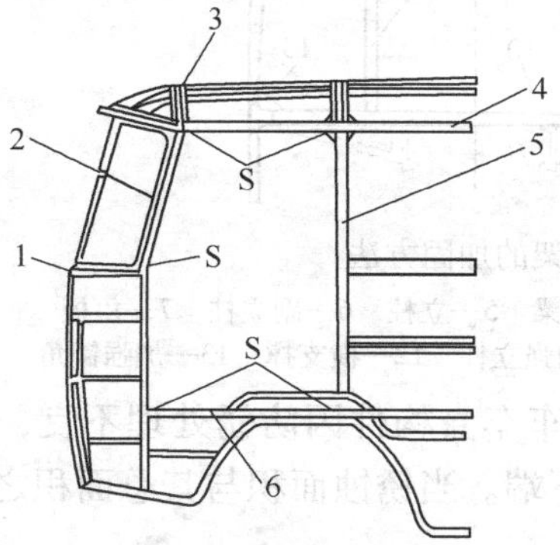

图 3－133 前围骨架及驾驶门框的主要损伤部位
1—前挡风窗下横梁 2—立柱 3—顶横梁
4—上边梁 5—驾驶人员门立柱
6—驾驶人员门框下横梁 S—主要损伤点

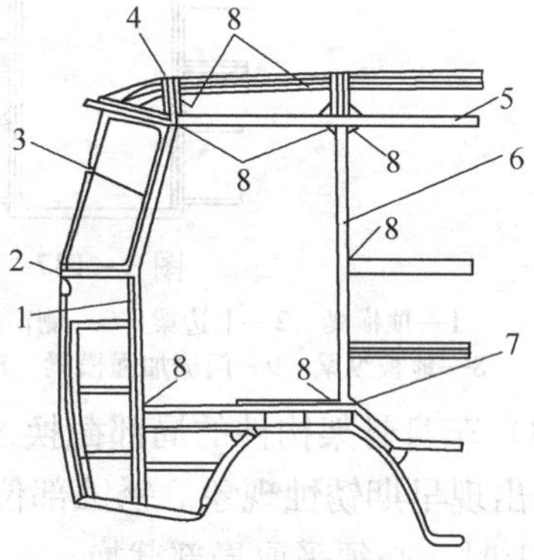

图 3－134 前围骨架及驾驶门框的加固修复
1—立柱加固槽形盒件 2—前挡风窗下横梁
3—立柱 4—顶横梁 5—上边梁
6—驾驶门立柱 7—驾驶门框下横梁
8—圆弧镶角及角板

2）乘客门框的加固修复。乘客门框的主要损伤部位在乘客门柱与上边梁和底横梁的连接部位（如图 3－135 所示）。

立柱与底横梁连接处的裂纹，一般不是单纯采用圆弧镶角或角板加固能解决的。单纯的加固会出现撑到哪里就断到哪里的现象（如图 3－136 所示），这与乘客门大开口有关系。

要解决上述问题，除了采用圆弧镶角加固外，还应在车内增加立柱支撑（如图 3－137 所示），以增加车身骨架的整体刚度，改变立柱应力集中点，同时还可以增加车顶骨架的强度。

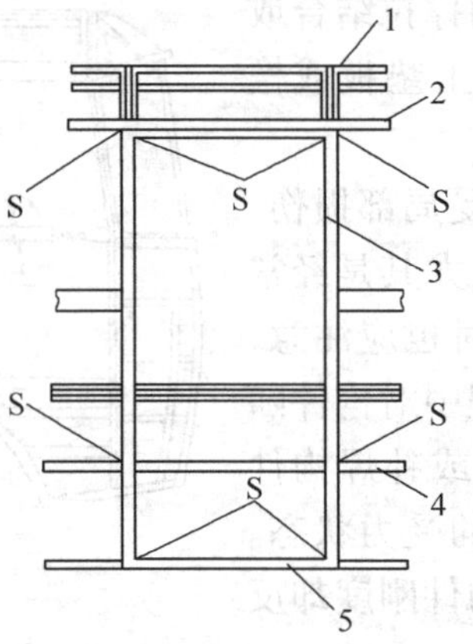


图 3-135　乘客门框的主要损伤部位

1—顶横梁　2—上边梁　3—乘客门立柱
4—地板纵梁　5—底横梁　S—主要损伤点

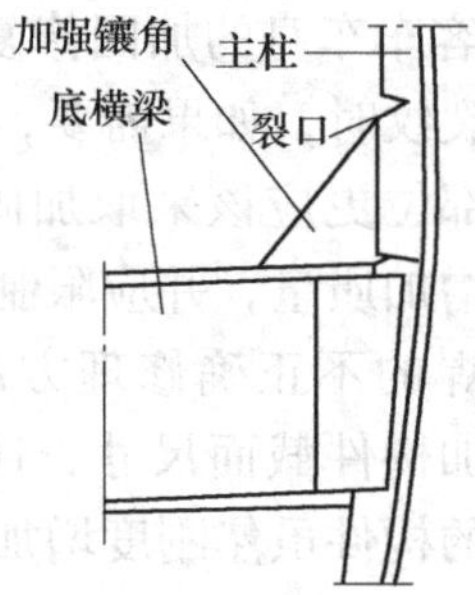


图 3-136　单纯镶角加固

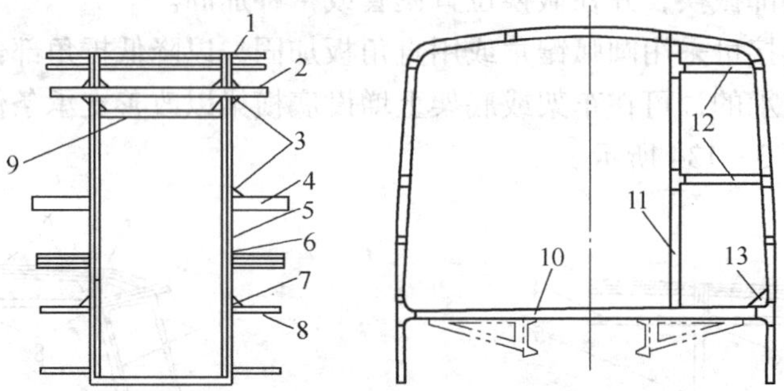


图 3-137　乘客门立柱及龙门框架的加固方法

1—顶横梁　2—上边梁　3—侧窗圆弧镶角　4—窗下沿纵梁　5—立柱　6—副立柱　7—角板
8—地板纵梁　9—门檐加强横梁　10—底横梁　11—车内加强立柱　12—横支撑　13—加强镶角

（3）车身骨架构件的局部截换及更换修复　大客车车身构件因防锈处理不良，骨架构件常会出现早期锈蚀现象。锈蚀部位大多为骨架立柱下端。当锈蚀面积与其总面积之比达到 1/3 以上时，必须采取局部截换。

对于采用矩形冷弯型钢制作的立柱，在进行局部构件的截换或更换时，可采用薄板冲压型的立柱，或采用同型号立柱配件。自行加工成形时，其材质、断面尺寸、厚度等均应符合原设计要求。对于断裂的立柱（含顶横梁、底横梁在内），如整件换新时，必须要与原立柱连接的部位采取相同的连接形式。

**3. 车身蒙皮的修理**

车身具有内、外蒙皮，外蒙皮一般由金属薄板制成，有时也采用玻璃钢板。内蒙皮则一般由三合板、装饰板、玻璃钢等制作。

内、外蒙皮在使用过程中会出现裂纹、撕裂、腐蚀、凹陷、脱焊、弯曲和扭曲变形等，此时必须对其进行修复。

车身蒙皮的修复以整形为主，蒙皮经修复后必须保证恢复原来的表面形状，做到造型正确，线条分明，缝隙整齐，左右对称，圆滑光顺。

（1）蒙皮裂纹的修复　车身蒙皮上出现的裂纹损伤可用 $CO_2$ 气体保护焊或气焊修复。

施焊时，应使裂纹两侧的金属板面对齐、平整，然后在蒙皮外边缘的裂纹处先点焊一点。如裂纹长度在50mm以内，应从裂纹尾部开始焊接，沿裂纹走向向外边缘施焊。如果裂纹较长，则应间隔定位焊几点，点焊后再平整一次，然后采取分段焊。

当裂纹发生在受力较大的部位时，若焊接操作允许，可采用两面焊法。即在外面定位焊固定后，先在内面施焊，内面的焊缝要保证有足够的强度。当内面焊完后，再在外面沿同样走向，再均匀地焊一道焊缝。这样，即可保证有足够的焊接强度，又可使外表美观。

焊完后，应在焊接侧垫上垫铁，用锤子在外侧沿焊缝轻轻敲击，以消除焊接时的残余应力。最后再适当修锉外表焊缝（也可用砂磨机打磨），使其平整、光滑。

（2）蒙皮局部损伤的修复　车身蒙皮若局部锈蚀或存在严重机械损伤，无法焊修或整形修复，则应更换。

（3）蒙皮出现凹陷、凸起、翘曲或皱折的修复　蒙皮出现凹陷、凸起时，利用垫铁和锤子等工具进行修复整平；当出现大面积翘曲或皱折时，按下面方法进行修复：

1）用扁铲或其他专用工具剔掉铆钉，将蒙皮一块块揭下。

2）将图3－138a所示板料凸面向上放在平台上，左手按住板料，右手握锤。

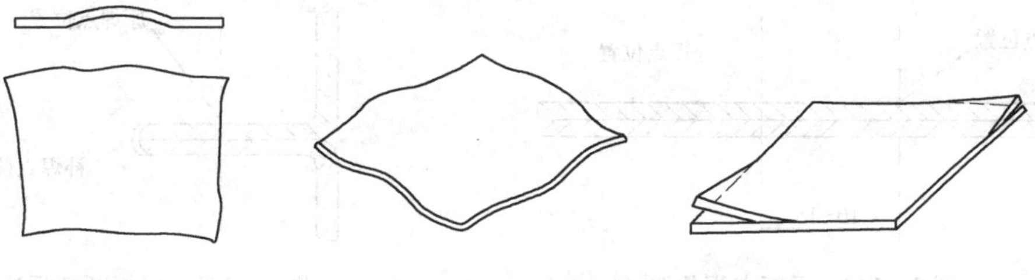


图3－138　板料变形

a）中间凸起　b）边缘成波浪形　c）对角翘起

3）敲击由板料四周边缘开始，逐渐向凸鼓面中心靠拢，如图3－139a所示。

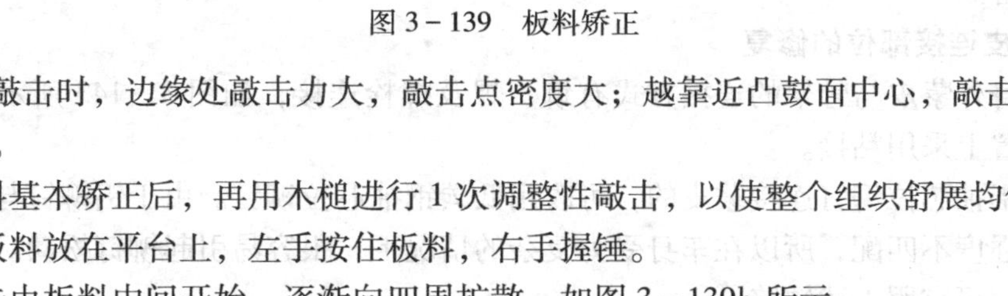


图3－139　板料矫正

注意：敲击时，边缘处敲击力大，敲击点密度大；越靠近凸鼓面中心，敲击力越小，击点密度越稀。

4）板料基本矫正后，再用木槌进行1次调整性敲击，以使整个组织舒展均匀。

5）将板料放在平台上，左手按住板料，右手握锤。

6）敲击由板料中间开始，逐渐向四周扩散，如图3－139b所示。

注意：敲击时，中间敲击力大，敲击点密度大；越靠近四周，敲击力越小，击点密度越稀。

7）板料基本矫正后，再用木槌进行1次调整性敲击，以使整个组织舒展均匀。

8）将图3－138c所示板料放在平台上，左手按住板料，右手握锤。

9）先沿着没有翘曲的对角线开始敲击。

10）依次向两侧伸展，使其延伸而矫正，如图3－139c所示。

11）板料基本矫正后，再用锤子进行1次调整性敲击，以使整个组织舒展均匀。

（4）蒙皮脱焊的修复　车身蒙皮发生脱焊，若脱焊部位为焊缝，可以在铲除旧焊缝后重新施焊。

若脱焊部位为点焊处，脱焊使两层板面分离，这通常是熔合不良引起的。如果焊点本身未脱焊，而焊点周围的板面被撕裂，这是该处受力过大引起的。

如果仅仅是金属板面分离，可用单面点焊机，在脱焊点附近重新点焊。重新点焊的位置，距原焊点10～15mm，如图3－140所示。点焊前，应将待焊处金属板面上的油污、锈斑等清除干净，并保证板面贴合良好。有些折边部位处的焊点距离，可将两层板面压紧贴合后，在板面边缘处用气焊断续焊法使板面边缘熔合（如图3－141所示）。断续焊每段焊缝长30mm左右，焊缝间距可参照原点焊点间距确定。

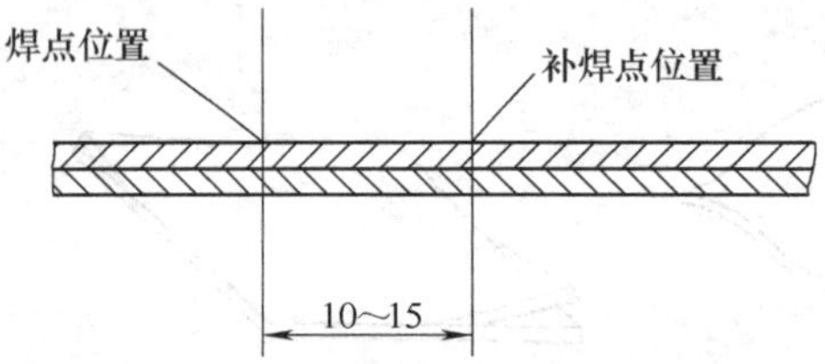


图3－140　重新点焊位置

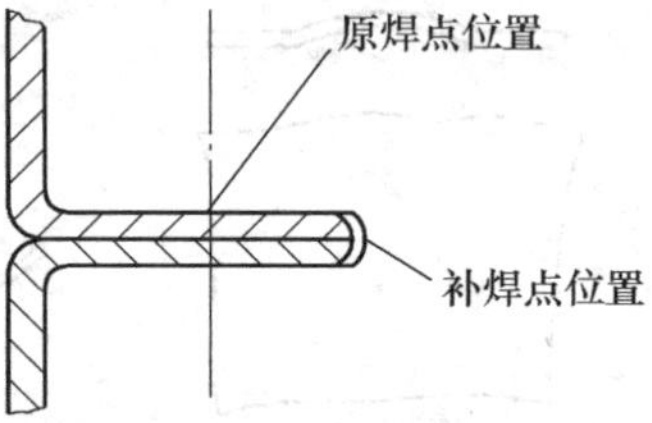


图3－141　气焊断续焊法

如果没有单面点焊机，可将蒙皮零件卸下，在双面点焊机上重新点焊。

蒙皮脱焊的另一种修理方法是采用塞焊方法修复。采用塞焊焊修时，最好采用$CO_2$气体保护焊。先在外蒙皮上钻一直径为6mm左右的孔，然后将两层板面压紧贴合，用$CO_2$气体保护焊把孔焊平（如图3－142所示）。施焊时，焊丝应指向内层板面，并做圆周运动，使内外层板面焊接熔合。

图3－142　塞焊焊修

无论采用哪种方法塞焊，都应保持板面贴合好，并应控制好焊接温度以免把孔烧大。焊接完结后，应打磨校正，并做涂漆准备。

**4. 外蒙皮连接部位的修复**

客车车身外蒙皮与骨架的连接方式有铆、焊及螺栓连接，如图3－143所示。也有些客车在局部位置上采用粘接。

原采用铝抽芯拉铆钉连接蒙皮的，可改用低碳钢抽芯拉铆钉。由于铝铆钉与骨架材质不同，它们的强度不匹配，所以在车身受力复杂的情况下，很容易引起铆钉松动。改用低碳钢抽芯铆钉后，可克服上述缺陷。

铆钉孔扩大后的铝蒙皮，应将蒙皮沿铆钉孔处裁剪去。按剪去部分的尺寸，另取一块与蒙皮相同的铝板，与原蒙皮采用对接焊，并校平后再与骨架进行铆接。冷轧钢板蒙皮铆钉扩

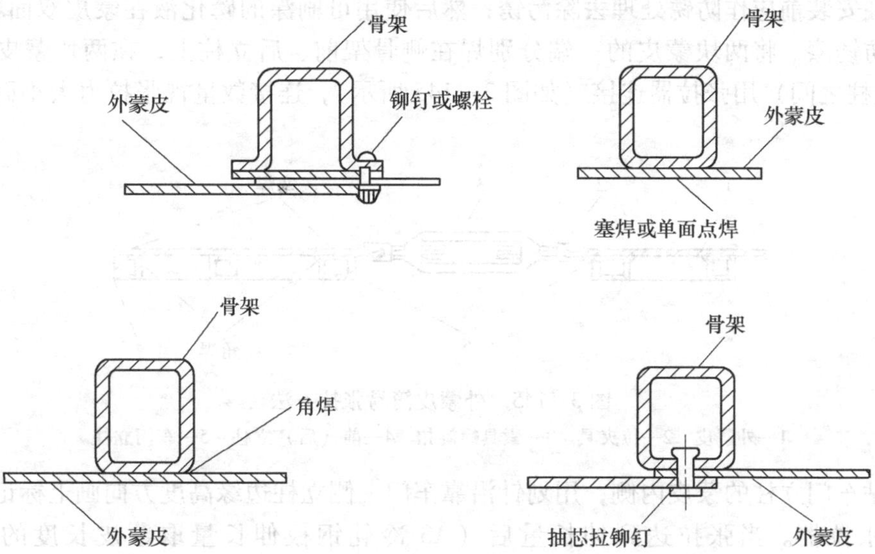


图 3-143 车身蒙皮与骨架连接方式

大后，可采用与骨架上的铆钉孔上下错位的方法，改用塞焊连接。

当铆接部位松动时，可将旧铆钉钻掉，用 $\phi$5mm 低碳钢抽芯铆拉钉，材料为 45 钢，拉断载荷为 5593 ~ 6800N。铆接时可选用 QLM－1 型气动铆枪，铆枪输出压力为 0.7MPa。抽芯铆钉分为开口型（如图 3－144a 所示）和封闭型（如图 3－144b 所示)。封闭型铆钉的抗拉力和抗剪力均比开口型大，但其内端成形不如开口型。

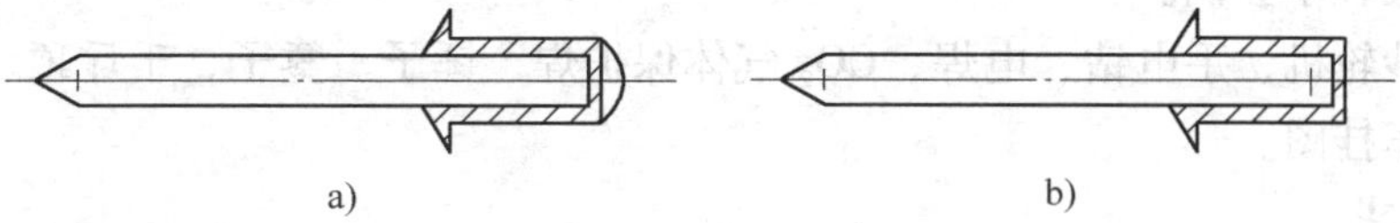


图 3－144 抽芯铆钉
a）开口型（K 型） b）封闭型（F 型）

抽芯铆钉铆接时，采用气动拉铆枪或手动拉铆枪，钻孔直径比铆钉直径大 0.1mm。铆钉长度为：开口型比铆接件总厚度长 4.5mm；封闭型比铆接件总厚度长 6mm。车身蒙皮铆接时，铆钉间距沿车长方向应为 70mm，与车长垂直方向为 35 ~ 50mm。铆接后，经检验合格，还应在铆檐上和铆檐与蒙皮接触的周边涂敷聚酯树脂。尤其是开口型铆钉，铆接后容易让现拉钉与铆钉脱离，露出拉钉孔，从而造成雨水浸入导致异型管内部锈蚀，故应用聚酯树脂将拉铆钉封闭。

对采用张拉应力蒙皮的车身，当需更换车身蒙皮时，由于蒙皮张拉工艺方法有热张拉法（采用电加热或乙炔火焰加热）和机械冷张拉法。在修理时，可根据设备条件采用乙炔火焰热张拉方法。但这种方法加热不易均匀，且不易掌握。若受热不均匀则会引起局部变形，因此也可采用下述简易方法来张拉蒙皮应力。即利用客车两侧的车门，在车门处同时张拉两块蒙皮。首先，将卷板按前、后蒙皮所需尺寸横向裁剪（比实际需要尺寸长 50 ~ 100mm)，将其放在平板机上碾平。然后，在剪床上对板料作纵向裁剪。如果剪床长度尺寸有限，可在划线后分段裁剪。裁剪后的蒙皮应用专用托架运输。

蒙皮在安装前应作防锈处理去除污锈，然后使用可刷涂的磷化液在蒙皮双面刷涂一次，并双面涂防锈漆。将两块蒙皮的一端分别焊在侧骨架前、后立柱上，在两块蒙皮的另一端（车门两立柱之间）用张拉器连接（如图 3-145 所示），连接数量视张拉力大小而定，一般采用 5 个。

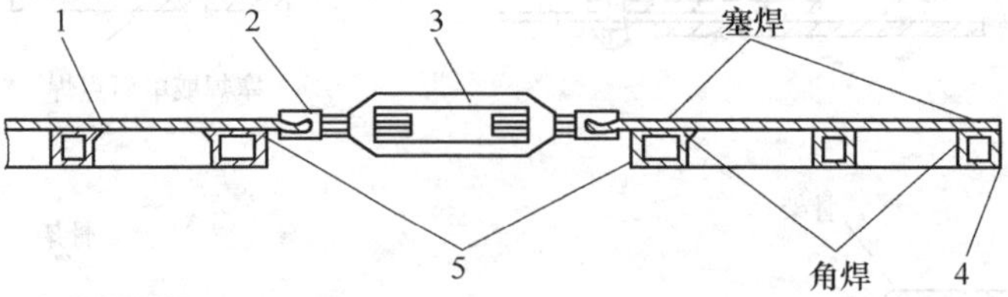


图 3-145　外蒙皮简易张拉方法

1—外蒙皮　2—拉夹具　3—索具螺旋扣　4—前（后）立柱　5—车门立柱

在紧贴车门立柱的蒙皮内侧，用划针沿靠车门一侧立柱边缘高度方向画上标记线，均匀收紧各个张拉器。当张拉达到伸长量后（A3 冷轧钢板伸长量取蒙皮长度的 0.06% ~ 0.08%），沿窗下各纵梁内侧长度方向和各立柱内侧高度方向，用 $CO_2$ 气体保护焊进行分段焊接（施焊长度为 10 ~ 15mm，间距为 60 ~ 70mm）。

松开张拉器，剪去多余的蒙皮，最后对车门立柱位置上的蒙皮进行塞焊。

## 三、任务实施

### 1. 工具准备

1）废旧大客车一辆。

2）手提砂轮机、手电钻、电焊、$CO_2$ 气体保护焊、锤子、錾子、千斤顶、撑拉器。

3）大客车挂图。

### 2. 操作要求

1）按正确操作程序进行修复。

2）修复结果符合技术要求。

### 3. 操作步骤

如图 3-146 所示为半承载式车身骨架主要构件名称，该客车发生撞伤变形，并拌有裂纹、锈蚀。

1）首先采用撑拉、压、撬、敲击等方法使骨架恢复其形状。

2）骨架如有裂纹，采用焊接方法进行焊接。

提示：焊接部位应根据材料厚度和受力情况决定焊接方法。一般骨架材料多为普通碳素钢，焊接性能和工艺性能都比较好，只要按其工艺要求进行操作就能保证修复质量。

3）若在原骨架焊接部位有锈蚀和污垢，必须清理干净后才能焊接。

提示：如果清理不净，会造成焊接时熔池结晶不好，降低接头质量。

4）个别部位腐蚀严重，损坏面积较大，清除表面氧化物后剩下部分已经很薄，强度较低，为确保使用寿命，应将腐蚀部分割掉，焊接一段新材料。

5）接头焊接时宜采用四周焊的方法，焊接设备最好用气焊，也可采用 $CO_2$ 气体保护焊以提高工作效率。

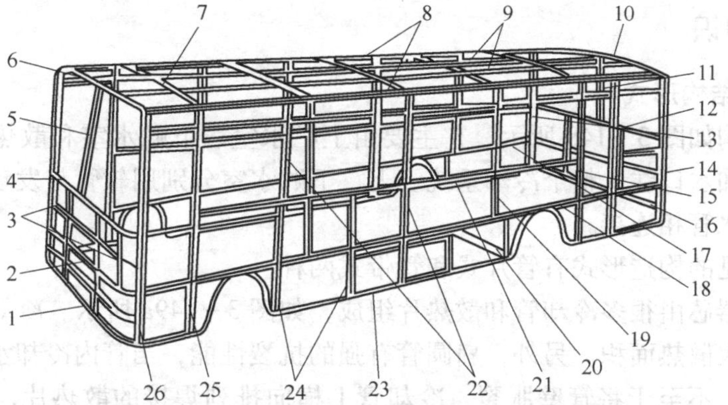


图 3－146 半承载式车身骨架主要构件名称

1—前围裙边梁 2—前围搁梁 3—前围立柱 4—风窗框下横梁 5—风窗中立梁 6—风窗框上横梁 7—顶盖横梁 8—上边梁 9—顶盖纵梁 10—后窗框上横梁 11—后窗中柱 12—后窗框下横梁 13、14—后围立柱 15、26—门立柱 16—后围裙边梁 17—后围搁梁 18—侧围搁梁 19、24—腰立柱 20—斜撑 21—腰梁 22、25—侧围立柱 23—侧围裙边梁

6）翼子板部位的骨架，遭受泥水侵蚀最为严重，是易损部位。常用的修理方法是割掉腐烂处，再补块焊接。

7）骨架修复后要喷涂防锈漆。

# 任务六 相关部件修复

## 任务目标

1. 掌握散热器的修复方法。
2. 掌握燃油箱的修复方法。

## 一、任务

修复汽车散热器和燃油箱，如图 3－147 所示。

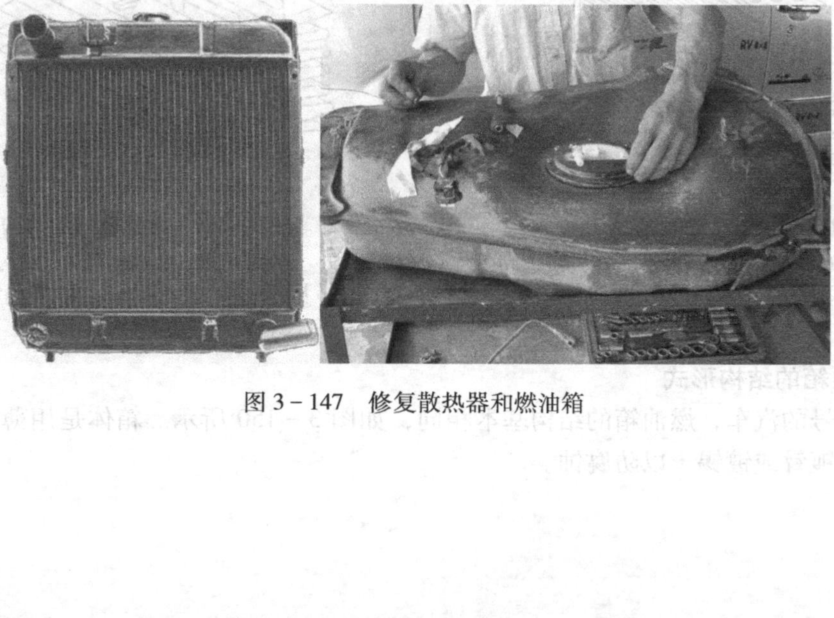

图 3－147 修复散热器和燃油箱

## 二、相关知识

### 1. 散热器的结构形式

散热器的结构如图 3－148 所示。它主要由上贮水室、下贮水室和散热器芯组成。冷却水由上水室顶部加水口注入整个冷却系统。上、下贮水室分别用软管与发动机气缸盖上的出水管和水泵的进水管相连接。

散热器芯常见的构造形式有管片式和管带式两种。

管片式散热器芯由很多冷却管和散热片组成，如图 3－149a 所示。冷却管一般采用扁圆管，主要是为扩大散热面积。另外，扁圆管有强的抗裂性能，当管内冷却水冻结膨胀时，只会引起截面变形，不至于将管壁胀裂。冷却管上横向排列焊接的散热片，既可增加散热面积，又可增加散热器芯的刚度和强度。

管带式散热器芯如图 3－149b 所示。波纹状的散热带与冷却管相间排列。散热带上沿气流方向切有缝孔 *A*，以破坏空气流在散热带表面的附面层，提高散热能力。这种散热器芯与管片式散热器芯相比，具有散热能力强、制造简单、质量轻的特点，但其结构刚度不如管片式高。管带式散热器广泛使用于轿车上。

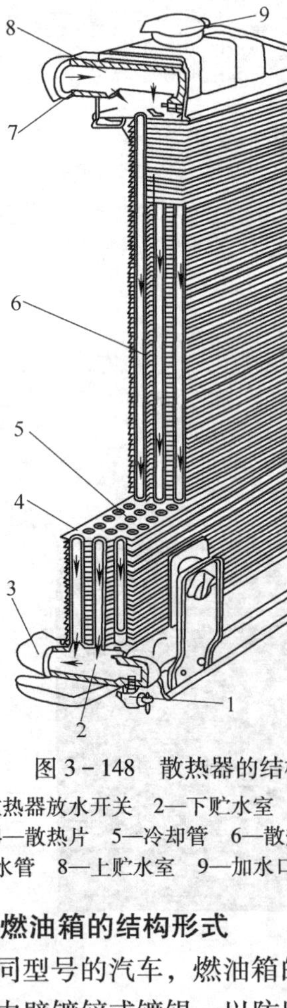


图 3－148　散热器的结构

1—散热器放水开关　2—下贮水室　3—出水管
4—散热片　5—冷却管　6—散热器芯
7—进水管　8—上贮水室　9—加水口与散热器盖

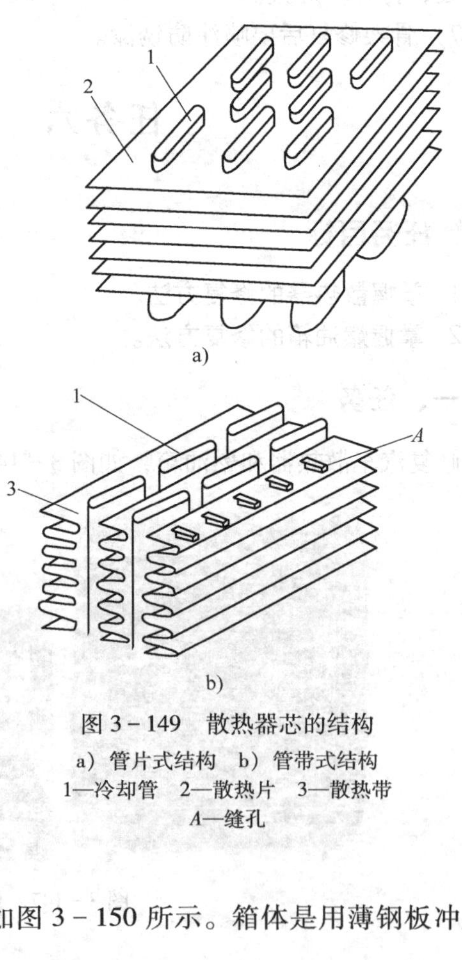


图 3－149　散热器芯的结构

a）管片式结构　b）管带式结构
1—冷却管　2—散热片　3—散热带
*A*—缝孔

### 2. 燃油箱的结构形式

不同型号的汽车，燃油箱的结构基本相同，如图 3－150 所示。箱体是用薄钢板冲压件焊成，内壁镀锌或镀锡，以防腐蚀。

燃油箱多用镀锌钢板制作，内有隔板，用点焊与外壳体连接，以减轻汽车行驶时燃油的激烈振荡。燃油箱则用箍带固定在燃油箱托架上。燃油箱除受撞击损伤外，常见的是锈蚀穿孔、裂纹所导致的箱体漏油。

锈蚀多见于箍带接触部位，尤其是底部。其原因是箍带与燃油箱直接接触，或橡胶垫破损后，造成摩擦，当燃油箱镀锌防腐层被磨损后，内层钢板将被逐渐锈蚀穿孔，造成渗漏。

裂纹则是由于隔板受交变应力的反复作用，点焊处受力集中，易于出现裂纹，造成漏油。

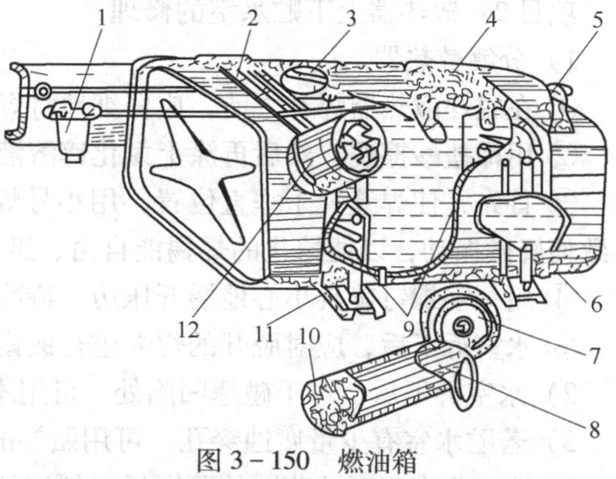

图 3-150 燃油箱

1—过滤器 2—固定箍带 3—油面指示表传感器 4—传感器浮子 5—出油开度 6—放污螺塞 7—箱盖 8—加油延伸管 9—隔板 10—滤网 11—支架 12—加油管

## 三、任务实施

### 1. 工具准备

1）散热器。

2）$Na_2CO_3$ 溶液、HCl 溶液、电烙铁、焊锡、气焊、旋具、锤子、尖嘴钳、平嘴钳、薄铜板。

3）散热器挂图。

### 2. 操作要求

1）按正确操作程序进行修复。

2）修复结果符合技术要求。

### 3. 操作步骤

项目 1：散热器的清洗

散热器的清洗包括外部清洗和内部清洗。外部可用高压水流喷洗或用水蒸气清洗，如图 3-151 所示。外部清洗的目的是清除外表面的污物，以提高对损坏部位检查的准确性，并确保外表面的散热效能；内部清洗的主要目的是清除水垢。

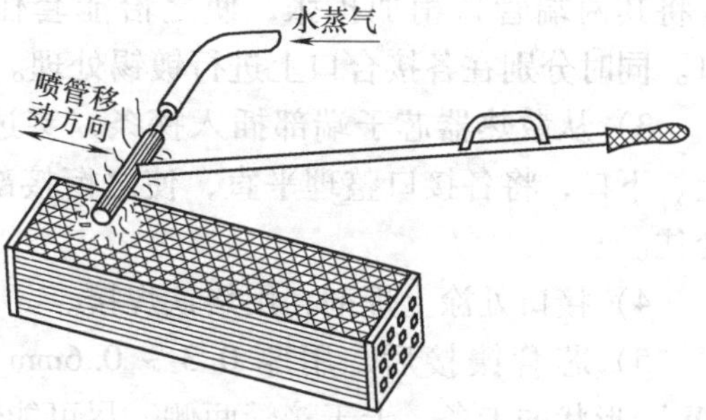

图 3-151 散热器外表面清洗

1）将散热器置于 80～90℃ $Na_2CO_3$ 质量分数 3%～5%的水溶液中，浸泡约 5～8h。

说明：主要是清除水垢里的硫酸盐。$CaSO_4 + Na_2CO_3 \rightarrow CaCO_3 + Na_2SO_4$

2）清水冲洗后，再注入 HCl 质量分数为 3%～5%的溶液中浸泡 1h。

说明：主要是清除碳酸盐。$CaCO_3 + 2HCl \rightarrow CaCl_2 + H_2O + CO_2\uparrow$

3）用清水彻底冲洗干净。

4）最后再用压缩空气吹干。

项目 2：散热器上下贮水室的修理

1）分解散热器。

① 在脱焊散热器焊补之前，应仔细地将焊缝内的污物清除干净。

② 用稀盐酸擦洗，然后再涂上氯化锌溶液。

③ 首先，使焊缝置于垂直位置，用小号焊嘴火焰或大号烙铁加热焊缝，并反复轻敲水室致使轻微振动，以便熔化的焊锡能自由、迅速淌下，无压边的水室便可与主片分离。

④ 用一字螺钉旋具小心地撬开压边，待冷却后拆下水室。

⑤ 水室拆下后，应对脱开的焊缝进行镀锡（挂锡）处理，便于以后散热器的总装工作。

2）水室拆下后，对于碰瘪凹陷处，可用木槌轻敲，使之恢复原状。

3）若贮水室有少量腐蚀穿孔，可用贴补的方法修补。

① 选一略大于腐蚀范围的薄铜板（厚度约 0.5～0.8mm），并用烙铁分别在两个贴合面上镀锡。

② 涂上氯化锌溶液或焊锡膏。

③ 将补片镀锡的一面贴于待补的位置上，用电烙铁加热使两贴合面的焊锡熔合在一起，同时从边缘填充适量钎料。

④ 最后，再沿补片的边缘加钎料填充焊缝，使焊缝均匀光洁，这样既牢固又美观。

4）水室若是被刮碰出裂缝，则敲平后可用铜焊焊修。

项目 3：散热器接管

当散热器外层少数芯管损坏，且长度不大时，可用接管法。即剪下芯管的破损部分，换上可使用的芯管。

1）用尖嘴钳拆去破损芯管两边的散热片，剪下芯管的破损部分。为便于操作，切口应剪成约 15°～30°的斜口，如图 3－152a 所示。

2）选一段比待接部分长约 5～10mm 的接管（可从废散热器上拆下可用部分），两端的斜口角度相吻合，并将其两端管口稍加扩张，使之恰能套住待接的芯管口。同时分别在各接合口上进行镀锡处理。

3）从散热器芯子端部插入探条，穿过镶接部分的上、下口，将各接口整理平直，使之衔接部位互相贴合套住。

4）接口处涂上焊剂，用烙铁焊接。

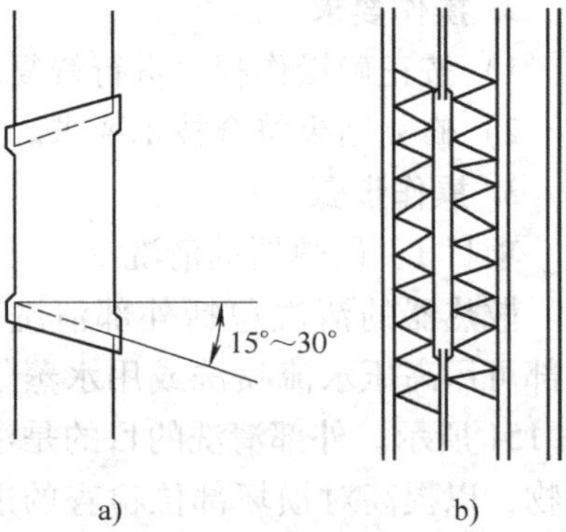

图 3－152　接管法修理散热器芯管

a）芯管接法　b）镶补散热片

5）芯管镶接后，用厚 0.3～0.6mm 的铜板制成“W”形状的卡条，卡于接管两侧，尽可能恢复散热芯管的散热效能，如图 3－152b 所示。

项目 4：散热器换管

若散热器芯管破损长度较长，或内层芯管破损而无法焊补时，可采用换管方法修理。大修散热器更换芯管数，不应超过散热器芯管总数的 25%。当芯管损坏过多时，则将散热器芯子报废。换管法就是把损坏的芯管从散热器上拆除，然后换装上新管的修理方法。

修复方法一：用喷灯加热法从散热器芯中抽除损坏的芯管

1）将散热器芯子固定在工作台架上，如图 3－153 所示。

2）往坏芯管中插入铁探条。

说明：铁探条应具有插入芯管而不需特别用力的截面尺寸，它的顶端和边缘应当倒成圆角，使其不致碰伤管壁（形如捅洗散热器芯子的捅条）。

3）当铁探条插入后，再用喷灯在坏芯管的地方加热散热器芯子。

提示：加热要沿散热器芯子的整个高度均匀地进行，直至焊合水管的焊锡都熔化为止。

4）用平嘴钳拔出损坏的散热芯管，如图 3－154 所示。

注意：散热片上的芯管孔，应当顺着翻边方向拔出芯管。在加热散热器芯子时，必须特别小心，以免烧坏用薄铜带制成的散热片。还应注意，不要使邻近的芯管脱焊。若弄乱与芯管搭在一起的散热片，会给拔出芯管增加困难。为此，应用专用的带齿梳子，将它插在散热片中间，在拔出芯管时就不致使散热片发生移动。

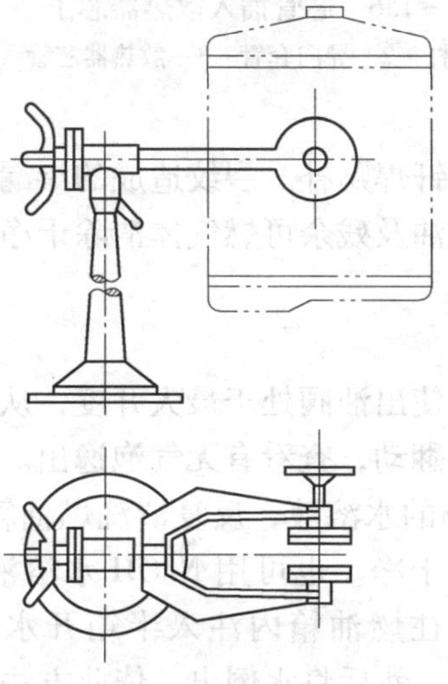

图 3－153　将散热器芯子固定在工作台架上

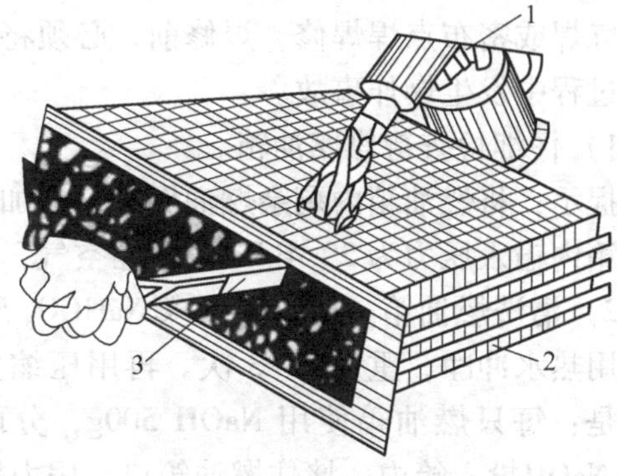


图 3－154　喷灯加热抽出损坏的散热器芯管
1—喷灯　2—散热芯　3—抽管

修复方法二：用电阻器加热法从散热器芯中抽除损坏的芯管

1）用 1 根比芯管长 50mm，直径为 2mm 的电阻丝，两端各留 20～25mm 接电阻器，插入需要抽除的芯管内。

2）两端接上 24V 交流电，如图 3－155 所示。

3）约 1min 后电阻器即变红，芯管上的焊锡也随之熔化。

4）与此同时，用焊炬小号焊嘴的火焰将芯管与上、下主片脱焊，随即切断电源。

5）趁热及时用平嘴钳将芯管连同电阻器一起拔出。

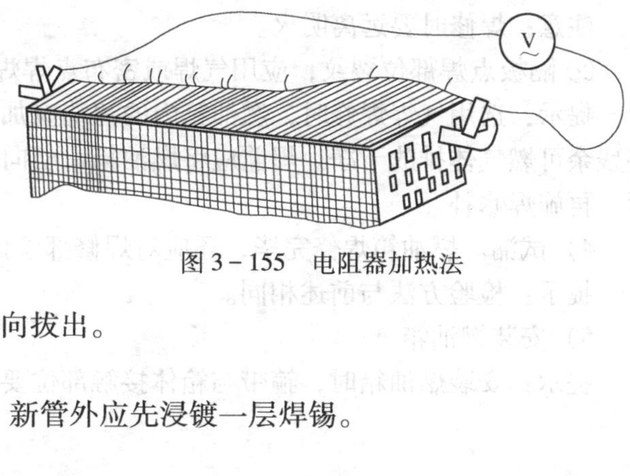


图 3－155　电阻器加热法

注意：拔管时应顺着芯管孔的翻边方向拔出。

6）插入新的芯管。插入方法如下：

① 在将新芯管插入散热器芯子以前，新管外应先浸镀一层焊锡。

② 散热片上的孔先用推杆捅清，但不允许将孔胀大。

③ 用手将芯管的一半长度推入孔眼中。

④ 在芯管的露出部分套上导向套管，并用推杆将芯管完全推进芯子中，如图3-156所示。芯管应按与拔出方向相反的一面插入。

⑤ 将更换完毕的散热器芯子竖直放置，用扩孔的钎子将更换芯管的顶端胀开，以保证芯管与主片孔完全配合。

⑥ 插入电阻丝，重复拆卸时加热的工序，使新管与散热片焊在一起。

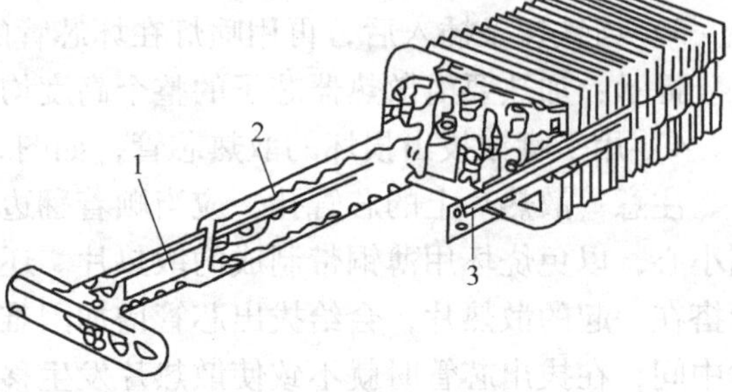

图3-156 芯管插入散热器芯子

1—推杆 2—导向套管 3—散热器芯管

项目5：燃油箱渗漏的修复

燃油箱渗漏，应先仔细检查渗漏情况，判明是锈蚀渗漏还是裂纹渗漏。锈蚀造成的渗漏，可用锡钎焊贴补。裂纹造成的渗漏，则应采用气焊或密布点焊焊修。焊修前，必须将燃油箱内的燃油及残余可燃气体清除干净，防止焊修过程中发生爆炸事故。

1）仔细检查待修燃油箱。

提示：将燃油箱内剩余燃油倒净，把加油管口封住，使出油阀处于最大开度，从油管向燃油箱内输入压力为29.4kPa的压缩空气，并置于水池内翻动，查看有无气泡逸出。

2）清洗燃油箱。用80~90℃ $NaHCO_3$ 质量分数为5%的水溶液，反复清洗燃油箱内部，然后用热水冲净，重复2~3次。再用压缩空气将内部吹干净。也可用NaOH水溶液清洗，方法是：每只燃油箱使用NaOH 500g，分两次使用。先往燃油箱内注入半箱开水，并将250g NaOH投入箱内，堵住燃油箱口，用力摇晃箱体0.5h，然后将水倒出。依此方法连续洗2次。再用清水洗1~2次，将水倒出。敞开口于通风处静放1~2h，待残存的气体排放干净后，再进行焊接。

3）修理渗漏部位损伤时可选用以下修理方法：

① 锈蚀穿孔渗漏，一般选用厚度为1~1.5mm的镀锌钢板或铜板钎焊贴补（操作方法参见散热器水室贴补法）。对于放油螺塞座周围渗漏或出油阀脱落、加油管接口松脱，应用钎焊焊修。

注意：焊修时要远离明火。

② 隔板点焊部位裂纹，应用气焊或密布点焊焊修。

提示：选用气焊焊修时，燃油箱内的清洗应加倍注意，冲洗后也用压缩空气输入箱内，将残余可燃气体排放干净。焊前应将燃油箱口朝向空间，用火焰在加油口外试火，确保安全后，再施焊修补。

4）试漏。燃油箱焊修完毕，还应对焊修部位做试漏检验。

提示：检验方法与前述相同。

5）安装燃油箱。

提示：安装燃油箱时，箍带与箱体接触部位要垫以橡胶垫。

# 任务七 汽车非金属钣金件的修复

## 任务目标

掌握汽车非金属钣金件的修复方法。

## 一、任务

装配汽车玻璃，如图 3－157 所示。

图 3－157 装配汽车玻璃

## 二、相关知识

### 1. 汽车玻璃

汽车玻璃按装配方法的不同有固定式、推拉式、升降式三种。

（1）固定式玻璃的装配形式

1）胶粘法装配固定玻璃。用胶粘法装配前风窗玻璃的优点是：可以弥补为扩大视野使窗柱变细所带来的刚度不足；涂胶面窄使玻璃的净透视面积大，而且密封性、可靠性好。缺点是拆卸不方便，一般多用于前风窗，如图 3－158 所示。

用胶粘法装配汽车玻璃时所使用的胶粘材料主要有：氨基甲酸乙酯、多硫化物、丁基胶带等。

2）橡胶条法装配固定玻璃。将具有弹性和强度的橡胶条介于玻璃与车身之间，这样不仅能消除玻璃与车身之间的装配间隙，对车身变化及环境温度变化等也具备一定的适应性，如图 3－159 所示。

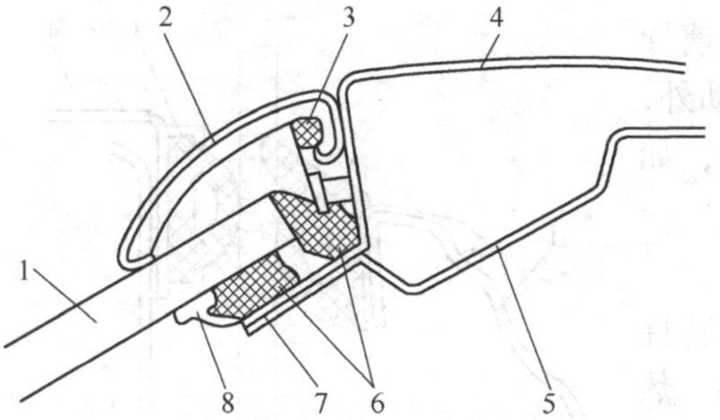


图 3－158 胶粘法装配固定玻璃

1—玻璃 2—镶条 3—卡扣 4—顶盖 5—上框 6—胶粘剂 7—框缘 8—防水胶条

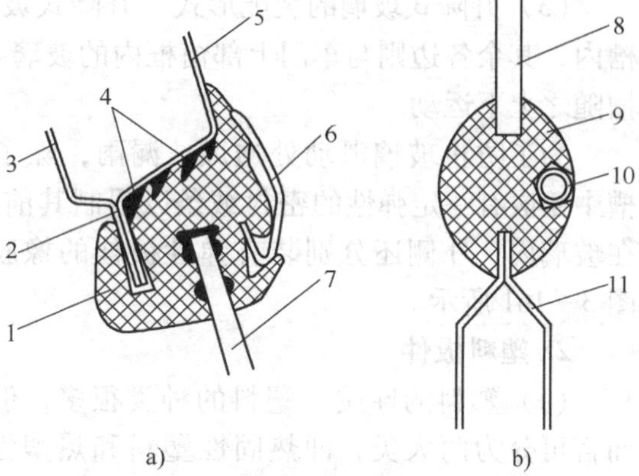


图 3－159 橡胶条法装配固定玻璃

a）前后风窗的装配 b）侧门窗的装配

1—密封胶条 2—框缘 3—上框 4—填充胶 5—顶盖 6—镶条 7、8—玻璃 9—密封条 10—嵌条 11—窗框

一般用橡胶条法装配的汽车玻璃，也要用液体聚硫橡胶之类的玻璃密封剂，在橡胶条周围与车身及玻璃的接口处填充，这样可提高所装玻璃的密封性。

（2）推拉式玻璃的装配形式

1）有内框推拉式玻璃的装配。如图 3 - 160a 所示，玻璃用橡胶嵌条固定在内框上。在其与外框接触的滑动部位，装有摩擦阻力小的塑料滑块和减振弹片，使玻璃推动自如，并降低了振动噪声。起导轨作用的外框，通过橡胶垫块、弹性夹片、密封胶带和胶粘剂等固定在车身上。

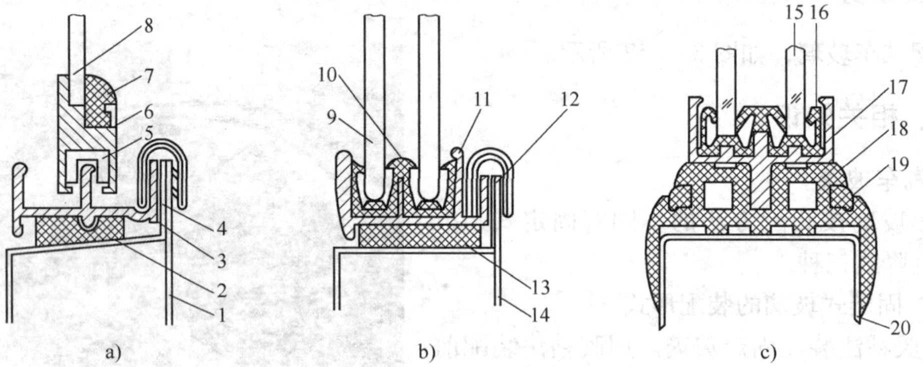


图 3 - 160　推拉式侧窗

1、14、20—车身　2、13—橡胶垫块　3、11、17—铝外框　4、12—不干胶带
5—尼龙滑块　6—内窗框　7、10、16—密封条　8、9、15—玻璃　18—密封件　19—橡胶嵌条

2）无内框推拉式玻璃的装配。无内框式推拉式玻璃有图 3 - 160b、c 所示两种装配形式。由图可以看出，镶装在外框槽内的橡胶件，起着玻璃导槽和密封、减振的多重作用。两种结构的主要区别在于，外框与车身的连接方式不同。

需要说明的是，图 3 - 160b 中外框与车身连接处使用的是双面不干胶丁基胶带，它的密封与固定作用比一般橡胶密封条可靠得多。但是只能一次性使用，经过拆卸的侧窗胶带一定要换掉。

（3）升降式玻璃的装配形式　升降式玻璃下边缘通过一定方式固定在升降器上的玻璃槽内，其余各边则与车门上部窗框内的玻璃导槽装合在一起。调节玻璃升降器，即可使下导槽随之上下运动。

为了防止玻璃滑动处透风、漏雨，除了在玻璃导槽中镶嵌有一定弹性的密封绒条以限制其前后移动外，在玻璃内、外侧还分别装有弹性极佳的橡胶雨条，如图 3 - 161 所示。

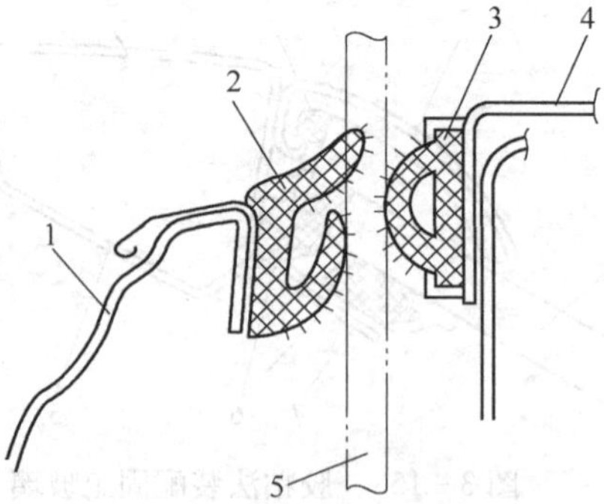


图 3 - 161　升降式侧窗玻璃的密封

1—车门外板　2—外侧密封条
3—内侧密封条　4—车门内窗框　5—玻璃

**2. 塑料板件**

（1）塑料的性质　塑料的种类很多，但就其特性而言可分为两大类，即热固性塑料和热塑性塑料。热固性塑料在受热时起初软化具有一定的可塑性，但随着加热的进行，塑料中的树脂分子不断增大，最后达到硬化。硬化后如果再加热，它就不会再软化了。因而此材料多用于制作一次性成形，又不需修复的零件；

热塑性塑料在受热时，随着温度的升高，可以逐渐软化，但当冷却时，即重新硬化为固体。如果再加热，它又可以软化。这类塑料可以利用其受热软化和冷却硬化的特性制成各种形状的构件。

聚氯乙烯塑料是典型的热塑性塑料，被广泛应用于汽车制造业，如轿车车身、翼子板、保险杠等壳体板件。通常使用的聚氯乙烯塑料板材又分为两类。第一类不可压缩、没有弹性，是车身板件的常用材料；第二类具有较大弹性，有的弹性变形甚至相当于橡胶板。

塑料板材拉伸强度较低，大约只有钢材的1/10，且随着温度升高，强度减弱。一般塑料板件使用温度应低于80℃。但塑料板材具有较强的抗腐蚀能力，且其隔热能力良好，重量轻，重塑能力强，焊修性能特别好，因而可用于制作形状复杂及易损的构件。

（2）塑料在汽车上的应用部位　现代汽车承载式车身上使用塑料板件的部位如图3－162所示。

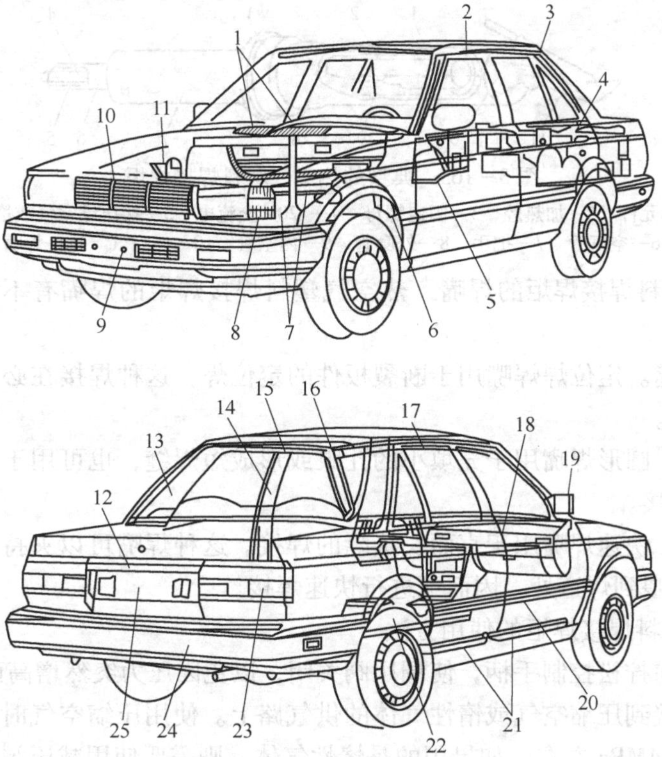


图3－162　现代汽车承载式车身上使用塑料板件的部位

1—上护栅饰层（ABS）　2—内衬（PVC）　3—后窗镶边　4—后围饰层（PP）　5—后轮罩饰件（PP）　6—前翼子板防护板（PE）　7—车门内饰层（PP或PVC）　8—前罩行（PC）　9—前保险杠面罩（PP或PUR）　10—散热器护榻（ABS）　11—前围侧面饰层（PP）　12—行李箱饰层（ABS）　13—后支柱饰层（PP）　14—中支柱饰层（PP）　15—顶盖边饰（PP）　16—前支柱装饰件（PP）　17—风窗玻璃上镶边（PP）　18—仪表板（PP和ABS）　19—门镜（PP和ABS）　20—侧围保护饰件（PVC）　21—踏板（PP）　22—操纵台（PP）　23—后灯罩（PC）　24—后保险杠面罩（PP或PUR）　25—尾面板饰层（ABS）

（3）塑料的鉴别方法

1）查看压制在塑料上的国际标准符号，即ISO代码。现在越来越多的工厂都使用这种符号，但也有一些工厂没有使用。一般情况下是在将零件拆下以后才能看到所标注的符号。

2）对于没有标注国际标准符号的零件，必须查阅车身维修手册，手册中一般都标出了每个塑料件所用的材料。但是，车身维修手册经常更新，一般每年两次。因而对于新型汽车，应注意查阅新版本的车身维修手册。

3）塑料的试焊鉴别法是鉴别不明塑料的可靠方法。即用几种塑料焊条，在零件的隐蔽或损伤部位进行试焊，能与之焊合的焊条即是所需的塑料。

现在常用的塑料焊条有6种左右，不同焊条的颜色也不一样，一旦找出能与塑料件焊合的焊条，塑料件的材料也就鉴别出来了。

（4）塑料板件的焊接原理　塑料板件焊接采用热空气焊炬，典型的热空气塑料焊接焊炬如图3－163所示。热空气焊炬是采用陶瓷或不锈钢电热元件来产生热风，热风的温度为230～340℃。热风通过焊嘴吹到焊件及焊条上，使其软化，将加热后熔化的塑料棒压入接缝即可。在焊接过程中，塑料的焊接收缩量较金属大，所以在焊接下料时应多留焊接余量。

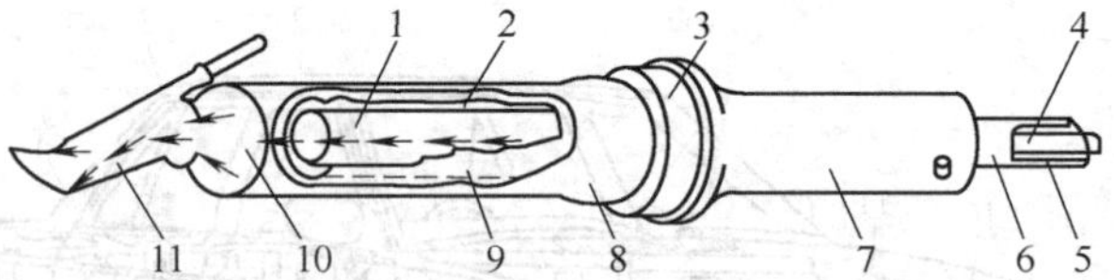


图3－163　典型的热空气塑料焊接焊炬

1—加热元件　2—加热腔　3—固定螺母　4—120V交流电　5—接压缩空气或惰性气体　6—空气管　7—把手　8—外套管　9—内空管　10—热空气　11—焊嘴

（5）热空气塑料焊接焊炬的焊嘴　热空气塑料焊接焊炬的焊嘴有不同种类，其应用范围不同。

1）定位焊焊嘴。定位焊焊嘴用于断裂板件的定位焊，这种焊接在必要时可以容易地拉开，以便重新定位。

2）圆形焊嘴。圆形焊嘴用于充填小的孔眼或形成短焊缝，也可用于难以靠近部位的焊接和尖角部位的焊接。

3）快速焊嘴。快速焊嘴用于直而长接缝的焊接。这种焊嘴可以夹持焊条，也可以对焊条预热，并将焊条喂到焊道处，因而可进行快速焊接。

（6）热空气塑料焊接焊炬的使用方法

1）逆时针方向拧松控制手柄，使调压阀关闭，以免因压力突然增高而损坏压力表。

2）将调压阀接到压缩空气或惰性气体的供气路上。使用压缩空气时，应把调压阀调到管线的标准压力1.4MPa左右。如果用的是惰性气体，则需要使用减压阀。

3）接通气源。其初始压力取决于加热元件的功率。

4）将焊机接到指定的交流电源上。

5）在指定的工作气压下预热焊炬。必须保持从预热升温到冷却降温整个过程中焊枪都有气流通过，以免加热零件烧坏或使焊炬受损。

6）选用适当的焊嘴，并用钳子把它插接到焊炬上。

7）焊嘴装好后，因背压的作用可使其温度稍有升高。经过2～3min，焊嘴即可达到所需的工作温度。

8）用温度计检测距焊嘴热风出口6mm处的温度。对于热塑性塑料，该处温度应为230～340℃。焊接说明书中一般都配有焊接温度选择图表。

9）如果上述部位温度对于焊接材料来说太高，则可把压缩空气的压力稍稍调高，直到温度下降；如果温度对于焊接材料来说太低，则可稍稍降低压缩空气的压力，直到温度升高。在调整压缩空气的压力时，应保持1～3min，使温度在新的设定条件下达到稳定状态。

10）压缩空气的压力过大不会损坏焊炬及其加热元件。但压力过低，加热元件会过热。因此，在调低压缩空气压力时，切不要将把手处的套筒固定螺母调到热得烫手的程度。固定螺母烫手，则说明出现了过热现象。

11）气路内滤网堵塞或电压不稳定也能引起过冷或过热，应加以注意。

12）如果套筒端部的螺纹太紧，应当用优质、耐高温的油脂清理，以免螺纹卡死。

13）焊完后，应先切断电源，待几分钟之后或到套筒冷却到可以触摸之后再切断气源。

## 三、任务实施

### 1. 工具准备

1）废旧汽车一辆。

2）旋具、刀子、锤子、钳子、空气压缩机。

3）塑料板件、热空气塑料焊接焊炬、打磨机、砂纸、砂轮机。

### 2. 操作要求

1）正确拆装玻璃。

2）正确焊接塑料板件。

### 3. 操作步骤

项目1：汽车玻璃的拆装

（1）固定式汽车玻璃的拆装

1）拆卸胶粘法镶装的玻璃。

① 将玻璃周边的装饰条拆下。

② 将一根细高碳钢丝（直径为$\phi$0.6mm左右）由里面沿玻璃穿出，如图3－164a所示。

③ 沿玻璃的周边横向拉动钢丝，使玻璃与粘合材料被割断，如图3－164b所示。

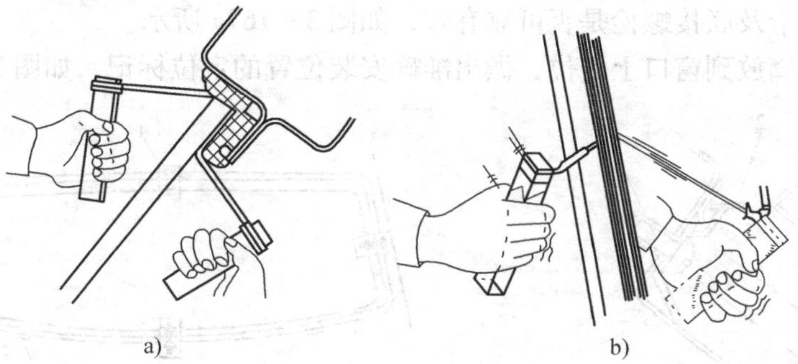

a)　　b)

图3－164　拆卸胶粘法镶装的玻璃

注意：切割时一定要均匀用力，防止损坏车身上的其他装饰件；尽可能多地将原来胶层保留下来，因其与车身的结合一般都十分可靠。

2）安装粘合法镶装的玻璃。

① 用溶剂将玻璃清洗干净，需要再次使用的旧玻璃除去上面的胶层，如图3－165a

所示。

② 拆去车身上影响安装玻璃的任何障碍物，如图 3－165b 所示。

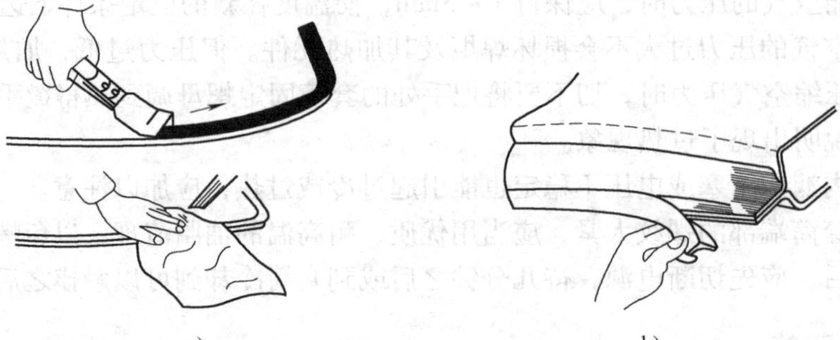


图 3－165　清理玻璃与窗口

a）铲除旧漆并擦洗干净　b）拆除周围障碍

③ 风窗玻璃装有挡水圈时，使用酒精将玻璃边缘擦拭干净，再用双面胶带将挡水圈粘牢，如图 3－166 所示。

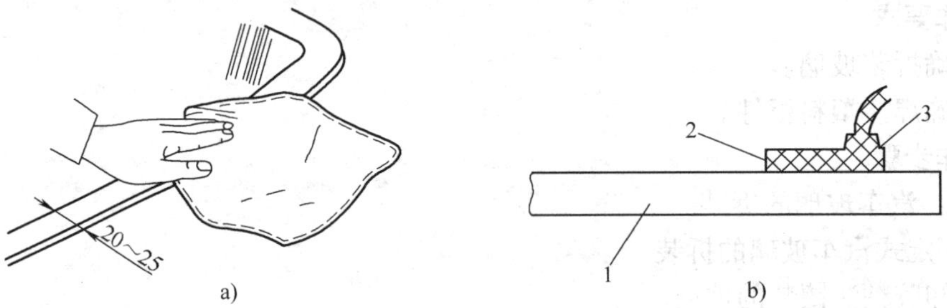


图 3－166　安装玻璃挡水圈

a）将安装部位擦洗干净　b）粘牢挡水圈

1—玻璃　2—双面胶带　3—挡水圈

④ 检查固定卡及联接螺栓是否可靠有效，如图 3－167a 所示。

⑤ 将风窗玻璃放到窗口上定位，做出准确安装位置的定位标记，如图 3－167b 所示。

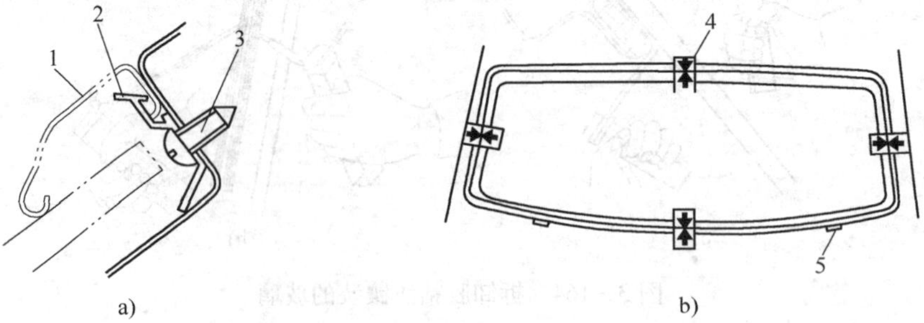


图 3－167　安装前的检验与定位

a）检查固定卡　b）试装并做出定位标记

1—装饰条　2—固定长　3—固定螺钉　4—垫片　5—对位标记

⑥ 使用高弹性粘合密封剂 JN—10、JLC—2（也可使用其他具有同等性能的粘合材料），分别在车身窗口和玻璃两处施胶，如图 3 - 168 所示。

⑦ 施胶后的玻璃要按定位标记镶装到车身的窗口，用人工的力量压平、压紧。最后用抹刀刮去溢出的粘合剂，如图 3 - 169a 所示。

⑧ 过 24h，待粘合剂硬化以后，进行水密封试验。

⑨ 如有渗漏时，可使用上述胶粘剂或其他玻璃密封胶做进一步密封，如图 3 - 169b 所示。

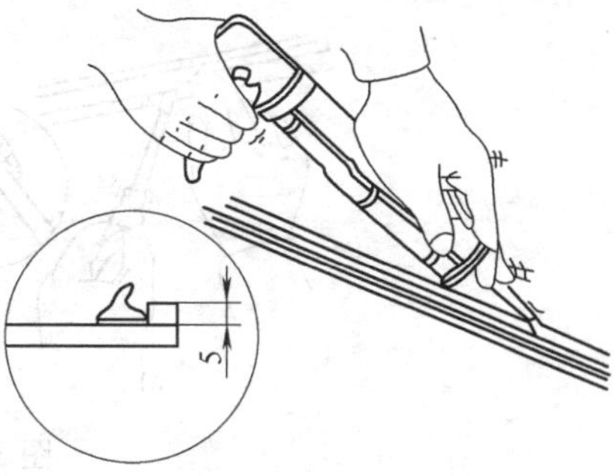


图 3 - 168　施胶

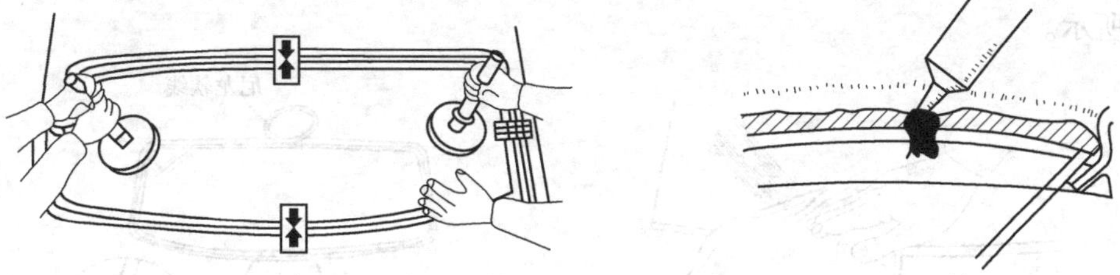

a)　　b)

图 3 - 169　安装玻璃并进一步加以密封

a）安装玻璃　b）密封

（2）拆装橡胶条法镶装的风窗玻璃

1）拆卸橡胶条法镶装的风窗玻璃。

① 用旋具或类似工具将风窗玻璃装饰条、刮水臂、后视镜等拆下，如图 3 - 170a 所示。

② 拆卸橡胶条。如果橡胶条还需要重复使用，在外侧用扁口旋具沿橡胶条周围将其与凸缘分开，如图 3 - 170b 所示。

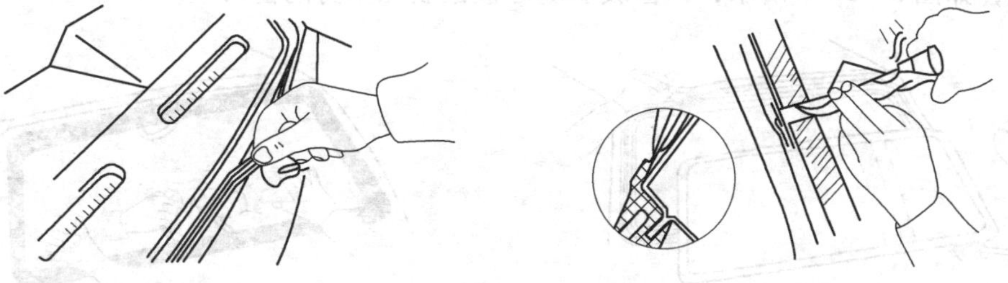

a)　　b)

图 3 - 170　拆卸前的准备

a）拆卸装饰条　b）松开车身与装饰条的连接

③ 在车内用旋具沿车身窗口凸缘将橡胶条拨开，连同玻璃一起拆下，如图 3 - 171a 所示。

④ 如果橡胶条不准备继续使用，可直接用刀具沿玻璃边缘把橡胶条割断，如图 3 - 171b 所示。然后由车内将玻璃轻轻推出、取下，橡胶条也可随即拆下。

2）安装橡胶条法镶装的风窗玻璃。

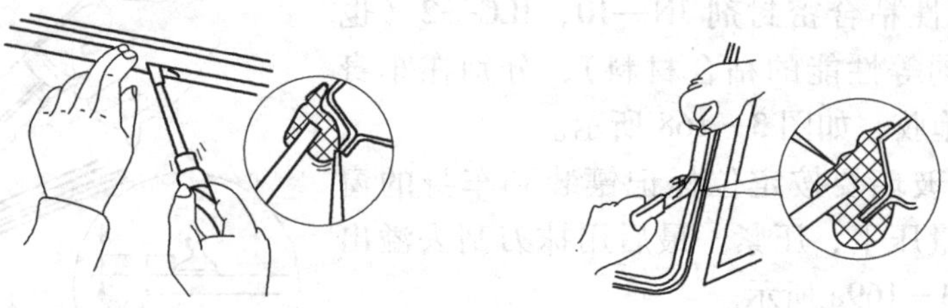

a)　　　　b)

图 3－171　玻璃橡胶条的拆卸

① 先将玻璃的边缘和窗口清理干净，如图 3－172a 所示。

② 把橡胶条安装在玻璃上，并沿橡胶条的凸缘槽内埋入预先准备好的尼龙软线，如图 3－172b所示。

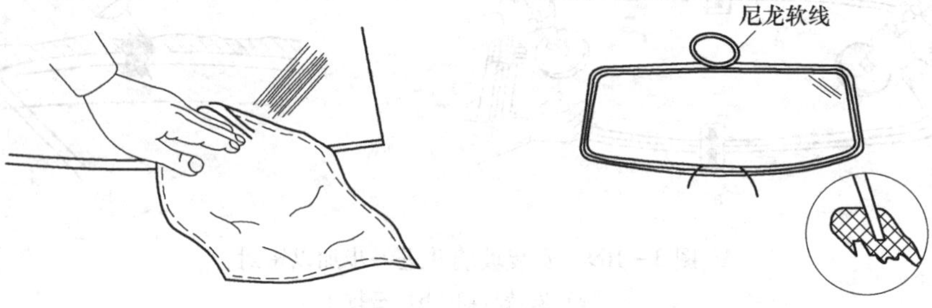


a)　　　　b)

图 3－172　安装前的准备

a）清理　b）装上橡胶条并埋入尼龙软线

③ 为便于安装，在橡胶条凸缘槽和车身窗口的边缘上涂抹肥皂水，如图 3－173a 所示。

④ 在车外用手掌压住橡胶条的同时，从车内玻璃下部的中间部位起，牵拉装玻璃用的尼龙软线，如图 3－173b 所示，风窗玻璃随之被镶装在车身的窗口上。

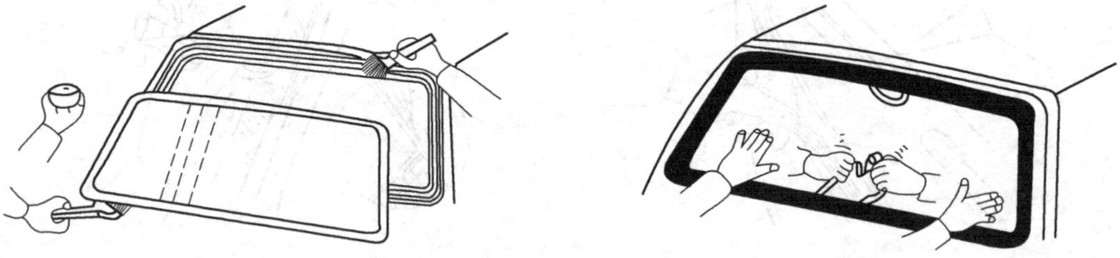

a)　　　　b)

图 3－173　安装风窗玻璃

a）涂抹肥皂水　b）牵拉尼龙软线

⑤ 在镶装过程中可用手掌从外部轻轻拍打玻璃，以保证橡胶条、玻璃、窗口三者之间贴合紧密，如图 3－174a 所示。

⑥ 确认安装合格后，沿密封条周围贴上胶带纸，以防止涂胶过程中或密封胶挤出后弄脏玻璃和车身油漆，如图 3－174b 所示。

⑦ 最后，在橡胶条、玻璃、车身三者之间涂施玻璃密封剂（国产 JN—8、JLC—2 和进

图 3-174　贴胶带纸

a）拍打　b）密贴胶带纸

口乐泰 593、595 等)，如图 3-175 所示。

(3) 拆装推拉式汽车风窗玻璃

1) 有内框式玻璃的拆装。

① 拆下窗框夹，如图 3-176a 所示。

② 用旋具铲去窗框与车身间的粘合剂并使之松动，如图 3-176b 所示。

③ 找出外框与车身间的固定螺钉并用旋具拆下，如图 3-177a 所示。

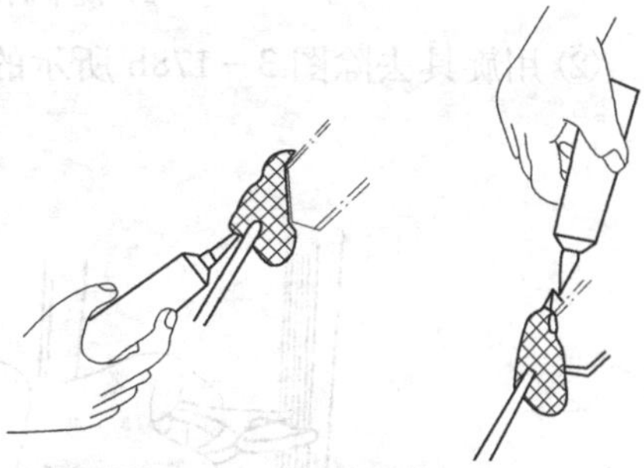

图 3-175　涂施玻璃密封剂

④ 把外边连同玻璃一起拿下后，将下边框固定，并向上拉上边框的中央，如图 3-177b 所示，玻璃就可随内框一起与外框分离开来。

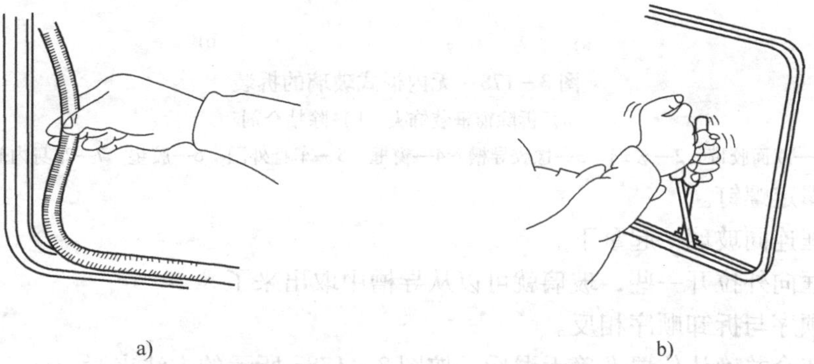


图 3-176　边框侧窗的拆解

a）拆下窗框夹　b）将粘合剂划开

⑥ 对于分体式内框，可进一步将其解体；对于整体式内框，可直接用旋具将密封胶条拨出，拆下。

⑦ 安装时则与拆卸的顺序相反。

注意：玻璃与内框镶装前，应在密封胶条上涂少许肥皂水。内框与玻璃装合后还要沿周边注入玻璃密封胶（JN—8、JLC—2 和进口乐泰 593、595 等）。外框和车身窗口部分，均应在清理干净的基础上，涂敷 JN—10、JLC—2 粘合剂。

2) 无内框式玻璃的拆装。

① 先拆下图 3-178a 所示的窗框装饰夹。

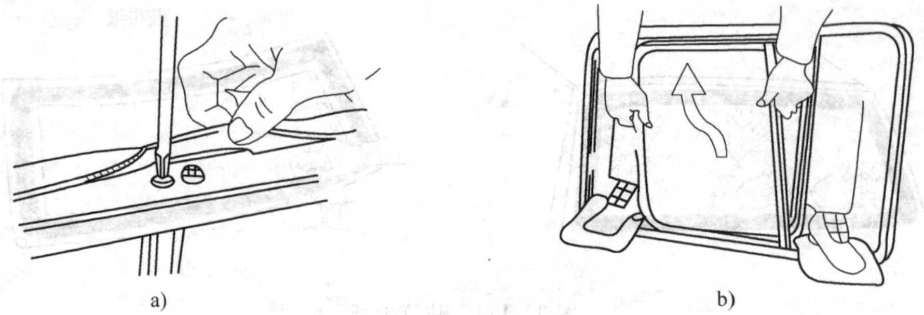

图 3－177　侧窗玻璃的拆法

a）旋下固定螺钉　b）踩住下边框将玻璃拉出

② 用旋具去除图 3－178b 所示的粘合剂。

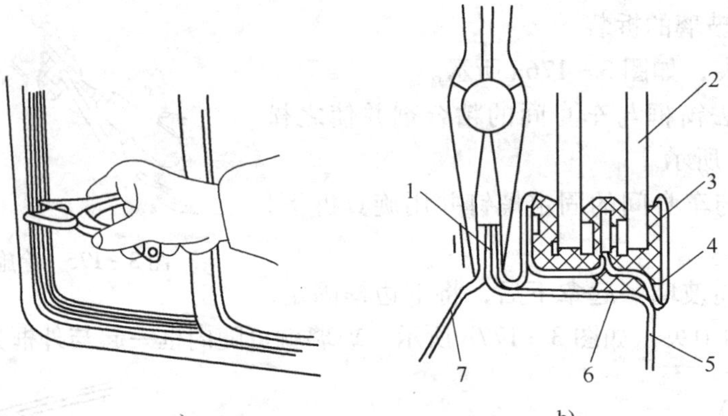


图 3－178　无内框式玻璃的拆装

a）拆除窗框装饰夹　b）除粘合剂

1—双面胶带　2—玻璃　3—橡胶导槽　4—窗框　5—车身外围　6—胶垫　7—车身内侧

③ 卸下固定螺钉。

④ 将窗框连同玻璃一起拿下。

⑤ 将边框向外拉开一些，玻璃就可以从导槽中取出来了。

⑥ 安装顺序与拆卸顺序相反。

⑦ 窗框装合并确认位置准确无误后，按图 3－178a 所示的方法夹紧。

（4） 升降式汽车玻璃的拆装　步骤如下：

说明：升降式汽车玻璃主要镶装在车门上。虽然车门上的玻璃升降器在构造上与其他地方有很大区别，但车门玻璃的拆装方法却大体相同。

1） 撬出固定销，拆除升降器摇把，如图 3－179 所示。

2） 拆除车门内把手罩、上下门饰板及防水胶布。

3） 降下门玻璃，降到升降器与玻璃的固定螺钉的作业孔露出为止。

4） 用旋具伸入上述作业孔，将升降器与玻璃的固定螺钉旋松。但不要将螺钉拆除，如图 3－180 所示。

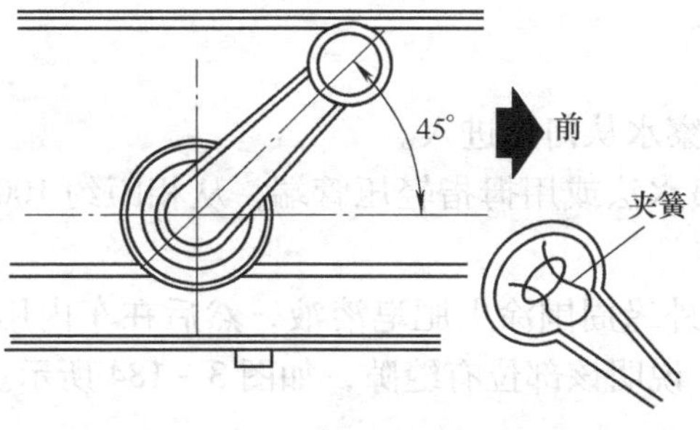


图 3－179　拆除升降器摇把

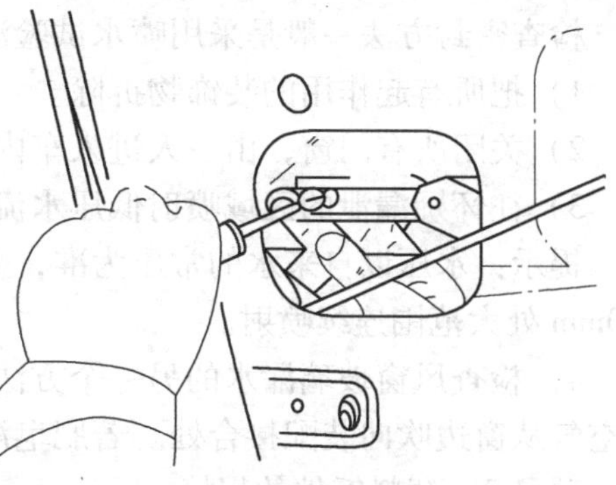

图 3－180　旋松升降器与玻璃的固定螺栓

5）将导槽滑向一侧，并从锁孔处将螺钉头拆离导槽，使玻璃脱离升降器，如图 3－181 所示。

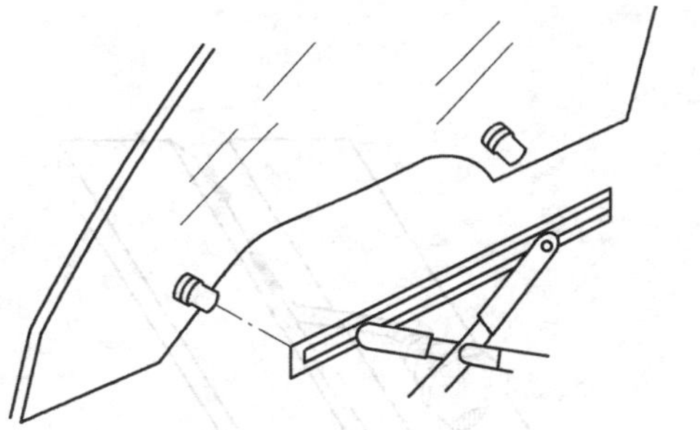

图 3－181　将门玻璃拆离升降器

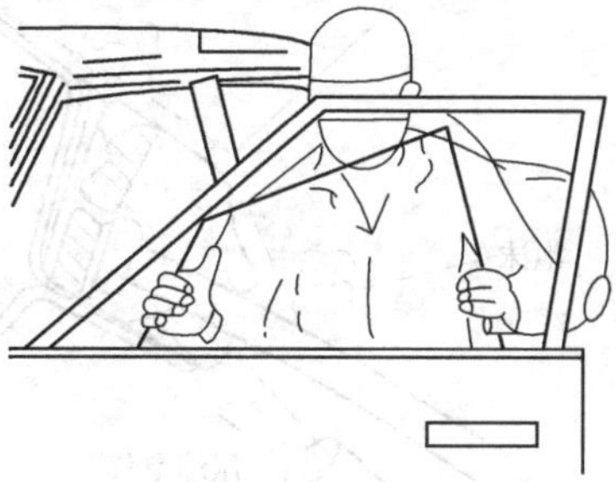

图 3－182　取下门玻璃

6）取下门玻璃，如图 3－182 所示。

7）拆除车门玻璃升降器的固定螺栓，并从作业孔取出。

8）门玻璃与升降器的安装与拆卸的顺序相反。

（5）玻璃安装后的密封检查　步骤如下：

说明：露水常发生在玻璃与金属的接合处，这是由于缝隙、装配不严或密封剂不足造成的，如图 3－183a 所示。如果密封条损坏、松动以及窗玻璃调整不当，也会进入尘土和漏水，如图 3－183b 所示。

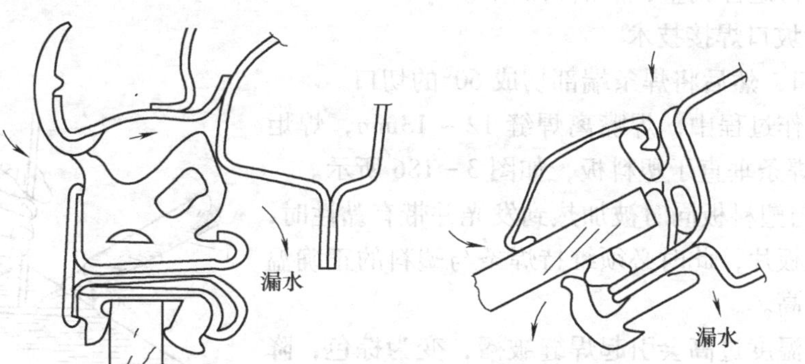


图 3－183　漏水分析
a）玻璃处　b）密封条处

检查密封方法一般是采用喷水试验法。

1）把所有起作用的装饰物拆除。

2）关闭所有门窗，由一人进入车内观察。

3）往怀疑漏泄的区域喷射低压水流，同时观察水从何处进入。

提示：水压以自来水的常压为准，采取普通喷水法或用拇指轻压管端，从相距约 100 ~ 150mm 处大范围连续喷射。

4）检查风窗玻璃漏水的另一个方法是在窗的外缘周围涂上肥皂溶液，然后在车内用压缩空气从窗边吹向装配接合处。若肥皂溶液起泡，说明该部位有缝隙，如图 3-184 所示。

项目 2：塑料钣件的焊接

（1）定位焊接技术　如图 3-185 所示。

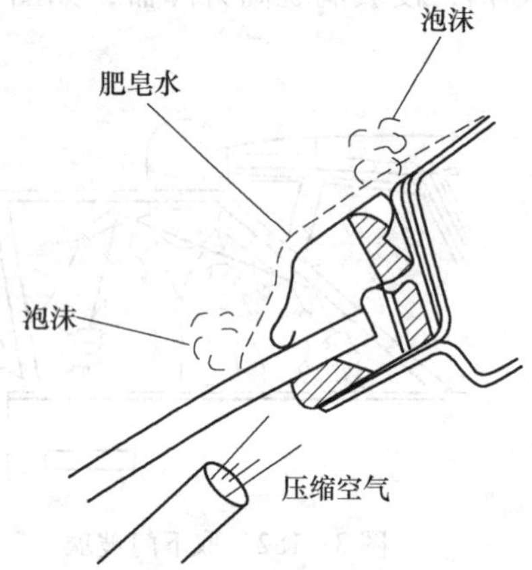


图 3-184　用压缩空气和肥皂水检查

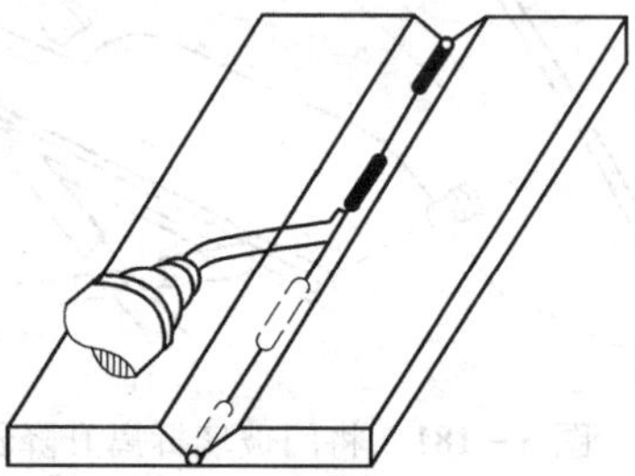

图 3-185　定位焊接技术

1）用夹钳或铝质车身胶带对坡口进行定位固定。

2）用定位焊焊嘴沿着坡口进行定位焊。

3）焊嘴要压紧，确保焊嘴接触到坡口的两边，并且要匀速、稳定地移动。在进行定位焊时不要用焊条。

4）用焊嘴在断口底部将两板同时熔化很窄的一条，熔化后两板即焊接到一起。必要时还可断开并进行定位调整，然后再焊上。

（2）V 形坡口焊接技术

1）开坡口，然后将焊条端部切成 60°的切口。

提示：操作过程中，焊嘴离焊缝 12 ~ 13mm，焊炬倾角为 30°，焊条垂直于塑料板，如图 3-186 所示。

2）焊条与塑料板同时被加热到发光并带有黏性时，焊条便会粘住板片，此时必须维持焊条与塑料的正确温度，切不可过高。

说明：若温度过高会引起焊缝皱褶，变为棕色，降低焊接强度。为保证焊条与塑料板适当的焊接温度，焊炬的操作可按图 3-187 所示方法上下垂直扇动，以使塑料板焊缝处得到更多的热量，并均匀受热。当焊条与

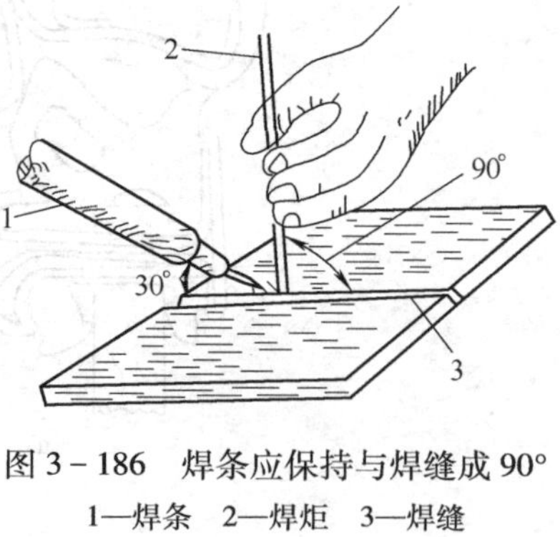


图 3-186　焊条应保持与焊缝成 90°

1—焊条　2—焊炬　3—焊缝

塑料板边缘受热熔化，都略带亮光时，对焊条略施压力，就会伸入焊缝。继续加热，焊条与焊缝材料互熔结为一体。如果焊条落入焊缝后堆成一团，或焊条在焊接过程中拉断，则焊缝强度降低。因此，焊接速度和焊条的熔化应配合协调。塑料焊接时平均速度应保持在 150 ~ 200mm/min。

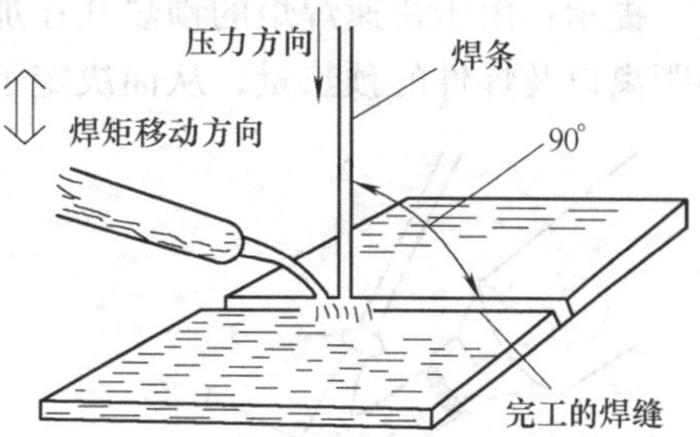

图 3 - 187　使焊炬在焊缝上运动

3）在整个焊接过程中，焊条上的压力应保持一致。

提示：当需要另接一根焊条时，应在焊条未太短而不够把持之前即停止焊接。随后将焊条和塑料板接触点快速切断。新焊条也切成 60°角，保持接合处平滑过渡。结束焊接时，宜迅速加热焊条和塑料板片的接触区域，使焊条停止移动。移开焊炬，并继续保持对焊条的压力，直到焊缝冷却后拧断焊条。

4）塑料板的焊缝不应出现棕黄色或皱褶。

提示：若出现上述现象，说明焊接温度过高。焊缝应可看出沿接触两侧的焊条与板材完全熔合。焊条不应比焊接前拉长或压粗。与原来圆形断面相比，应略显扁平状。如果焊缝不完全互熔，焊缝中会有明显的焊条形状，说明焊接热量不足。良好的焊缝应在焊缝的两侧出现小流线或波纹，说明压力和热量适当，焊条与塑料板完全熔合。

5）焊缝可用 36 号砂纸打平，对于大面积焊缝则可使用砂轮直径为 220mm 或 240mm 的低速砂轮机磨平。

提示：在打磨之前，应先用刀把多余的塑料刮掉。打磨时，注意不要引起过热，以免塑料变形。为了加快打磨速度而又不致损坏焊缝，可以定时加水进行冷却。粗磨后，应目测检查焊缝是否有缺陷，焊缝不应有气眼和裂纹，受到弯曲也不产生任何裂纹。

6）粗磨后，应进行精磨，先用 220 号砂纸，再用 320 号砂纸对焊缝进行精磨，可以用磨光机，需要时再用手工打磨。如果需要重新进行表面处理，则应按塑料表面处理方法进行。

（3）快速焊接技术

1）快速塑料焊炬的握持方法与匕首的握法相似，软管在手腕的外侧。焊接开始时，焊炬焊嘴应在起点上方距焊件 80mm 远，以免热风影响焊件，如图 3 - 188 所示。

2）将焊条截成 60°角的偏口后插进焊炬的焊条预热管内，然后立即将加压掌压到焊件上的起焊部位，并使焊炬与焊件表面垂直。再将焊条插到底，使之在焊缝起点处顶住母材。必要时，可将焊炬略微抬起而使焊条压到加压掌下。用左手轻压焊条，加压掌处的压力只能是焊炬本身的重力，不要再施加压力。慢慢向身边移动焊炬，开始焊接，如图 3 - 189 所示。

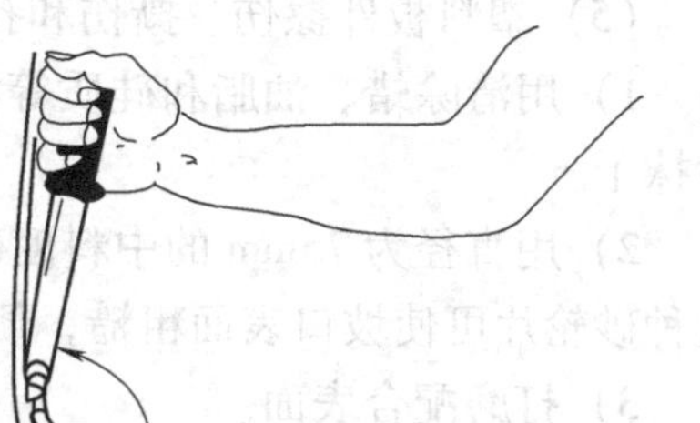
图 3 - 188　快速塑料焊炬的握持方法

3）在焊接初始的 30 ~ 50mm，需轻轻向下推压焊条进入预热管。焊接正确开始之后，则应将焊炬倾角调至 45°，这时焊条就能自动滑入而无需推压。移动焊炬时，应随时注意观察焊缝的质量，如图 3 - 190 所示。

提示：由于快速焊炬的预热孔在加压掌的前方，所以焊炬倾角决定了预热孔距焊件表面的距离以及焊件的预热量，从而决定了焊接速度。

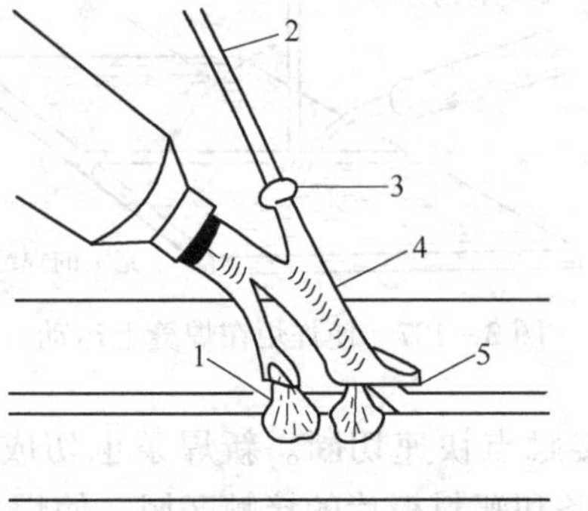


图 3-189　塑料的焊接

1—预热焊嘴　2—焊条　3—焊条导管　4—预热管　5—加压掌

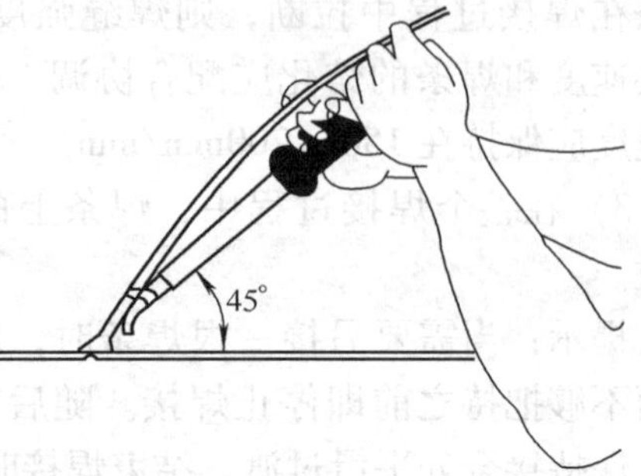


图 3-190　焊接时焊炬倾角为 45°

4）焊接结束时，如果焊条尚未用完，则应将焊炬调整到超过垂直位置。然后用加压掌将焊条切断后，将剩下的焊条立即从预热管内取出。否则，焊条会被烧焦、熔化，堵塞预热管，出现此种情况必须用插入新焊条的办法来清理预热管。

（4）塑料板件塌陷变形的修复

1）用湿布或海绵湿润塌陷部位 0.5min，不要擦干，保持其湿润状态。

2）用热风枪在距零件表面 25～30cm 处加热塌陷周围部位，加热应由外向内。热风枪应始终做圆周运动，这样可使其受热均匀。

3）将上述部位加热至 55°左右，即到烫手为止。但注意不要过热，以免引起乙烯塑料表层鼓包。

4）戴上手套，将材料向塌陷中心擀压。一般需要多次加热及擀压，也有些塌陷变形只需加热而无需擀压即可修复。

5）塌陷变形修复后，用湿布或海绵将该部位快速冷却。

（5）塑料板件擦伤、撕伤和孔洞的修复

1）用清除蜡、油脂和硅质等污物的溶剂彻底清洗损坏部位。用润湿了水的布涂抹，然后抹干。

2）用直径为 75mm 的中料度砂轮在损伤部位边缘制作坡口，坡口宽度为 6～9mm。用这种砂轮片可使坡口表面粗糙，便于粘接。

3）打磨配合表面。

提示：打磨时宜用低速（不高于 2000r/min）。如果打磨后的表面较光滑，最好先涂一层助粘剂，且每次打磨后都应再涂一层助粘剂。

4）用细一点的砂轮修整坡口边缘，打磨掉旧涂膜。但要尽量少磨掉塑料材料，并使涂膜层逐渐过渡到塑料层。

提示：打磨掉的损坏部位周围的涂膜带宽度应在 25～40mm 之间。在进行下一步之前，要仔细清理干净一切涂膜及粉末，粘接前必须保证表面绝对干净。

5）进行烧燎处理，用以改善粘接效果。

提示：烧燎所用的工具为氧乙炔焰，对火焰要进行控制，焰心长约 25mm。烧燎时，火焰要仔细地对着磨糙的坡口表面，保持一定速度运动，将其烧至淡棕色。烧燎时一定要特别小心，不要使表面发生变形或烧着涂膜。

6）在修理部位粘上铝质车身胶带。用溶剂清洗内表面，然后粘贴上铝质车身胶带，将操作部位全部盖住。

7）在涂敷结构粘合剂前，应将零件背面彻底清理干净。然后粘贴上铝质车身胶带以起支撑作用。

提示：为获得最佳效果，应将铝质车身胶带做成盘形，中部凹下。这样可使胶粘剂在背面能与修理部分重叠。使用铝质车身胶带的好处是，可以不必把零件松开或从车上拆卸下来，但有些车型可能仍需拆下部分零件。

8）粘合剂的准备应按说明书的要求进行。

提示：大多数粘合剂都分装在两个管内。将它们挤到干净、平整、光滑、不渗透的玻璃或金属板上（从每个管挤出的量应相同）。然后，为了减少气泡，用刮板刮抹的方式将它们完全混合均匀。混合好的胶粘剂色泽及成分应均匀一致。

9）用橡胶刮板或塑料抹子将粘合剂抹到孔洞处。这个过程要求即迅速又仔细，粘合剂将在 2 ~ 3min 之内开始固化。

提示：粘合剂通常需要涂抹两次。第一次仅仅是填充损坏部位的底部，无需担心表面形状。但要做到填充损坏部位内的大部分体积，而后在室温下固化 1h，或者用加热灯或热风枪加热到 95℃固化 20min。

10）打磨第一次涂抹的粘合剂。用细砂轮磨掉过高的部位，清除粉末，然后清理干净。

11）进行第二次涂抹。按步骤 8）那样混合第二次涂抹用的粘合剂，并刮抹到修理部位。为了形成修理部位所需要的外形，要多填充一些。这时所用的刮板最好有一定的柔性，以便能形成理想的板件表面形状。

12）粘合剂固化后，先用 80 号砂纸打磨块初步打磨出周围区域的表面形状。然后用盘式砂纸打磨机和 180 号砂纸修整边缘。再用 240 号砂纸将表面打光，达到零件表面平整。检查是否仍有低凹、小坑或气孔等缺陷。如果有，则再刮抹一些粘合剂。

13）用盘式砂纸打磨机和 320 号砂纸修整边缘并精磨，然后除去粉末和疏松材料。

14）喷底涂层和面涂层。

（6）保险杠面罩的加热修复

1）用肥皂水彻底清洗保险杠面罩。

2）用塑料清洗液清洗，确保清除掉所有的路面沥青、油脂及涂膜。

3）吹干或擦干保险杠面罩。

4）直接加热变形部位，直到其背面很烫手时为止。

5）必要时可用调漆板、橡胶辊或木块敲打，帮助其恢复形状。

6）用冷水润湿的海绵或布对加热部位进行快速冷却。

（7）保险杠面罩上固定螺栓凸缘的更换

1）用肥皂水彻底清洗断口处，然后吹干或擦干保险杠面罩。

2）在断口处从两面制作坡口，坡口至少宽 6mm。

3）将坡口附近表面磨糙，并清净碎末。

4）用铝质车身胶带做出凸缘的模子，边缘向上弯，形成新凸缘。

5）将焊接温度调至适合于所焊塑料的规定值，进行预热。

6）开始焊接，慢慢将焊条向预热管内推进，模子内的钎料可略多填充一些，并使熔化的塑料与母材熔合。

7）整形。然后快速冷却。

8）进行焊接，在另一面上沿断口线做出约板厚一半深的 V 形坡口。

9）进行焊接。将坡口填满，快速冷却后，用安装的 60 号或 80 号砂轮片的慢速砂轮机修整表面，直到得到所希望的外形。

（8）仪表板断口修复

1）将焊机调至适于氨基甲酸乙酯塑料的焊接温度。

2）用肥皂水清洗、干燥，再用塑料清洗液清洗仪表板。

3）如果损伤部位很脆，则应用热风枪加热；如果断口卷起或参差不齐，则应剪平。

4）制作 V 形坡口，坡口应深入泡沫垫层至少要 6mm，单侧宽度尽量大些，并将靠近坡口的两侧磨糙至少 6mm。

5）转动焊炬，使加压掌朝上，然后慢慢喂入焊条。焊接时，应先从坡口底部开始，逐渐使熔化的焊条充满整个坡口，并与板件齐平。

6）除去多余的钎料后，抹平。在槽的两边原来的坡口上方至少 6mm 范围内，做出缓缓的斜度。

7）冷却，然后打磨掉残留的多余钎料，磨糙乙烯塑料表面，其宽度应比焊缝每侧宽出约 50mm，以便使釉料粘接牢固。

8）施用适合于乙烯搪塑层的覆盖釉料，直到得到所需要的外形，然后晾干。

9）对于未干的釉面进行仿形砂磨，偶然磨透的部位应重新上釉再砂磨。

# 单元四

# 汽车喷漆

## 任务一　底材处理

### 任务目标

掌握底材处理方法。

### 一、任务

采用砂纸（或打磨机）清除车身旧漆，如图 4－1 所示。

### 二、相关知识

#### 1. 去除旧漆层

去除旧漆层的方法有机械方法、手工方法、火焰方法与化学方法等。一般而言，机械方法以高效、省事、去除彻底等特点而大量运用于旧漆层作业；手工去除方法只是补充或用于局部去除旧漆层作业，这两种较为常见。

图 4－1　清除车身旧漆

（1）机械方法　机械方法是当前应用比较广泛的一种去除旧漆的方法。机械方法工作效率高，旧涂膜清除彻底，锈蚀也可同时被清除掉，能一步达到除旧涂膜、除锈的目的。

机械除漆常用的是喷射处理方法。喷射处理是利用压缩空气、高压水流、机械离心力将砂粒、水流、金属弹丸颗粒喷射到车身表面，以砂粒、水流、弹丸的冲击与摩擦，将旧漆膜消除干净。喷射处理主要有干喷砂和湿喷砂两种。

1）干喷砂。干喷砂是利用压缩空气将砂粒通过喷嘴，以高速喷射在车身表面上，在砂粒的冲击和摩擦作用下，将旧漆膜除掉。干喷砂处理的质量与砂粒的质量、压缩空气的压力及纯度等因素有关。砂粒应选用黄沙或硅砂，河砂也可以，但注意要清洁，不能混有泥土、石灰质及其他杂质。要有足够的强度，不至于在喷射时粉碎。砂粒大小要均匀，并要有棱角。砂粒要干燥，其直径在 1～2mm 之间，否则不能使用。若使用不符合要求的砂粒，质量将得不到保证。喷射用的压缩空气也必须清洁干净，不能含有水分和油，一般压缩空气压力为0.4～0.6MPa。其压力大小，应根据被喷射物体的表面情况而定。如材质较薄，压力不能太大，以免由于冲击力太大，而把材料击穿或变形。同时要注意喷距、喷射角度及移动速度，一般喷距应在0.5m以内，喷射角度为45°～80°。

干喷砂清除旧漆膜尽管质量好、效率高，但在喷砂时会产生大量的砂尘，严重危害人体健康，这是其最大不足之处，因此相对应又产生了湿喷砂处理的方法。

2）湿喷砂。湿喷砂主要是用压缩空气将砂子和水的混合体（砂子和水分别进入喷嘴，并在出口处汇合）从喷嘴高速喷出。由于高速水流的冲击，形成一道严密包围砂流的环形水罩，使砂尘飞扬得到控制，保障了人体健康，如图4－2所示。

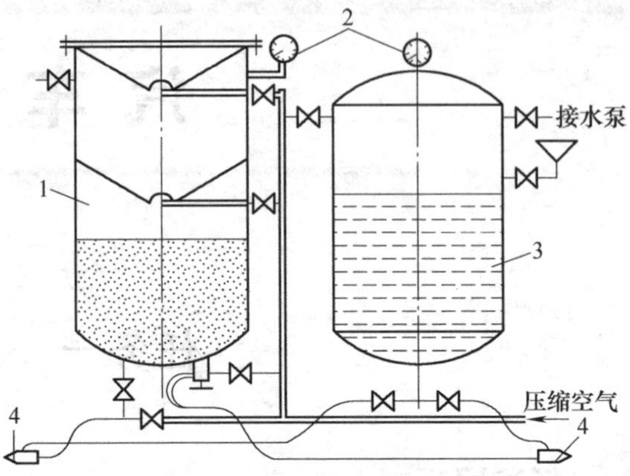


图4－2　湿喷砂

1—砂罐　2—气压表　3—水罐　4—喷头

湿喷砂中砂与水的比例为2∶1，压缩空气的压力为0.4～0.6MPa，使用的设备与干喷砂处理基本一样。不同的是，在喷砂机上加了一只能承受压力的水容器。

由于使用了水，金属表面经喷射后易产生锈蚀，为防止涂底漆前产生锈迹，可在湿喷砂时，在水中加入1%～1.5%的防锈剂，如磷酸三钠、亚硝酸钠，使金属表面钝化，使其在湿喷砂后到涂底漆前的短时间内不生锈。湿喷砂避免了干喷砂时产生的大量砂尘，喷出的水能将旧漆膜冲洗掉，并且表面处理良好。但因为砂粒经喷砂后被打湿，再使用时要进行烘干。湿喷砂有时还会受到客观条件的限制，如在室外操作，冬天气温下降至0℃以下，水会结冰而不能工作。

（2）手工方法　对于凹槽、拐角等形状复杂的表面，使用机械方法消除旧涂膜难以操作，可采用手工方法进行清除。手工清除旧涂膜使用的工具有刮铲、尖头锤、砂布及钢丝刷等，如图4－3所示。靠敲、铲、刮、砂等手段把旧涂膜从表面上清除掉。当旧涂膜完全清除后，应把表面打磨干净，把留在表面上的浮漆、粗糙口子、锈迹等砂磨平滑（允许有少量底漆留于表面），使表面达到无旧涂膜、无锈，并具有涂底漆所需的粗糙度。再用压缩空气吹净浮尘，并用溶剂（工业汽油）对物体表面进行脱脂（除油）后，即可涂底漆。

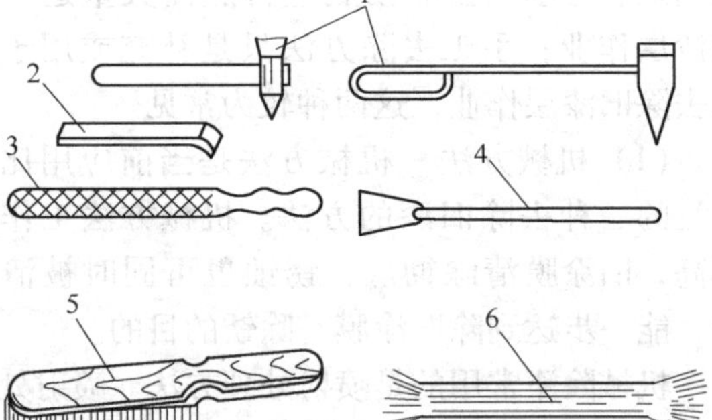


图4－3　手工方法常用工具

1—尖头锤　2—弯头刮刀　3—粗锉刀

4—刮铲　5—钢丝刷　6—钢丝束

用手工方法清除旧涂膜不需要任何设备，施工操作简单、方便，但工作效率低、劳动量大，不适用于大面积旧涂膜的清除。

（3）火焰方法　火焰方法是利用火焰的高温，清除车身表面的旧漆层。它比手工方法速度快，特别对一些腻子层较厚、清除旧涂膜较多的表面，是一种行之有效的方法。该方法所使用的设备主要是喷灯或气焊枪，利用其喷发的火焰把旧涂膜烧软，随后用铲刀把旧涂膜铲除。经火焰处理后留下的碳化物及疏松的部分旧底漆、腻子应清除干净，以防新涂膜产生起泡、脱落等现象。

火焰方法清除旧涂膜设备简单，经济实用，能在任何状态下工作，对金属结构和机械强度无影响。但对一些大平面汽车的表面，由于加热的原因会引起其变形。因此在用喷灯加热大平面旧涂膜时，其加热程度要适当控制，不可为追求铲除速度和方便，过分加热而使外壳变形。

（4）化学方法　化学方法清除旧涂膜具有工艺简单、工作效率高、旧涂膜清除彻底等优点，但也存在有毒、易燃、易挥发等不足之处。它是使用脱漆剂清除旧涂膜。在国外，一般修理厂直接购买市面上出售的脱漆剂使用。脱漆剂是依靠物理化学作用清除旧漆膜，不同的漆膜采用不同的脱漆剂。国内各油漆厂也有各种型号的脱漆剂供应，如 T－1 主要使用于油性漆、酯胶、酚醛等低档涂料；T－2 主要适用于油性漆、醇酸树脂涂料、硝基涂料；T－3 与 T－2 的适用范围相同，效果优于 T－2。

使用脱漆剂清除旧涂膜方法很简单，先用毛刷将脱漆剂均匀地涂在需要清除的旧涂膜表面，涂膜的量要充分，否则就会出现药剂尚未浸透涂膜就已经干涸的现象，这就会影响作业速度。涂抹后大约过 15～20min，涂膜渐渐膨胀，然后用铲刀除去涂膜。铲刮涂膜时不需过分用劲，一次不能除去的部分，可涂剥离剂再铲刮。

**2. 金属表面除锈**

车身表面涂膜坏处极易产生锈蚀，涂膜清除后应仔细检查车身金属表面，发现有锈蚀应清除干净，避免重新涂装后产生涂膜病态，提高表面抗腐蚀能力。增强涂膜在车身表面上的附着力，延长涂膜使用寿命。

金属表面除锈方法大致可分为手工除锈法、机械除锈法、化学除锈法三种。施工时，应根据被涂物的材质、厚度、大小、表面形状、涂料品种、施工条件以及质量要求等因素，确定采用何种方法。

（1）手工除锈法　手工除锈法是一种最简单的方法，主要使用锤、凿、铲刀、钢丝刷以及砂布、砂轮等工具，进行手工敲、铲、刮，刷等操作，从而除去锈垢。手工除锈法劳动强度大、生产效率低、质量差，但该方法对被涂物的形状、施工条件限制小，能适应任何结构和施工条件，且简便易行，因此目前仍在广泛使用。

（2）机械除锈法　机械除锈法是利用机械产生的冲击、摩擦作用对车身表面涂锈的一种方法。这种方法具有效率高、质量好、可减轻劳动强度等特点，故应用较广。

（3）喷射除锈法　参见前面的喷射除漆方法，包括喷砂、喷丸、湿喷砂、干喷砂，以及高压水喷射等方式。其中，湿喷砂效果较好，在汽车维修行业中广为应用。

（4）化学除锈法　化学除锈法又称酸洗法，就是用酸性溶液与金属氧化物（铁锈、氧化皮）发生化学反应，使铁锈、氧化层被酸性溶液溶解，从而达到清除金属表面氧化物的目的。

酸洗中所使用的酸有两种，即无机酸（硫酸、盐酸、硝酸、磷酸等）和有机酸（醋酸、柠檬酸等）。在实际使用中，由于无机酸具有作用力强、除锈速度快、原料来源广、价格便宜等优点，故应用较广。

（5）电化学除锈　电化学除锈是在浸蚀法酸洗中结合电化学作用进行除锈的方法，分为阳极浸蚀法和阴极浸蚀法。其中，将零件作为阳极，用铅、铜、钢等作为阴极，称为阳极浸蚀法；将零件作为阴极，用铅、铝或锑合金作为阳极，称为阴极浸蚀法。电源可用交流电，也可用直流电，以直流电为佳。此法可加快除锈速度，节约用酸量。

**3. 金属表面除油**

汽车的主要部件是由钢铁等材料制成的，为了防止生锈，在加工、储运过程中常用矿物油或动、植物油为基础成分，并加有各种有机添加剂或无机物质的油品进行保护，这些保护油品是汽车零部件表面油污的主要来源。油污的存在会影响酸洗除锈和磷化质量。即便车身表面经过清洗、除锈、修补等工序，但钣金修复后留下的污物、工具上的油污以及未去除的部分旧油漆，若在涂底漆前不清除干净，都将影响涂装中涂层的干燥性，并降低涂层的附着力，甚至在面漆喷涂后，还会出现脱落或起皮现象。因此，修补涂装前一定要先进行除油。

油污清除的难易程度与油污的组成成分有关，动、植物油可用皂化、乳化和溶解作用去除；矿物油不能皂化，主要靠润湿、乳化、分散等作用去除。通常，黏度越大、溶点越高的油污越难清洗；极性较强的油污，由于对金属表面的附着力强，较难清洗；因长期存放或高温烘烤形成的氢化性干膜，很难清洗；带有固体微粒的润滑剂、研磨剂、抛光膏等的清洗也很困难。对于难以清洗的油污，需采用增强化学反应，加强物理机械作用或提高清洗温度等措施来清除。

（1）有机溶剂脱脂法　有机溶剂脱脂法是指应用有机溶剂溶解皂化油脂和非皂化油脂。用有机溶剂除油的特点是速度快、效率高、金属表面的除油操作简单。可用浸洗法、擦洗法、先喷涂后擦净等多种方法进行处理。既可在常温条件下进行，又可将有机溶剂加热浸洗后再用蒸气除去油污等方法处理。常用的有机溶剂有石油系溶剂、芳香族溶剂、氯系溶剂、氟系溶剂以及醇类溶剂、酮类溶剂等。

（2）碱液脱脂法　碱液脱脂法是由一定比例的碱和碱性盐类以及一些表面活性物质溶解在水中制成的。

**4. 打磨**

打磨的主要作用是除锈及清除那些旧的、已经遭到破坏的涂膜。打磨分手工打磨和机械打磨。

（1）手工打磨　手工打磨有两种：一是用砂布或砂纸包垫板进行打磨，垫板有木制的，也有硬橡胶制的。木块可选用长 180 ~ 200mm，宽 50 ~ 60mm，厚 25 ~ 30mm 的平直木板；橡胶块可使用厚 18 ~ 20mm，长宽相应的橡胶板剪制而成，如图 4－4 所示。

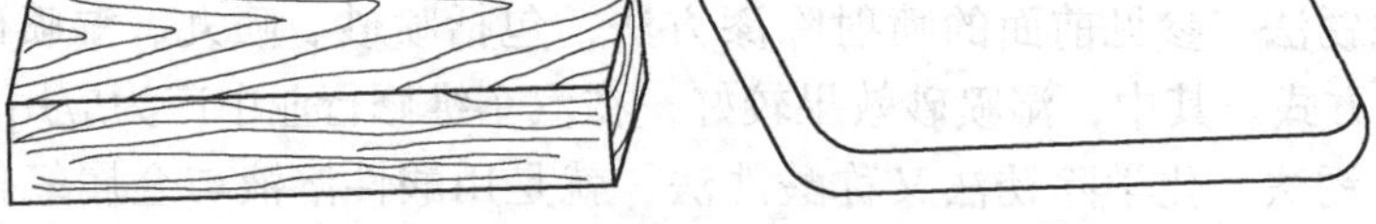
a)　　b)

图 4－4　打磨用木块与橡胶块

a）木块　b）橡胶块

砂布、砂纸是打磨工具的辅助材料，砂纸分水砂纸和木砂纸两种，是用粘结剂把磨料贴在特制的纸或布上制成的。木砂纸主要用于磨光木制品表面；水砂纸由于涂有耐水涂料，所以不怕水，可以水磨。砂布一般由布、胶、砂子制成。砂纸用磨料粒度数码表示，数码越小，磨料越粗。磨料粒度不同，用途也不同。

磨石主要用于磨平第一道和第二道腻子，可提高工作效率，节约砂纸。一般采用人造磨石，它的规格有：46 粒（粗）、66 粒（中粗）、80 粒（中细）、100 粒（细）、120 粒（极细）。

（2）机械打磨　常用的机械打磨工具的种类很多，按动力装置不同可分为气动打磨工具和电动打磨工具两大类。

1）气动打磨工具。气动打磨工具主要有风磨机、风动砂轮、钢丝轮等。气动打磨工具主要用于清除钢铁表面的铁锈、旧涂层及打磨腻子等，具有体积小、重量轻、速度快、磨平质量好、使用安全、可干磨也可水磨等优点。

2）电动打磨工具。电动打磨工具具有噪声小、振动轻、粉尘飞扬少等优点，但重量通常比气动打磨工具大些，且不适于水磨。市场上最常见的是圆盘式电动打磨机，如图 4－5 所示。

图 4－5　圆盘式电动打磨机

## 三、任务实施

### 1. 工具准备

1）废旧汽车一辆。

2）单作用打磨机。

### 2. 操作要求

1）正确使用打磨机。

2）正确打磨板件。

### 3. 使用方法

1）握紧电动打磨机手柄，打开电源开关，将其以 50°～100°的角度移向待打磨的表面。

2）使打磨机向右移动，打磨机砂轮片上方的 1/4 对准打磨表面。其操作示意图如图 4－6所示。

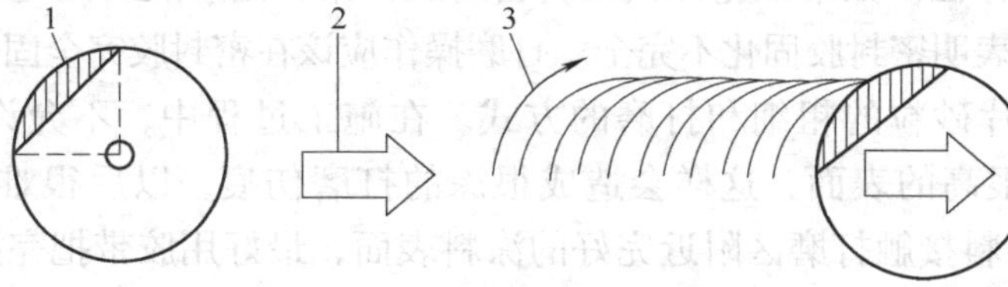


图 4－6　打磨机操作示意图

1—叶轮切割部位　2—打磨机移动方向　3—叶轮旋转方向

3）当打磨机从右向左移动时，砂轮片右上方的 1/4 对准加工表面进行打磨，这两步是打磨高度不平的表面最为有效的方法，如图 4－7 所示。以上两种方法也可以用来打磨较平坦的表面，如图 4－8 所示。

4）砂光式打磨操作及打磨效果的检查。将旋转着的砂轮前方对着打磨表面，而后方稍稍离开表面一点，这就是所谓的“砂光”操作。保持这个方位，上下移动打磨机进行打磨，

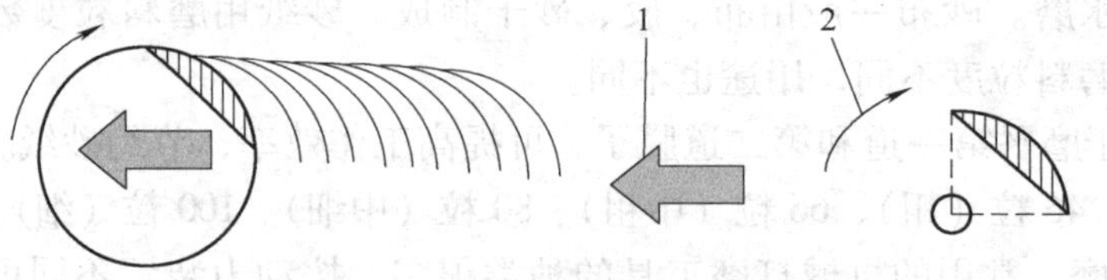


图 4-7　打磨机向左移动打磨

1—打磨机移动方向　2—叶轮旋转方向

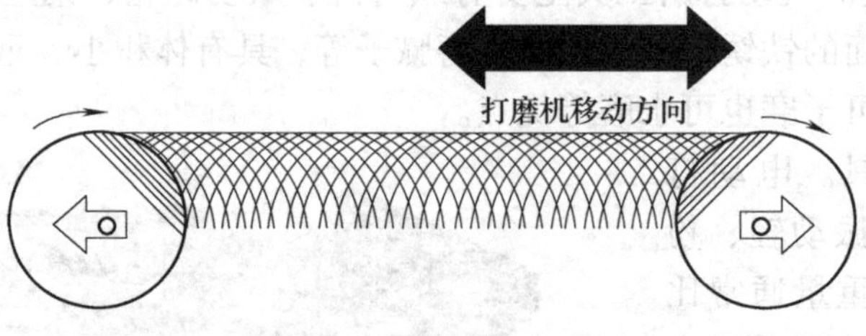


图 4-8　打磨机打磨平坦表面时的移动方式

每一道磨痕之间覆盖面积大约为 50% ~ 60%，打磨砂光轨迹如图 4-9 所示。

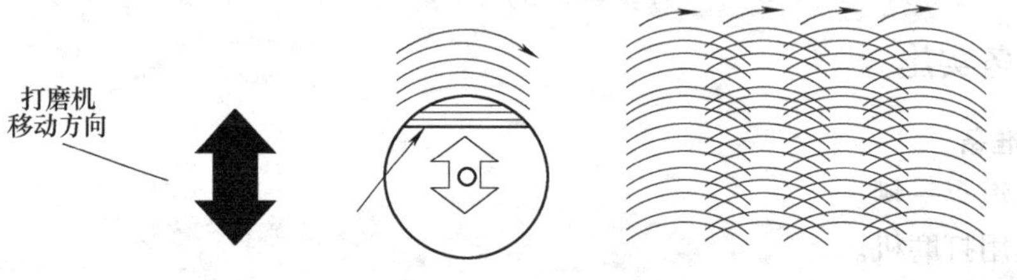


图 4-9　打磨机打磨砂光轨迹

5）用戴手套的手在打磨过的表面来回摸一摸，检查打磨效果。重复上述打磨过程，直到完成打磨工作的 3/4 左右。

6）更换更细的砂轮片，重复上述的打磨、砂光过程，直到达到表面光滑平整为止。

**4. 使用注意事项**

1）应保持砂轮片清洁。在施工过程中，应经常检查砂轮片是否清洁，这是保证打磨质量最简单也是最有效的办法。如果砂轮片被塑料密封胶污染，则应及时用毛刷、钢丝刷进行清理。出现此情况，则表明密封胶固化不完全。打磨操作应该在密封胶完全固化后才能进行。

2）选择好砂轮片砂粒的粗细和打磨的方式。在施工过程中，不允许用粗砂粒磨料以 90°角交叉打磨凸出很高的表面，这样会造成很深的打磨伤痕，以后很难将其磨去。此外，千万不要让粗砂粒磨料接触打磨区附近完好的涂料表面，最好用胶带把完好的涂层部位保护起来。

## 任务二　熟知汽车底漆

### 任务目标

掌握汽车底漆的分类方法。

## 一、任务

熟知汽车底漆，如图 4－10 所示。

## 二、相关知识

### 1. 国产常用汽车底漆

（1）酚醛底漆　酚醛底漆是由酚醛或改性酚醛树脂与颜料、体质颜料等制成，含颜料和体质颜料较多，漆液呈浆状。颜色呈铁红、灰色、锌黄等，有一定的防锈能力及良好的附着力，耐水性好，并能耐硝基漆的咬底。

图 4－10　汽车底漆

常用品种有：F06－1 各色酚醛底漆，耐硝基漆性能好，红色作为涂硝基漆的涂底漆，灰色作为涂防锈底漆的金属表面的中间涂层或涂底漆；F06－8 锌黄、铁红、灰酚醛底漆，打磨性能好，锌黄色涂覆铝合金等轻金属表面，铁红色和灰色涂覆黑色金属表面；F06－9 锌黄、铁红纯酚醛底漆，耐热性好；F06－15 铁红酚醛带锈底漆，涂覆锈蚀和未锈的钢铁表面，代替底漆用。常用的稀释剂为 200 号溶剂汽油、二甲苯或松节油。酚醛底漆在应用中能与硝基、醇酸、过氯乙烯、热塑性丙烯酸等多种面漆配套。

（2）沥青底漆　沥青底漆是由天然沥青、合成树脂与干性植物油熬炼后，加颜料、体质颜料制成的黑色浆状物。由于防腐蚀性能及抗水防锈能力强，且有良好的抗石击性，在汽车中常用于车架（底盘）、车轮（车轮罩盖）、挡泥板等部件的底漆，特别是经过磷化处理后的耐附着力更强。

常用品种有：L06－33、L06－34 沥青烘干底漆，附着力好，耐热，防潮，耐水，耐润滑油，主要用于底盘、挡泥板表面；L06－37 沥青烘干底漆，附着力好，漆膜坚韧，加滑石粉等可配成耐温涂料，用于汽车发动机表面，其稀释剂为 200 号溶剂汽油。

（3）醇酸底漆　醇酸底漆也是汽车上常用的一种底漆，是由改性醇酸树脂、防锈颜料、体质颜料制成的，具有良好的附着力和防锈能力，干燥较快，能耐硝基、过氯乙烯漆的咬底。

常用品种有：C06－1 铁红醇酸底漆，附着力和防锈能力良好，与硝基、醇酸等多种面漆的结合力好；C06－10 醇酸二道底漆，易打磨，对腻子及面漆的附着力好，用以填平腻子层的砂孔、纹道；C06－12 锌黄醇酸烘干底漆，附着力和防锈能力好，适用于铝镁合金等轻金属物体表面打底；C06－17 铁红醇酸底漆，干燥快，附着力好，耐硝基漆的咬底。常用稀释剂为 200 号溶剂汽油、二甲苯或松节油。醇酸底漆多用于防锈要求较高的汽车，能与硝基、过氯乙烯、醇酸等面漆以及氨基烘漆配套。

（4）环氧酯底漆　环氧酯底漆的漆膜坚硬耐久，附着力好。加上烘烤干燥，可提高漆膜的防潮、防盐雾及防锈能力，常与 X06－1 磷化底漆配合使用。

常用的品种有：H06－2 铁红、铁黑、锌黄环氧酯底漆，适用于沿海或湿热带地区的金属打底，其中铁红、铁黑用于钢铁表面，锌黄用于铝合金表面；H06－4 环氧高锌底漆，具有阴极保护作用，能渗入焊接处；H06－10环氧富锌底漆，有阴极保护作用，用作汽车底盘金属表面防腐；H06－12环氧酯醇酸二道底漆，填密性好，易打磨，用于经打磨平滑的金属表面的腻子砂孔、纹道等，也用作面漆前的封闭底漆。

环氧酯底漆的稀释剂常用二甲苯、丁醇混合剂。施工方式可为刷涂、喷涂或浸涂。环氧酯底漆对物体附着力强，但对面漆的结合较差，因此施工中常在二者间加喷硝基底漆，或喷一层氨基底漆，作为结合层。

（5）过氯乙烯底漆　过氧乙烯底漆具有耐油性、耐候性和三防性能，但其附着力差，施工中常在60～65℃温度中烘烤2h，可增强附着力及其他性能，常在湿热地区、化工产品、车辆中应用。

常用品种有：G06－4锌黄、铁红过氯乙烯底漆（又称头道过氯乙烯底漆），锌黄用于轻金属表面打底，铁红用于钢铁表面打底；G06－5各色过氯乙烯二道底漆（又名过氯乙烯二道漆或过氯乙烯封闭漆），用于有划痕或经腻子填平后，仍留有孔隙的金属表面打底填孔。稀释剂为X－3过氯乙烯稀释剂。常采用喷涂法，与其配套面漆为同类型过氯乙烯磁漆。

（6）磷化底漆（双组份涂料）　磷化底漆可增加有机涂层和金属表面的附着力，防止锈蚀，延长有机涂层的使用寿命。对于有色和黑色金属底漆前的打底，磷化底漆可代替金属表面的磷化处理，也可用作烘烤面漆的底漆。但由于其涂膜很薄，故不能单独作为底漆使用，而必须与其他底漆配套使用。磷化底漆是双组份涂料，磷化底漆与磷化液的配比为4∶1。施工时，在容器中按上述比例搅拌均匀，放置30min后开始使用。而配制好的底漆必须在24h内用完。施工方法可用刷涂也可用喷涂。磷化底漆须经2h（20℃）干燥后，再涂其他底漆。

（7）聚氨酯底漆（双组份涂料）　聚氨酯底漆具有良好的附着力、耐水性、耐热性、耐化学性和三防性能。

主要品种有：7609铁红聚氨酯底漆，它是双组份涂料，7609铁红聚氨酯底漆与7312－1聚氨酯固化剂的配比为8∶1；锌绿聚氨酯底漆，锌绿聚氨酯底漆与7312聚氨酯固化剂的配比为5∶1，稀释剂为7002聚氨酯专用稀释剂，施工方式可为喷涂或刷涂。与7609铁红聚氨酯底漆配套的面漆为7182聚氨酯清漆、7385聚氨酯清漆和N－12丙烯酸聚氨酯清漆。

（8）硝基底漆　硝基底漆由硝化棉、改性树脂和颜料等组成，漆膜干燥快，易打磨，常用作汽车耐汽油和耐润滑油部件的底漆。

常用品种有：Q06－4各色硝基底漆，用于车辆表面涂底漆；Q06－5灰硝基二道底漆，用作填平腻子层留下的孔隙及砂纸划痕，稀释剂为X－1、X－2硝基稀释剂，施工方式以喷涂为主，与其配套的面漆为硝基磁漆。

（9）丙烯酸底漆　丙烯酸底漆是由甲基丙烯酸酯、甲基丙烯酰胺共聚树脂与锶铬黄等颜料和有机溶剂等组成的。其附着力强，耐候、耐湿热、防潮、防腐和防霉等性能良好。

常用品种有：B06－1锶黄、锌黄丙烯酸底漆和B06－2锶黄丙烯酸底漆，对高温条件下使用的金属设备和轻金属（如铝镁合金等）有良好的附着力和高度耐蚀性。稀释剂为X－5丙烯酸稀释剂，施工方式主要为喷涂。与其配套的面漆有硝基、过氯乙烯、热塑性丙烯酸等磁漆。

**2. 常用进口汽车底漆**

（1）美国杜邦公司底漆

1）1020R 多用途高膜厚底漆（双组份）。对铁、铝等金属具有优良的附着力，以及良好的防锈性、耐蚀性。而且该底漆还可以在原有旧漆上施工，也不会引起收缩或下陷的现象，因此具有优良的密封性和隔离效果。

1020R 作为腻子厚涂时，能满足特殊的厚填充要求、隔离作用及填补腻子印迹。

配比为：4 份 1020R 底漆加上 1 份 1010R（或 125S）固化剂，罐存时间为 45min。施工中喷涂 2 ~ 3 层，间隔 10 ~ 15min，每层膜厚 60 ~ 80μm。建议前一天晚上喷涂第二天早晨打磨。注意，当修补风干性厚漆时，用 1025R 稀释剂稀释，在整个板面部分涂一层，可用 125S 固化。

1020R 作为高膜厚平整底漆时，一道喷涂能满足汽车底漆要求，可用于各种面漆下的涂层。特别适用于双组份烤漆和金属漆，以达到完美的光泽和持久性。

配比为：4 份 1020R 底漆加上 1 份 1010R（125S），固化剂、2 份 1025R 稀释剂，罐存时间为 1.5h。施工中单道喷涂达到 40 ~ 60μm 的膜厚，干燥 1h 即可打磨。

另外，当此漆作为高膜厚免打磨底漆时，配比为：4 份 1020R 底漆加上 1 份 1010R（或 125S）固化剂、3 份 1030RN · S 稀释剂，罐存时间为 2h。施工中单道喷涂达到 30 ~ 40μm。在 20℃温度下，与面漆喷涂间隔时间为 15min。同时，在施工中应注意，免打磨底漆与色漆喷涂间隔时间不要超过 15min，以达到面漆的理想外观。应用双层做法，面漆需当底漆不发粘时才可喷涂色底，通常根据环境变化要在底漆喷涂后 1 ~ 3h。

2）830R 环氧底漆（双组份）是一种不含铬的环氧底漆。适用于各种金属表面及玻璃钢表面，对裸露的金属能提供最佳的耐蚀保护和良好的填充性能；有绝好的施工性能，易打磨。

配比为：4 份 830R 底漆加上 1 份 835R 固化剂、1 ~ 2 份 AU370 快干稀释剂/3871 慢性稀释剂。罐存时间为 8h，施工中单层膜厚 25 ~ 60μm。

3）30SR 硝基底漆具有附着力强和耐蚀性强等优点，喷涂后涂面平滑，可用于各种材料的基体上，并与各种面漆相配套。既可作一般底漆，又可作二道中途底漆，它能消除腻子砂孔和砂纸打磨痕迹，干燥迅速，干燥后打磨性能良好。施工中以 1 份 30SR 底漆加上 2 份 368S/AD345 稀释剂，一般喷涂 2 ~ 3 层即可达到质量要求。间隔 5min，即可打磨。

（2）美国 PPG 公司底漆

1）D831 达壮 1+1 快干底漆是一种不含铬酸盐的双组份底漆，与 D832 或 D833 硬化剂配合使用。可广泛地使用于钢材、铝、锌、电镀板及原厂漆和其他旧漆，以增加其附着力。

其使用时配比为：一般状况时，D831 达壮 1+1 快干漆 1 份，加上 D832 快干硬化剂 1 份；湿度高时，D831 达壮 1+1 快干底漆 1 份，加上 D833 快干硬化剂 1 份。混合后 24h 内使用完毕。在旧漆膜上使用时，应先轻喷一次，以防止漆膜起皱。施工中共喷涂 2 ~ 3 层，间隔 5min。干燥 30min，即可研磨喷涂 PPG 达壮双组分面漆。

2）D834、DP40 环氧底漆为双组份环氧底漆，可直接喷涂于金属及旧漆表面，也可作塑料底漆，有良好的密封性。

在使用中的配比为：D834、DP40 环氧底漆 1 份，加上 D835、DP40 催干剂 1 份，混合后 48h 以内使用完毕。施工中共喷涂 2 ~ 4 层，不粘尘时间为 15min，即可喷涂任何 PPG

面漆。

3）D836/D838 高霸 5+1 底漆有很强的附着力和全面封盖旧漆的能力。D836 为黄色、D838 为白色，能调合成喷灰、底漆、中途漆和湿碰湿中途漆等不同底漆。

D836/D838 高霸 5+1 底漆在使用的配比为：喷灰，高霸 5 份，D802 为 1 份；底漆，高霸 5 份，D802 为 1 份，稀释剂 0.5 份；中途漆，高霸 5 份，D802 为 1 份，稀释剂 1 份；湿碰湿中途漆，高霸 1 份，D802 1 份，稀释剂 1 份。在施工中，喷灰共喷涂 4 层，漆膜厚一般不超过 100μm，干燥时间短；底漆共喷涂 3~4 层，漆膜厚一般不超过 100μm，干燥时间约 5h；中途漆共喷涂 1~2 层，漆膜厚 40~80μm，干燥时间约 3h；湿碰湿中途漆共喷涂 1~2 层，漆膜厚 15~30μm，干燥时间 15min。

4）D839 达壮 4+1 双组份多用途底漆含有特殊的颜料，能防锈，保护底材，增加面漆的性能。耐酸碱、耐湿热、耐候性极佳。用于钢铁制品或新车涂膜等有非常优良的附着力。能调和成喷灰、填充底漆、免磨中途漆、湿碰湿封底中途漆和高光泽或着色底漆使用。为了在钢板表面达到最佳的耐蚀效果，最好先喷 1 层 D831 1+1 快干底漆。

D839 达壮 4+1 双组份多用途底漆使用中的配比为：喷灰，D839 多用途底漆 4 份，D802 硬化剂 1 份；填充底漆，D839 多用途底漆 4 份，D802 硬化剂 1 份，D808 快干稀释剂 1 份；免磨中途漆，D839 多用途底漆 4 份，D802 硬化剂 1 份，D808 快干稀释剂 2 份；湿碰湿封底中途漆，D839 多用途底漆 4 份，D802 硬化剂 1 份，D808 快干稀释剂 2.5 份；高光泽或着色底漆，D839 多用途底漆 1 份，D800 清漆 1 份，D802 硬化剂 1 份，D808 快干稀释剂 1 份。当作为可调色中涂底漆使用时，可加入 10%左右的 DG 面漆色母，调配出与面漆基本一致的颜色，以提高面漆的遮盖力，避免造成色差。同时可减少面漆的使用量，避免面漆喷涂过厚。但所用的固化剂必须与面漆所用的固化剂相同，即漆基也要求相同。施工中，喷灰共喷涂 4 层，漆膜厚 240μm；填充底漆共喷涂 2~3 层，漆膜厚 120μm；免磨中途漆共喷涂 1~2层，漆膜厚 70μm；湿碰湿封底中途漆喷 1 层，漆膜厚 25μm；高光泽或着色底漆喷涂 1~2层，漆膜厚 15~30μm。另外，在施工中必须注意，D839 多用途底漆对湿气、水分极为敏感。所以在作业前要注意控制工作环境湿度在 80%以下，且工具必须干燥。

5）D815、D816 达壮底漆是塑料专用底漆，是塑料的附着力促进剂。D815 是非常特殊的附着底漆，有良好的附着力，应用于 PP/EPDM、PEP 等材料的打底（D834 1+1 塑胶底漆适合所有塑料产品的打底）；D816 适用于所有 PUR/RIM 的打底。D815 与 D816 不须加入任何稀释剂，只要摇晃均匀，即可直接喷漆。D815 只要薄喷 1~2 次即可，它是黑色的，所以很容易发现是否施喷均匀，干燥 5min（20℃）后即可喷面漆；D816 一般喷涂 1~2 层，干燥 40min（20℃）就可喷面漆，但不要超过 2h。在 PP/EPDM 和 PEP 上，如果要达到较厚的漆膜，可用湿对湿法，先喷 2 层 D815，然后再喷 2 层 D816，干燥 40min，即可喷面漆。

（3）德国巴斯夫公司底漆　德国巴斯夫公司以生产鹦鹉牌汽车漆著称于世。其主要底漆如下：

1）286-16 热敏性隔绝底漆为双组份底漆，具有极佳的防锈能力，可增强底漆与中涂漆之间的附着力，使面漆喷涂后发挥最佳效果。该产品特别适用于气候突变的环境，并可当中涂漆使用。

配比为：285-16 底漆 4 份，929 底漆用固化剂 1 份，352-91 中速稀释剂 1 份。

2）285－60 高浓度全天候中涂层底漆为高固体成份聚氨酯涂料，是为汽车喷涂水磨施工特制的产品。具有极佳的遮盖力和填充性，可作厚膜喷涂，不易起砂纸及灰印，具有抗缩光功能。打磨容易，烘烤时间短。若配以快干固化剂，不烘烤也能达到满意效果，适用于流水作业及快速修补工件。

配比为：285－60 底漆体积分数 100%，929－28/2 或 929－71 加 929－73 固化剂体积分数 25%，325－50 或 352－91 加 352－216 稀释剂体积分数 25%。

3）285－95 填充及可调配颜色（高浓度）底漆是最新的高浓度双组份产品，独具填充及可调配任何颜色等功能。可按比例加入 21－系列或 22－系列色系调配，能增强施喷金属漆及珍珠漆的遮盖力，并可作中涂层漆使用。

285－95 底漆混合液（甲）配比为：285－95 底漆体积分数 100%，加 21－系列或 22－系列体积分数 50%；混合液（甲）体积分数 100%，加 929－28/2 或 929－71 加 929－73 固化剂体积分数 25%，再加 352－50 或 352－91、352－216 稀释剂体积分数 25%。

4）934－0 塑料专用单组份透明底漆对塑料基体有增强附着力的作用，能确保面漆耐久附着，可解决一般常遇到的漆膜从塑料基体脱落的问题。

施工时采用喷涂法，不需加任何稀释剂或助剂，仅需喷涂单层底漆即可。

（4）英国 ICI 公司底漆

1）英国 ICI 硝基漆产品 BELCO 底漆及中途底漆。

① P565－597 耐用侵蚀底漆（磷化底漆），能为钢铁、铝材、白铁皮、镀锌铁板等提供良好的附着力和防锈能力，是一种极佳的防锈底漆。固化液为 P275－61 磷化底漆固化液，1∶1配比，调配后 10min 才可使用。施工中只需喷涂一层，便有足够的功能，不需打磨，可直接喷涂其他底漆三层。但是，不能喷涂在原子灰及原子喷灰以下，以免影响附着力。

② P082－28 防浮红底漆，主要用于旧漆中红色颜料透现（俗称反红）。配比为 1 份防浮红底漆对 1 份 P851－804 硝基漆稀释剂。施工喷涂两层，不需打磨，且必须直接喷涂三层二道底漆遮盖。如打磨二道底漆露底时，则必须重喷防浮红底漆。

③ P084－700（灰色）、P084－800（黄色）风干中涂底漆为单组份多用途二道底漆系列，是丙烯酸及硝基树脂的混合产品。提供轻微填充性，附着力强，并能提高面漆明亮度，漆膜平滑、易干、打磨容易。适用于钢铁、铝材及玻璃纤维表面底漆，适用原厂底漆配件及彻底打磨后的旧漆层涂底漆，是与硝基漆、双组份烘漆等面漆的理想搭配。因此，该系列底漆既可作一般底漆，也可作二道底漆和末道封闭用漆。

P084－700（或 800）与 P851－396 底漆稀释水的配比为 1∶1。施工中共喷涂三层，每层相隔约 10min，最低漆膜厚度为 50～60μm。

2）英国 ICI 2K 双组份底漆及中涂底漆。

① P565－668 透明底漆（特殊粘附性底漆）附着力好，对全车改颜色的新车尤为适用。整车外涂时，能避免门柱内侧因贴护疏忽带来瑕疵。对刮腻子（原子灰）处封隔也有奇效，能节省大量前处理所需工序。还可在透明底漆内渗入体积分数为 50% 的 2K 色母，以作底色或珍珠底色使用。

配比为：透明底漆 2 份，P210－925/6 2K 高浓度催干剂 1 份，P850－1492/4 2K 稀释剂体积分数为 30%～40%。施工中共喷涂两层（不用打磨），自干 20～30min，即可施喷面漆。

② P595－777 超能免磨底漆，能减少喷涂层数，节省用料，提供极佳的附着力及防锈

能力，提高面漆的明亮度。作为2K免磨底漆，它能提供湿碰湿的快速喷涂工艺，使用容易，漆膜平滑、易干、坚固耐用。用于完好漆膜喷涂时，能节省大量的打磨及前处理所需的工序，可直接喷涂于完好的旧漆表面、原厂漆及2K漆膜上，更可用于塑料工件上。

配比为：P595－777超能免磨底漆2份，P210－925/6 2K高浓度催干剂1份，P850－1492/3/4 2K稀释剂体积分数约30%～40%。施工中喷涂两层，无需打磨，自干20～30min后，即可施喷面漆。但在干燥时间超过30min时，需烘干后重新打磨，方可作面漆喷涂。

③ P565－888 2K快速厚膜底漆，漆膜较厚，可减少施喷层数，节省用料，提供极佳的附着力、防锈能力及填充等功能，可提高面漆的明亮度。特别为2K烤漆而设计，配合使用，效果完美。适用于钢铁、铝材、彻底打磨后的完好旧漆、玻璃纤维（注意清除脱模剂）、原厂底漆配件等。但不适用于丙烯酸漆及可溶性漆膜面（硝基漆）作局部小修补，以免边口显现。如在硝基漆表面喷涂2K底漆，必须要整件工件喷涂，以免产生边口显现等毛病。

喷灰（腻子）配比为：P565－888 2K快速厚膜底漆4份，P210－926/5 1份，P850－1492/3/4体积分数5%～10%；

二道底漆配比为：P565－888 2K快速厚膜底漆4份，P210－926/5 1份，P850－1492/3/4体积分数20%～40%。

施工中喷涂三层［烘干时间30min（60℃），自干时间约2～3h（20℃）］。施喷打磨指示层以达到完美的打磨效果。

3）英国ICI塑料底漆。

① P565－777超能免磨底漆与P100－2020柔软添加剂配合，为PUR聚氨酯类塑料件和泡沫型塑料提供良好的附着力，还具有防止龟裂的性能。

配比为：先将2份P565－777和1份P100－2020混合，再将上述混合物2份、P210－925 1份、P850－1491/2体积分数30%～40%调配而成，施工中喷涂二层。干燥15～20min后，方可作面漆喷涂。注意，面漆必须加适量的柔软剂。

② P565－660幼粒珠纹底漆和P565－768粗粒珠纹底漆，适用于有花纹的塑料工件修补。使用比例按照2K防撞杆颜色配方（一般体积分数约为30%）。混合颜色后再调配如下：色漆2份，P210－925/6 1份，P850－1491/2/3体积分数10%～20%。

（5）荷兰新劲公司底漆

1）新劲塑料底漆，为透明单组份快干型、具有高附着力的媒介性底漆，用作修补车身塑料配件，增加塑料与漆膜间的附着力（不适用于纯PP及PE塑料），不用混合即可施喷。施工中湿喷两层，干燥20min（在20℃温度下）后，即可喷涂各种面漆。修补软性塑料时，应先把新劲调和柔软剂与面漆混合，避免喷涂后漆膜干裂。

2）新劲防护绿底漆，为双组份环氧树脂防护底漆，可保护车身免受化学物品腐蚀或锈蚀，同时对高密度金属有极佳的附着力，也可作原子灰与金属间的粘贴层。干燥后表面极平滑易磨，为高级轿车的底漆。用于旧漆膜类（不包括热塑漆）、铝、镀锌铁板、不锈钢、钢材或原子灰类产品表面。

配比为：防护绿底漆100份，防护绿底漆催干剂50份，稀释剂30份（混合后在8h内用完）。施工中湿喷2～3层，干燥时间约为5h（在20℃温度下）。干燥后可直接喷涂新劲各类面漆或涂原子灰。如用作原子灰与金属间的粘贴层时，可用刷涂。

3）合金底漆为双组份半透明媒介性底漆，含磷酸成份，能侵蚀进金属的表层，附着力极强，可作为高密度金属与涂膜之间的粘着媒介，有极佳的防水及耐蚀性能。适用于钢材、镀锌铁板、铝、不锈钢等金属表面。

配比为：合金底漆 1 份，合金底漆催干剂 1 份（混合后在 8h 内用完）。施工中湿喷一层即可，干燥时间为 15mim（20℃温度下），漆膜厚度 4 ~ 8μm。干燥后，可在 24h 内直接喷涂新劲 3 + 1 喷灰、590 底漆、680 底漆或套装烤漆。但是原子灰类产品不可直接涂于合金底漆表面。

4）920 和 930 底漆喷灰为双组份底漆喷灰，填补力强，也可在低温下施喷。附着力强，密封度高，干燥时间快，平滑易磨，不含异氰酸毒素，VOC 含量符合世界环保标准。用于旧漆膜（包括热塑漆）、各类底漆及原子灰、钢铁或铝材的表面（920 和 930 催干剂不可混合使用）。

配比为：920（930）底漆喷灰 100 份，920（930）催干剂 50 份。本品为浅灰色，如有需要也可加入不超过体积分数 10%的套装烤漆，以配合面漆颜色。在加入颜色后，再加入体积分数总数 50%的 920（930）催干剂。施工中湿喷 2 ~ 3 层，干燥时间（可打磨）为 2 ~ 2.5h（在 20℃下），干燥后可直接喷涂新劲各类面漆。

5）680 底漆，是单组份多用途、快干、易磨底漆。填补经砂纸打磨后留下的痕迹或轻微凹痕，并起隔离作用。用于旧漆膜（包括热塑漆）、钢材、新劲各原子灰、漆灰及底漆表面。不适用于高能钢、不锈钢、铝材、镀锌铁板等。

配比：680 底漆 100 份，稀释剂 100 份。湿喷 2 ~ 3 层，干燥时间（可打磨）30min 左右（在 20℃下）。干燥后可直接喷涂新劲各类面漆。如果需要加强金属的耐蚀性能及与 680 底漆间的附着力，可先喷上一层合金底漆或 590 底漆。

6）590 侵蚀底漆是不含锌铬的双组份隔离性及填补性侵蚀底漆，含磷酸成份。干燥后平滑易磨，为敏感性漆膜提供极佳的隔离层。用于旧漆膜（包括热塑漆）、钢材、新劲原子灰或漆灰类产品的表面（铝材不适用）。

配比为：590 底漆 1 份，590 底漆催干剂 1 份（混合后 3 天内用完）。施工中湿喷三层即可（如喷涂于热塑漆时，应先薄喷一层），干燥 20min 即可上漆灰，1h 后可打磨（在 20℃下）。干燥后可涂上绿漆灰、各种新劲底漆（防护线底漆除外），或者直接喷涂新劲各类面漆。原子灰不可直接涂于 590 底漆表面。

## 任务三　熟知汽车原子灰

### 任务目标

了解汽车原子灰的种类和用途。

### 一、任务

熟知汽车各种原子灰，如图 4 - 11 所示。

## 二、相关知识

**1. 国产常用汽车原子灰**

(1) C07-5各色醇酸原子灰 C07-5各色醇酸原子灰为属常温自干型原子灰，是醇酸树脂、颜料、较大数量的体质颜料混合研磨后，加入适量催干剂及有机溶剂配制而成的均匀膏状物。涂层坚硬，附着力好，但注意涂层不易太厚，以免影响干燥而不易打磨。适用于中级轿车和旅游客车用。C07-6灰醇酸原子灰由酚醛改性醇酸树脂、颜料、体质颜料、催干剂和松节油配成。自干性、耐水性、防潮性和打磨性良好，耐硝基漆，适用于填嵌湿热带车辆。

图4-11 汽车原子灰

(2) Q07-5各色硝基原子灰 Q07-5各色硝基原子灰属于快干型原子灰，是由纤维素硝酸酯、醇酸树脂、顺酐树脂、颜料、体质颜料、增塑剂和有机溶剂制成的膏状物。干燥快，附着力好，容易打磨，常用于中、高级轿车填补孔隙或喷涂第一道面漆后刮涂小砂眼。

(3) H07-5各色环氧原子灰 H07-5各色环氧原子灰属常温自干型原子灰，是由环氧酯与颜料、体质颜料、催干剂、二甲苯、丁醇等配成的稠厚液体。原子灰涂膜坚硬，耐湿热性好，与底漆有良好的结合力。经打磨后表面光滑，是高级轿车涂装的配套用料。

(4) H07-34各色环氧酯烘干原子灰 H07-34各色环氧酯烘干原子灰属烘干型原子灰，其组成性能类似于H07-5各色环氧原子灰。不同的是：H07-34必须先低温（50~60℃）烘烤30min后，再升至100~110℃下烘烤1h。常用于中、高级轿车用料。H07-37各色环氧醇酸烘干原子灰，其性能似于H07-5各色环氧原子灰。

(5) G07-3各色过氯乙烯原子灰 G07-3各色过氯乙烯原子灰属快干型原子灰，是由过氯乙烯树脂、增塑剂、颜料，体质颜料及混合有机溶剂等配成的膏状物。干燥速度较快，打磨性、耐油性良好。常用于中、高级轿车的涂装，施工时不宜来回多次重复涂刮，以免卷皮。

(6) A07-1各色氨基烘干原子灰 A07-1各色氨基烘干原子灰是由氨基树脂、醇酸树脂、颜料、体质颜料、催干剂和有机溶剂配成的浅灰色膏状物，也属烘干性原子灰。对底漆附着力强，干燥后易打磨，不起卷。

**2. 常用进口汽车原子灰**

(1) 新劲公司原子灰

1) 原子粗灰系双组份聚酯原子灰，有极高的填补力，可作底层原子灰，适合填补较大面积的凹痕及不平滑的金属表面。用于钢面或防护绿底漆表面，快干易磨。

配比为：100份原子粗灰加2.5份相配的催干剂。必须在3~4min内用完，施工后15min（在20℃）即可打磨。

2) 动滑原子灰系双组份最微细的原子灰，适用于钢面或防护绿底漆表面，以及原子粗灰、纤维原子灰、金属原子灰、轻质原子灰及合金原子灰的表面层，填补凹痕及不平滑的金属表面。

配比（质量分数）：100份动滑原子灰，1份、2份或3份相配催干（固化）剂。加1份时需在 20min 内用完；加 2 份时需在 11min 内用完；加 3 份时需在 7min 内用完。可打磨时间，1 份为 50min，2 份为 40min，3 份为 30min。

3）纤维原子灰系双组份高纤维原子灰，适用于修补车身上直径不超过 6cm 的锈孔。

配比为：100 份纤维原子灰，2.5 ~ 3 份相配催干（固化）剂，必须在 12 ~ 15min 内用完。施工中，将铁锈除去后，把锈孔边缘磨成 45°角。然后涂上纤维原子灰，50min 后即可打磨。

4）金属原子灰是含有铝粉的高填补力、快干的双组份原子灰。填补凹痕及不平滑的钢面或防护绿底漆的表面，提供硬度极高的填补层。

配比为：100 份金属原子灰，2.5 份相配催干（固化）剂。必须在 3 ~ 4min 内用完，15min 即可打磨。但在热塑漆、塑料底漆、侵蚀底漆及合金底漆表面不适用。

5）合金原子灰系双组份高填补力原子灰，配方特殊，附着力极强，可直接使用于高密度的钢、镀锌钢、铝或防护绿底漆的表面。

配比为：100 份合金原子灰，2 份相配催干（固化）剂，必须在 3 ~ 4min 内用完。施工后 20min 即可打磨。但在热塑漆、侵蚀底漆及合金底漆表面不适用。

6）填沙眼红漆灰，特别适用于修补亚加力喷漆系列使用的单组份漆灰，填补旧漆膜或底漆表面的细小花痕或沙眼，不用混合即可使用。施工中用灰刀涂上 1 ~ 3 薄层，45min 后即可打磨。

7）填沙眼绿漆灰，是快干、精细平滑的单组份漆灰，填补车身底漆、原子灰或旧漆膜表面的细小划痕或沙眼用，不用混合即可使用。施工中用灰刀涂上两薄层，每层间隔 15 ~ 20min 后即可打磨。

（2）ICI 公司原子灰

1）P551 - 1050 原子灰（原子灰）是双组份原子灰，用于填补较深凹的原厂高温烤漆（丙烯酸漆除外）、裸金属、钢、铝及非溶性修补涂料。

配比为：100g 原子灰，2 ~ 4cm（长度计）P275 - 200 固化剂。原子灰在施工中不能配制太多，必须在 7 ~ 10min 内用完。打磨后，必须喷涂三层二道底漆遮盖。但原子灰在侵蚀底漆和可溶性修补涂料表面不适用。

2）P551 - 1052 原子灰（万能原子灰）是双组份万能原子灰，它是特殊的配方，附着力极强。除用于裸金属、钢铁等表面，尤其适用于镀锌铁板及铝板表面。

配比为：100 份原子灰，2 份 P275 - 200 固化剂。原子灰在施工中不能配制太多，必须在 7 ~ 10min 内使用完。施工 1h 后，即可打磨（雨季及低温环境中干燥时间较长）。打磨后须喷涂三层二道底漆遮盖。

3）P551 - 1059 原子灰（幼粒原子灰），可作原子灰填补层的最面层，填补车身底漆、原子灰或旧漆膜表面的细小划痕或沙眼。用于原厂高温烤漆（丙烯酸漆除外）、裸金属、钢、铝及非溶性修补涂料（镀锌铁板除外），但可溶性修补涂料表面（如硝基漆，丙烯酸漆，TPA 及醇酸漆等）不适宜。

配比为：100g 原子灰，2 ~ 4cm（长度计）固化剂。原子灰在施工中不能配制太多，必须及时用完。为避免日后可能出现“热痱”，打磨后必须喷涂三层二道底漆遮盖。

4）P083 - 60 白色填眼灰（小灰）是单组份原子灰，能填补轻微划痕、针眼、砂眼及砂纸纹等。P083 - 60 原子灰不用稀释，在施工中极易打磨。如小面积打磨后，可直接喷涂面漆；如大面积打磨后，必须重喷二道底漆遮盖。

（3）PPG公司原子灰

1）A656/A663多用途聚酯原子灰是高级双组份聚酯原子灰，适用于镀锌板、不锈钢、铝及玻璃钢在内的各种基底材料。A656为标准型，A663为慢干型，适用于大型车辆及高温天气。

配比为：100份A656，1.5~2.0份A665固化剂（20~30℃下），注意必须在5~10min用完。施工后20~30min后，即可打磨。

2）A659轻型聚酯原子灰是低密度双组份聚酯原子灰。适用于裸金属、喷漆底漆及玻璃钢表面。

配比为：100份A659原子灰，1.5~2.0份A665固化剂（20~30℃），注意必须在5~10min用完。施工后20~30min后即可打磨。

3）A661标准聚酯原子灰是普通型双组份聚酯原子灰。适用于裸金属、玻璃钢以及其他喷漆底漆或面漆的表面。

配比为：100份A661原子灰，1份A665固化剂（20~30℃），注意必须在5~9min用完。施工15~20min后，即可打磨。

4）A662/A668聚酯喷灰系淡灰色喷灰，是双组份聚酯喷灰。适用于缺陷多以及形状不规则的表面，以减少使用传统原子灰带来的不便。

配比为：10份A662聚酯喷灰，1份A668固化剂。注意必须在20~25min用完，施工2~3h后（20℃），即可打磨。

5）A652软性塑料补土（原子灰）是双组份聚酯原子灰，与A665固化剂调配，质地细腻并具有弹性，与塑料表面具有良好的附着力。

配比为：100份A652轻性塑料补土，1.5~2.0份A665固化剂，注意必须在5~10min内用完。施工后20~30min后，即可打磨。

## 任务四　熟知汽车面漆

### 任务目标

1. 了解汽车面漆的种类。
2. 掌握各类面漆的性能和用法。

### 一、任务

熟知汽车面漆，如图4－12所示。

### 二、相关知识

**1. 国产常用汽车面漆**

（1）醇酸磁漆　醇酸磁漆常用于公共汽车的外表及车内装饰。常用的品种有：C04－2各色醇酸磁漆，由醇酸树脂与颜料研磨，加催干剂、溶剂调成。耐候性、光泽度和机械强度良好；C04－42各色醇酸磁漆，由改性季戊四醇树脂与颜料研磨，加催干剂、溶剂调成。耐

图 4-12 汽车面漆

候性、附着力、机械强度较好；C04-48 各色醇酸磁漆，由改性醇酸树脂与颜料研磨，加催干剂、溶剂调成。漆膜坚韧光亮，颜色鲜艳，耐候性、耐油性、耐湿热性良好，对金属附着力优良，有一定的耐水性。

在醇酸磁漆的施工中，应以喷涂为主，可用 X-6 醇酸稀释剂调整，粘度为 25s（涂-4 粘度计）左右，喷涂压力约为 0.4～0.5MPa，喷涂 2～3 层即可达到理想效果。由于醇酸磁漆干燥较慢，喷涂间隔时间约 20min（在 20℃时）。施工时，应注意喷枪移动速度、出漆量及重叠幅度，以防止产生漆膜流挂。

（2）硝基磁漆　硝基磁漆属于溶剂型快干磁漆。常用的品种有：Q04-2 各色硝基外用磁漆，也称汽车外用磁漆，由纤维素硝酸酯、油改性醇酸树脂、氨基树脂、颜料、增塑剂、溶剂组成；Q04-31 各色硝基磁漆，由纤维素硝酸酯、有机硅改性椰子油醇酸树脂、氨基树脂、增塑剂、颜料、溶剂组成。漆膜光亮平滑，耐候性好，耐温变性及机械强度较好；Q04-34 各色硝基磁漆，由纤维素硝酸酯、丙烯酸改性醇酸树脂、氨基树脂、增塑剂、颜料、溶剂组成。漆膜干燥快，硬度高，磨光性好，附着力、耐候性和耐油性较好。

施工时应以喷涂为主，用 X-1 硝基漆稀释剂稀释，粘度为 18～23s（涂-4 粘度计）左右，喷涂压力约为 0.4～0.55MPa。施工时，压力太大易造成漆雾飞散，使漆膜粗糙无光；压力太小时，又易造成雾粒太粗，漆膜出现流淌、流挂，喷涂层数为 6～8 层。如果发现漆膜发白，可适当加入 F-1 硝基漆防潮剂或用体积分数为 50% 的乙酸丁酯或体积分数为 50% 的丁醇配成的混合剂调整，两次喷涂间隔以 10min 左右为宜。配套品种有 Q06-4 红灰硝基底漆、Q06-5 灰硝基二道底漆、C06-1 铁红醇酸底漆。腻子为 Q07-5 硝基、C07-5 醇酸。清漆有 Q01-1 硝基外用清漆和 Q01-3 硝基清漆。

（3）过氯乙烯磁漆　过氯乙烯磁漆是溶剂型快干三防磁漆。常用品种有 G04-9 各色过氯乙烯外用磁漆，由过氯乙烯、醇酸树脂、增塑剂、颜料及溶剂组成。漆膜平整光亮，干燥速度快，能打磨，耐候性和耐化学腐蚀性能良好。

施工中采用喷涂法，用 X-3 过氯乙烯稀释剂稀释，粘度为 16～18s（涂-4 粘度计）左右，气温较高时喷涂易产生“拉丝”现象，可加适量 F-2 过氯乙烯防潮剂或环已酮即可消除。干燥速度稍慢于硝基漆，易产生表干快、实干慢，因此在施工中要防止揭皮现象。漆膜如在 60℃时烘 1～3h，可增强漆膜的附着力。

（4）丙烯酸烘漆　丙烯酸烘漆是一种通过加热烘烤干燥的外用漆，能较好地与多种底漆、腻子配套，广泛应用于轿车面漆。常用品种有 B04－54 各色丙烯酸烘干磁漆，由含羟基的甲基丙烯酸共聚树脂、氨基树脂、颜料、溶剂组成。漆膜丰满坚硬，平整光亮，附着力好，具有防腐、防潮、防霉性和保光性，保色性良好。与环氧电泳底漆配套的清漆有 B01－31、8252、8252A 丙烯酸清烘漆；8151 各色丙烯酸烘漆，由带羟基的丙烯酸树脂、三聚氰胺甲醛树脂、颜料及溶剂组成。漆膜坚韧耐磨，耐候性和附着力好，遮盖力强。常与 8152 丙烯酸清烘漆配套，可增强漆膜的光泽和防潮、防腐、防霉能力。底漆用 H06－2 铁红环氧酯底漆；8252 各色丙烯酸烘漆，由带羟基的丙烯酸树脂、三聚氰胺甲醛树脂、颜料、溶剂组成。漆膜坚韧耐磨，不易泛黄、变色，耐候性和保光性优良，耐酸碱性较好。配套品种底漆用铁红环氧酯底漆或电泳底漆。清漆采用 8252 或 8252A 丙烯酸清漆。

上述丙烯酸烘漆在较高温度下，成膜的高分子物质之间起交联反应而固化成膜。施工时，将被涂抹在裸露的金属物面先进行表面处理，黑色金属宜进行磷化处理，铝合金可采用阳极氧化或铬酸钝化，以增加附着力和耐久性。用丙烯酸烘漆稀释剂或二甲苯与丁醇为 7∶3 的混合溶剂稀释。施工粘度以 23～28s（25℃）左右为宜，喷涂后应在室温放置 5～10min，待溶剂挥发一部分，再进入烘房预热、加热、保温，使漆膜干燥。

（5）聚氨酯磁漆　聚氨酯磁漆是双组份涂料，常用品种有 7182 各色聚氨酯磁漆，由含羟基聚丙烯酸酯与颜料混合研磨后，加入有机溶剂配制而成。施工时与 H－5 聚氨酯漆固化剂按 6～8∶1 的比例配套使用。漆膜丰满光亮，附着力强，硬度高，保光性、保色性、耐磨性好。

聚氨酯磁漆一般只需喷涂两层即可达到理想效果，因此深受漆工欢迎。施工方法采用喷涂，用 7002 聚氨酯稀释剂稀释，粘度以 18～20s 为宜。喷涂前，必须喷涂一层硝基二道底漆或 7609 铁红聚氨酯底漆；也可在其他底漆上喷涂一层硝基磁漆作为涂底漆漆层。经打磨后再喷涂聚氨酯漆。操作时，喷枪离物面约 25～30cm，移动速度需稍快于硝基漆，压力约为 0.4～0.5MPa。聚氨酯磁漆干燥较慢，表面干燥 1h，实际干燥约 36h，因此施工周围环境必须清洁无尘。

**2. 进口常用汽车面漆**

（1）美国杜邦公司汽车喷漆系列

1）利赛 400。利赛 400 是新一代纯丙烯酸单组份自干型汽车修补涂料，有素色、金属色和珍珠色等品种。具有容易施工和快速干燥的优点，以及烘漆一样的颜色和光泽保持性、耐候性，是取代传统的硝基漆和醇酸漆的首选产品。

配比为：利赛 400 素色漆 1 份，AD345 慢干稀释剂或者 3608S 快干稀释剂 1 份。喷涂粘度为 13～15s，喷涂压力为 0.3～0.4MPa，喷涂 3～5 层，每层隔 5～10min，大喷 24h，修补 4h 后即可打蜡抛光；或利赛 400 金属珍珠漆 1 份，AD345 慢干稀释剂或 3608S 快干稀释剂 1.5 份，喷涂粘度为 13～15s，喷涂压力为 0.3～0.4MPa，喷涂 2～4 层，每层间隔 5～10min，静置干燥 20～30min 后，可喷涂清漆罩光。

2）先达利 500。先达利 500 是双组份烘漆，具有高度遮盖力，特别持久的色泽及光亮度，无论作为素色烘漆或单层做法的银粉漆使用，都能得到优异的效果。

配比为：先达利 500 为 2 份，加 AK210 双组份固化剂 1 份和先达利 500 稀释剂 0.5 份。

稀释剂的选择为：粘度 15～17s，涂料可使用 4～6h（20℃下），喷涂压力为 0.3～

0.4MPa，湿喷两层，每层间隔10min，60℃烘烤45min（自干12h，20℃）。

3）先达利600。先达利600是此系统最突出的涂料，可作为色漆层（银粉漆）/清漆层、双层烘漆修补用。同样可作银粉漆或素漆使用，具有用量少、施工周期短以及极佳光泽的优越性。可喷涂在所有经过清洁和砂磨的旧面漆上，以及1020R双组份底漆、810R侵蚀底漆、150/40S多用途底漆上。

配比为：先达利600 1份，加AB380快干稀释剂（15～25℃）或AB385慢干稀释剂（25～30℃）0.6～0.8份稀释，涂料粘度为15～16s，喷涂两层，每层间隔10min。如果需要，可在最后涂层后隔1～2min再细喷1次。

4）先达利6000。先达利6000是为适应现代及未来汽车颜色趋势而发展的一种省时省力的新一代双工序色漆。施工中，可根据缩微胶片上的配方调出先达利6000的漆色，以1份先达利6000与0.4份AB380快干型稀释剂（15～25℃）或AB385慢干型稀释剂（25℃以上）混合，涂料粘度为16～18s（福特4号杯），喷涂压力为0.35～0.45MPa（板面修补）或0.2～0.25MPa（局部修补），喷涂1～2层，喷漆前静置干燥15min，30min后即可装配。

5）先达利120S清漆。先达利120S清漆是标准型双组份聚氨酯清漆，广泛应用于双工序施工中。它能提供理想的表面光泽，施工工艺简单易行，含有紫外线防止剂，可保持车身颜色持久不变。

配比为：先达利120S清漆2份，加125S固化剂1份，喷涂粘度为15～16s，涂料可使用6h，喷涂压力为0.35～0.4MPa。喷涂两层，每层间隔10min，喷涂完毕后静置干燥5～10min后，60℃烘烤45min（自干9h，20℃下）。

6）先达利7600S速干性超级烘漆清漆。先达利7600S速干性超级烘漆清漆是一项新一代的产品，不需抛光就具有与众不同的高度光泽，涂膜表面平滑。施工时，对小面积、工作环境较低温度的修补，应将7600S与7655S快干型固化剂共同使用，在普通正常温度下可选用7675S普通固化剂。面对大面积、较高温度时，则应使用7695S慢干型固化剂以得到最佳效果。

配比为：7600S与固化剂以4∶1的比例混合，喷涂粘度为15～16s，涂料可使用时间为3h。由于7600S速干的特性，因此在做小修补或整片重喷时，不必做整车防涂贴纸，只要用457mm宽的防涂粘纸就足够了。如果有漆尘，可轻易地以除尘粘布除去，稍干后就撕去贴纸。由于7600S光泽度极高，因此不必用抛光粗蜡加以抛光。但万一漆面有微尘、异物或垂流时，可等4～6h后用烘漆粗蜡加以抛光处理。如果要快速干燥，可在60℃烘烤30min，再放置2h，即可进行抛光作业。如果要得到最好的效果，建议使用杜邦1500S抛光白蜡。

（2）美国PPG双组份汽车烘漆

1）达壮DG双组份高光泽低温烘漆。达壮DG双组份高光泽低温烘漆是具有高光泽，高膜厚，耐酸碱、抗化学性高的双组份面漆。漆料中高固体，适合于高级轿车、巴士及广告车的修补。

施工中标准配比为：DG色漆2份，D802标准催干剂1份，D808快干稀释剂（18℃以下）或D807标准稀释剂（18～25℃）或D812慢干稀释剂（25～35℃）或D869超慢干稀释剂（35℃以上）1份，粘度为15s。涂料可使用6～8h（20℃），喷涂压力为0.3～0.4MPa。喷涂时先轻喷一次，间隔为5min左右，湿喷第二次，间隔为10min左右，再湿喷第三次，喷涂完毕后须静置15min后进行烘烤，60℃烘烤45min，或70℃烘烤30min（自干

6h，20℃）。

如果要缩短干燥时间，每升混合好的漆料，可添加12mL（2小瓶盖）D818加速剂，这样干燥速度可加快1倍。或改用D863快干催干剂。

混合比例：DG色漆2份，D863快干催干剂1份，D808快干稀释剂（5～18℃）或D807标准稀释剂（18～25℃）1份，粘度为15s。漆料可使用3～4h，喷涂压力为0.35～0.4MPa，湿喷两层，60℃烘烤20min或70℃烘烤10min即可（自干5h，20℃）。当温度在18℃以上时，建议使用超级催干剂来做全车大喷，以达到最佳的镜面效果。

施工中，MS调配比为：DG色漆3份，超级催干剂1份，稀释剂1份。其中超级催干剂与稀释剂的选择见表4－1。

**表4－1 超级催干剂与稀释剂的选择**

| 温度 | 超级催干剂 | 稀释剂 |
|---|---|---|
| 18℃以下 | D803快干 | D808快干 |
| 10～25℃（18~25℃） | D841标准 | D807标准 |
| 25℃以上（25~35℃） | D861慢干 | D812慢干 |
| 35℃以上 | D861超慢干 | D869超慢干 |

其中，粘度为17～18s，漆料可使用6h（20℃下），喷涂压力0.3～0.4MPa。喷涂时，先一般喷法喷一次，间隔10min。再湿喷一次，静置15min。待部分溶剂挥发，再加温60℃烘烤45min，或70℃烘烤30min（自干20h，20℃）。

另外，施工中小面积修补后，在修补的邻接处，总会留下喷漆的痕迹，可用DG接口剂D868处理，只要在边缘（新漆与旧漆交接处）喷上一道即可将修补痕迹消除。

2）达壮BC双工序色漆。达壮BC双工序色漆是单组份底色漆，在施工中是二层涂装，先喷完素色漆与银粉漆后，再喷上清漆。干燥后，漆膜具有高光泽的镜面效果和优越的耐候性，适合于高级轿车、巴士和商用广告车的修补。

BC色漆在施工中的稀释比例为：BC色漆1份，稀释剂1份（不要加入催干剂，部分塑料制品的施工除外），其中稀释剂的选择见表4－2。其中粘度为15s，喷涂压力为0.3～0.4MPa。喷涂时，先以一般喷法喷第一次，间隔10min后。再以一般喷法喷第二次，最后再轻喷第三次。如此喷法，银粉直立而闪亮。达壮BC色漆不须烘烤干燥，干燥后经15min（不要超过24h），就可喷涂清漆。

**表4－2 稀释剂的选择**

| 温度 | 稀释剂 |
|---|---|
| 18℃以上 | D808快干 |
| 18～25℃ | D808快干 |
| 25℃以上 | D807标准 |

3）达壮D800清漆。达壮D800清漆是双组份清漆，为达壮BC双工序色漆的配套清漆。干燥后，漆膜具有高光泽的镜面效果。

标准调配比为：达壮D800清漆1份，D802标准催干剂1份，D808快干稀释剂（18℃

以下），或D807标准稀释剂（18~25℃），或D812慢干稀释剂（25℃以上）1份。粘度为15s，漆料可使用8h（20℃），喷涂压力为0.4MPa。喷漆时先浅喷一次，间隔5min，再以一般喷法喷第二次，间隔10min，再湿喷第三次。喷涂后静置15min，待部分溶剂挥发后，再加温至60℃烘烤45min，或70℃烘烤30min（自干20h，20℃）。

如果要缩短干燥时间，每公升混合好的漆料，可添加12mLD818加速剂，这样干燥速度可加快一倍，或改用D863快干催干剂，配比和操作方法同DG低温烘漆。当温度在18℃以上时，建议使用超级硬化剂来做全车大喷，以达到最佳的镜面效果。

在施工中，MS调配比为：D800清漆3份，超级催干剂1份，稀释剂1份。其中，超级催干剂与稀释剂的选择见表4-1。

其中粘度为17~18s，漆料可使用6h（200℃），喷涂压力为0.4MPa。喷涂时第一次以一般喷法，间隔10min，再湿喷第二次。喷涂完毕后静置15min，待溶剂部分挥发，进行烘烤。60℃烘烤45min，或70℃烘烤30min（自干20h，20℃）。

4）达壮D8180双组份高膜厚超级清漆。达壮D8180双组份高膜厚超级清漆是由特殊配方（高级树脂）提炼而成的双组份低温烘漆。有高膜厚、高光泽优异的镜面效果，且抗化学性、耐候性、光泽度性能好，使用在达壮BC系列二层涂装的色漆层上。

施工中调配比为：达壮D8180高膜厚超级清漆2份，超级催干剂1份，稀释剂0.5份。其中超级催干剂与稀释剂的选择见表4-1。

在以上施工中，漆料可使用3h（20℃），粘度为17s，喷涂压力为0.4MPa。喷涂时先轻喷一次，间隔10~15min，再湿喷第二次。烘烤前须静置15min，待溶剂挥发再以60℃烘烤45min，或70℃时烘烤30min（自干20h，20℃）。要缩短干燥时间，可更改使用D863补修用快干催干剂。

配比为：D8180清漆2份，D863加速催干剂1.5份，D808快干稀释剂（18℃以下）或D807标准稀释剂（18~25℃）0.5份。漆料可使用1.5h（20℃），粘度为16s，喷涂压力0.35~0.4MPa，喷两道，60℃烘烤30min（自干12h，20℃）。达壮D8180高膜厚超级清漆喷好后，要除去小砂粒、小流痕等缺陷。可在烘烤干燥冷却后，或自干8h（20℃），用P1200砂纸磨平，随后打蜡抛光。

（3）英国ICI汽车喷漆系列

1）P030-BELCO单工序硝基纯色磁漆系列。此系列是丙烯酸纤维素硝酸酯型漆，漆膜光亮鲜艳，遮盖力强，并可喷涂在其他硝基型面漆上。在施工中，用P850-804稀释剂稀释，配比为1:1，喷枪压力为0.31~0.39MPa，喷涂2~3层，每层间隔5~10min，表干约5~10min，打蜡抛光建议在过夜干燥后进行。当气温在30℃以上，或者相对湿度超过85%时，应在漆料中增加适量的P851-727化白水（防潮剂），这样能改善涂膜的流平性和防止涂膜发白。

2）P032-BELCO二工序硝基底色漆系列。P032-BELCO二工序硝基底色漆系列包括二工序银底色漆、三工序纯底色漆、二工序珍珠色漆、三工序珍珠色漆，也属于丙烯酸纤维素硝酸酯型漆。为面涂时提供颜色和遮盖力，施喷后表面必须罩上清漆以增加其亮度和保护层，可施喷于已作处理的底漆和完好的旧漆上。在施工中，用P850-804稀释剂稀释，配比为1 2~2.5，喷枪压力0.31~0.39MPa，喷涂一单层加一双层或三单层，每层间隔10min，静置直至银底色漆呈现均匀表面，干燥20~30min后，再施喷单组份快干清漆或双组份镜面清漆。当气温超过30℃，或相对湿度在85%以上时，应在漆料中添加适量的P851－727化白水，以改善涂膜流平性和防止涂膜发白。

在喷涂P032系列银底色漆时要注意，底层必须用二道底漆封闭，施工过程中不能表面喷涂得过于湿润。操作中应使用洒喷法，不能像其他色漆那样需要有流平性。若漆膜产生流平，则会使金属粒子聚集，产生色差，造成金属粒子不均匀。每层间隔时间较一般较色漆长，喷枪喷幅应加大，喷幅重叠以3/4为宜。

3）P190－390快干罩面清漆。P190－390快干罩面清漆为单组份硝基型清漆，可提供面漆罩光及保护银底色漆，为P032银底色漆和纯底色漆罩光用。施工时，适合单独罩面不需稀释，如必须，则可加入少许稀释剂。若温度太高或相对湿度太大，可加入化白水P851－727，体积分数约为5%～10%。P190－390只能作为罩光清漆，不能与其他漆混合使用，或与其他清漆混合罩光，以免产生龟裂或咬边等现象。施工时，喷枪压力为0.24～0.28MPa，喷涂一单层及二双层漆，每层间隔约10min，表干约10～15min，打蜡抛光建议在过夜干燥后进行。

4）P420－2K纯色漆系列。P420－2K纯色漆系列是双组份低温烘漆。作为2K单工序面涂纯色漆，只需湿喷二道就能提供极佳的遮盖力和光亮度。如果配合不同的温差而使用适当的2K稀释剂，则效果更为完美。

在施工中配比为：P420－2K纯色漆系列2份，P210－925－2K高浓度催干剂（冬天应在25℃以下）或926－2K高浓度催干剂（夏天应在25℃以上）1份，P850－1491－2K稀释剂（18℃以下），或1492－2K稀释剂（15～25℃），或1493－2K稀释剂（25～35℃），或1494－2K稀释剂（35℃以上）5%～15%。喷涂压力为0.35～0.42MPa，喷涂两层或一次单层加一次双层，每层间隔10min，60℃烘烤35min（自干16h，20℃），打蜡抛光建议在过夜干燥后进行。

5）P421－2K单工序金属色漆系列。P421－2K单工序金属色漆系列是双组份低温烘漆，作为2K单工序面涂金属色漆型（银粉漆），必须喷涂4～5层方能提供遮盖力和光亮度。

配比为：P421－2K单工序金属色漆系列2份，P210－925－2K高浓度催干剂1份（25℃以下），P850－1491－2K稀释剂（15℃以下），或1492－2K稀释剂（15～25℃），或1493－2K稀释剂（25～35℃），或1494－2K稀释剂（35℃以上）体积分数为30%～40%，喷涂压力为0.36～0.42MPa，喷涂三次单层加一次双层，每层间隔10min，烘烤60℃，35min（自干16h，20℃），打蜡抛光建议在过夜干燥后进行。

6）P190－625皇牌清漆。P190－625皇牌清漆是双组份2K面涂清漆，施喷于2K底色漆系列上，用作提供保护性、耐久性和光亮度。2K皇牌清漆，只需湿喷二层就可得一极为光滑明亮的面清漆效果，如果配以体积分数20%的2K稀释剂而湿喷三层，则可增加清漆的厚膜感和晶莹度，清漆在烘烤干燥后，可达到理想的硬度。

配比为：P190－625皇牌清漆2份，P210－925－2K高浓度催干剂（冬天25℃以下）或926－2K高浓度催干剂（夏天25℃以上）1份，P850－1491－2K稀释剂（18℃以下），或1492－2K稀释剂（15～25℃），或1493－2K稀释剂（25～35℃），或1494－2K稀释剂（35℃以上），体积分数为10%～20%，喷涂压力为0.36～0.42MPa，湿喷两层，每层间隔10～15min，60℃烘烤35min（自干16h，20℃），打蜡抛光建议在过夜干燥后进行。

（4）德国巴斯夫公司汽车面漆

1）21－纯色中浓度磁漆系列。21－纯色中浓度磁漆系列是以聚氨酯和丙烯酸树脂组合为主的双组份磁漆，适合常温自干及低温烘烤，其加温可高至80℃。该漆飘悬性特佳，漆膜光泽明亮，无起橙纹，漆色持久不变黄，无起皱现象。具有耐盐、耐湿、耐空气污染、耐恶劣气候、耐废气的特性，且面漆具有双倍的寿命。由于快干、附着力强，在较低的室温下施喷也可以达到理想的效果，能节省能源，缩短施工及装配周期。

施工中配比为：21－系列磁漆2份，加929－73固化剂1份，352－91中速稀释剂，或352－216慢速稀释剂，体积分数为10%～30%。

2）22－纯色高浓度磁漆系列。22－纯色高浓度磁漆系列是以高浓度聚氨酯和丙烯酸树脂内含抗磨物混合配成的双组份磁漆。该漆除光泽度、流平性、饱满度高外，飘悬性特佳，并有优异的抗紫外线、抗高低温差及酸雨的特性。独特漆膜防撞设计，可减少汽车在高速飞驰时砂石破损漆层的情况。挥发少，排放低，为低污染的环保产品。22－纯色磁漆有28种高浓度色母，具有足够的颜色，调配出任何车辆所需色彩。施喷工作简便，配与辅助材料使用更无需烘烤，可适用于任何恶劣环境下进行工作。

施工中配比为：22－系列磁漆2份，加929－固化剂1份，352－稀释剂体积分数为10%～30%。

3）69－幻彩超观能特别珍珠色漆系列。69－幻彩超观能特别珍珠色漆系列具有特别变幻方程式，能使涂料产生各种特有变幻色彩，使视觉效果更胜一筹。在欧洲，许多汽车制造厂的许多车型都采用了此类珍珠效果漆，以满足车主的特殊要求。

在施工中配比为：69－幻彩超观能特别珍珠色漆3份，加352－91中速稀释剂1份。

4）MS923－85中浓度超级清漆。MS923－85中浓度超级清漆是以聚氨酯和丙烯酸树脂组合为主的双组份清漆，干燥后漆膜具有高硬度、不变黄、耐气候、光亮度良好的特性。施工中能厚喷，配套使用MS系列固化剂时，只需喷涂两层涂层就能显示出足够的亮度。在施工中有良好吸收漆雾及方便喷涂的特性。

在施工中的调配比例为：MS923－85中浓度超级清漆2份，加929－73固化剂1份，352－91中途稀释剂，或352－216慢速稀释剂体积分数为10%～30%。

5）923－94高浓度抗磨清漆。923－94高浓度抗磨清漆是以高浓度聚氨酯和丙烯酸树脂内含抗磨物混合配成。漆膜具有独特的防撞设计，可减少汽车在高速行驶时砂石破损漆层的情况。对抗紫外线、抗高低温差及酸雨的效果尤为显著。漆膜除光泽度、透明度、硬度高外，其飘悬性也特佳。无论是施喷在金属漆或珍珠漆上罩光时，都能达到最佳的效果。漆膜持久不变黄，也不会出现缩光等不良现象。

在施工中配比为：923－94高浓度抗磨清漆2份，加929－73固化剂1份，352－91中速稀释剂，或352－216慢速稀释剂体积分数为10%～30%。

（5）荷兰新劲公司汽车喷漆系列

1）新劲AUTOCRYL套装烤漆。新劲AUTOCRYL套装烤漆是双组份、单层面系统的高级汽车修补涂料。颜色鲜艳持久，保护性及遮盖力极佳，可喷涂于经P800～P1000砂纸湿磨及除去油污的旧漆、纤维件或新劲牌各类底漆及喷灰的表面。

在施工中配比为：套装烤漆100份，123催干剂50份，123稀释剂30份（1号尺），混合后4h内用完。喷涂粘度为16～17s，压力为0.35MPa，两层双喷或三层单喷，间隔6～10min，完全干燥时间20h（20℃），或50min（60℃）。漆膜需在完全干燥后才能修补或抛光。漆膜厚为 50～75μm。

另外，在施工中还可用套装烤漆 100 份，MS 系列催干剂 50 份，123 稀释剂 10 份（3 号尺）。混合后，面漆干燥时间较一般催干剂快，可用 MS 系列中不同型号达到所需的时间，并能提高漆膜硬度，适合作局部修补及低温下施喷的要求。

2）新劲 AUTOBASE 底色漆。新劲 AUTOBASE 底色漆是双层面及三层面系统的高品质底层色漆系列，遮盖力强，可造出金属色、珍珠色及纯色等品种。可喷涂于经 P1000 砂纸湿磨及除去油污的旧漆膜。新劲底漆类产品的面漆、合金底漆上不适用。

在施工中的配比为：新劲底色漆 100 份，123 稀释剂 100 份，混合后 24h 内用完。喷涂粘度为 14～15s，压力为 0.2～0.4MPa。施工时先以 0.4MPa 气压喷 2～3 层单喷，挥发时间为 2～3min，待完全遮盖后，将气压降至 0.2MPa，雾喷最后一层（每层挥发后，先用抹尘布把多余银粉轻轻抹去，再喷另一层），漆膜厚 15～25μm。在干燥 15min 后，需在 48h 内喷涂烤漆清漆或 MS 系列清漆。

在施工时应注意，修补热塑漆时，需先涂上隔离层（如：3＋1 喷灰、680 底漆、隔离底漆、590 底漆、隔离丝那水等）；如局部修补时可用 0.1～0.15MPa 气压轻喷；如使用底色漆的珍珠色母作纯喷，应先喷涂白色作底色；如把 333P 色母用作纯喷时，应先与 666 透明色浆作 1∶2 比例混合（其他珍珠色母与 666 色浆之比为 1∶1），然后加入 123 稀释剂。

3）新劲 AUTOCLEAR 烤漆清漆。新劲 AUTOCLEAR 烤漆清漆是专为新劲底色漆（7 号系列）配套的双组份烤漆清漆。光泽鲜亮，为基本型清漆，覆盖于新劲底色漆的表面，可增加光泽，保护漆膜，其光泽及流平面效果特佳。

在施工中配比为：100 份烤漆清漆，50 份 123 催干剂，30 份 123 稀释剂（1 号尺），混合后 4h 内用完，喷涂粘度为 15～16s，压力为 0.3～0.4MPa，三层单喷，间隔 5～10min，完全干燥时间为 16h（20℃），45min（60℃）；或 100 份烤漆清漆，50 份 MS 催干剂，10 份 123 稀释剂（3 号尺），混合后 4h 内用完。喷涂粘度为 15～16s，压力为 0.3～0.4MPa，喷两层单湿喷，间隔 5～10min，完全干燥时间 16h（20℃），45min（60℃）。本产品可加入各新劲添加剂（除加光剂外）以加快干燥速度，喷涂后 48h（20℃）或 80min（60℃）后，即可再修补或抛光。

4）新劲 AUTOCLEAR M1000 清漆。新劲 AUTOCLEAR M1000 清漆为中浓度、特快干燥的双组份清漆。同时可提供足够的光泽，适合作小面积的修补或在低温下（<15℃）施工。本产品适合喷涂在新劲底色漆（7 号系列）的罩光。在施工中的 M1000 清漆施工配比见表 4－3。

**表 4－3　M1000 清漆施工配比**

| 使用的催干剂品种 | | 123 催干剂（1 号尺） | MS10 催干剂（3 号尺） | MS20 催干剂（3 号尺） | MS30 催干剂（3 号尺） |
|---|---|---|---|---|---|
| 配比（质量分数） | MS1000 | 100 | 100 | 100 | 100 |
| | 催干剂 | 50 | 50 | 50 | 50 |
| | 123 稀释剂 | 30 | 10 | 10 | 10 |
| 使用时限 | | 4h（20℃） | 1.5h（20℃） | 2h（20℃） | 3h（20℃） |
| 粘度 | | 14～16s（DIN4 量杯，20℃） | | | |
| 喷涂方法 | | 三层单湿喷 | 两层单湿喷 | | |

（续）

| 使用的催干剂品种 | | 123 催干剂（1 号尺） | MS10 催干剂（3 号尺） | MS20 催干剂（3 号尺） | MS30 催干剂（3 号尺） |
|---|---|---|---|---|---|
| 气压 | | 0.3～0.4MPa | | | |
| 挥发时间 | | 5～10min | 5min | | |
| 完全干燥 | 20℃ | 10h | 4h | 5h | 7h |
| | 60℃ | 25min | 10min | 15min | 20min |

5）新劲 AUTOCLEAR M2000 清漆。新劲 AUTOCLEAR M2000 清漆为中浓度、厚膜双组份清漆。适用范围广泛，可选用不同型号催干剂以配合各大小面积的喷涂，以及在不同温度下施工，形成最佳的光泽。本品适合喷涂在新劲底色漆（7 号系列）的罩光。

此漆在施工中的配比见表 4－4。

**表 4－4　M2000 清漆施工配比**

| 使用的催干剂品种 | | 123 催干剂（1 号尺） | MS20 催干剂（3 号尺） | MS30 催干剂（3 号尺） |
|---|---|---|---|---|
| 配比 | MS2000 | 100 | 100 | 100 |
| | 催干剂 | 50 | 50 | 50 |
| | 123 稀释剂 | 30 | 10 | 10 |
| 14～16s（DIN4 量杯，20℃） | | 4h | 2.5h | 3h |
| 使用时限 | | 4h | 1.5h | 2h |
| 粘度 | | 14～16s（DIN4 量杯，20℃） | | |
| 喷涂方法 | | 三层单湿喷 | 两层单湿喷 | |
| 气压 | | 0.3～0.4MPa | | |
| 挥发时间（20℃） | | 5min | | |
| 完全干燥 | 20℃ | 12h | 8h | 12h |
| | 60℃ | 25min | 20min | 35min |

# 任务五　调色

## 任务目标

掌握面漆的调色方法。

## 一、任务

对汽车车漆进行调色，如图 4－13 所示。

## 二、相关知识

汽车漆膜由成膜物质（漆基）、颜料（色素）、溶剂及一些添加剂组成，其中颜料提供了车漆的颜色和耐久性。加工颜料的原材料大致可分为两大类：一类用矿物质、金属等原料加工而成，称为无机颜料；另一类由有机物合成，称为有机颜料。汽车修补涂料调色在喷漆作业中占有重要的地位，有些修理厂并不是自己调漆，而是使用汽车制造厂提供的原厂车漆，或者到调漆中心购买。作为一名专业涂装技术人员，应该掌握调色基本理论，这样有利于提高自己的喷涂技术和维修中的喷涂质量。

图 4－13　调色

**1. 颜色种类**

汽车面漆颜色和所有的色彩一样，都是光线反射到人眼中的结果。在不同的光线照射下，同一辆车的颜色看起来会有很大的差别，因此可能出现修补过的漆面在车间灯光下看起来与原车漆匹配的很好，但是在日光下却匹配不够好。因此在涂料调色时，应该在日光下或平衡的人造光下检查颜色配合。汽车的面层颜色有三种基本类型，即单一色、金属色和珍珠色。

（1）单一色　由单一的不透明颜料组成的诸如黑、白、黄、红等颜色，在光线照射下，这种涂料不会呈现出多种颜色。

（2）金属色　涂料中含有悬浮在溶剂中的小金属片（如铝粉颗粒），金属粒子与颜料混合产生不同的颜色效应，这种效应取决于金属片在漆膜中的位置。金属片的位置和涂料厚度影响着涂料的颜色，金属片可以反射光，但是有些光也会被涂料吸收。涂料层越厚，吸收光线就会越多，漆面颜色就会显得越暗。

（3）珍珠色　涂料中含镀有半透明的各色金属氧化物膜的云母片，在光线照射下会呈现多种色彩，从而区别于金属色。珍珠色喷涂的漆面会给人华丽炫目的感觉，但喷涂工艺较复杂。

**2. 汽车修补涂料颜色标定**

影响汽车外观的主要因素有三个：汽车的颜色、面漆的质地和面漆的状况。特别是颜色，是判别质量优劣的依据。

（1）识别原品牌汽车的颜色　配色的第一步，就是要根据汽车生产厂家的漆码获得原色，以减少修补涂料配方与原汽车生产厂家所用的成漆配方的差异。几乎所有品牌汽车的漆码，都可以在各种汽车牌号漆码位置图（如图 4－14 所示）和对照表 4－5 中查找到。市面上可以买到修补颜色汇编，这种书包括了几乎所有品牌和车型的色卡和颜料资料。首先，找到汽车生产厂家的漆码，色卡就在漆码旁边。为了稳妥，最好把色卡与汽车本身的颜色对比一下，因为有的汽车也许已经刷过其他颜色的漆。

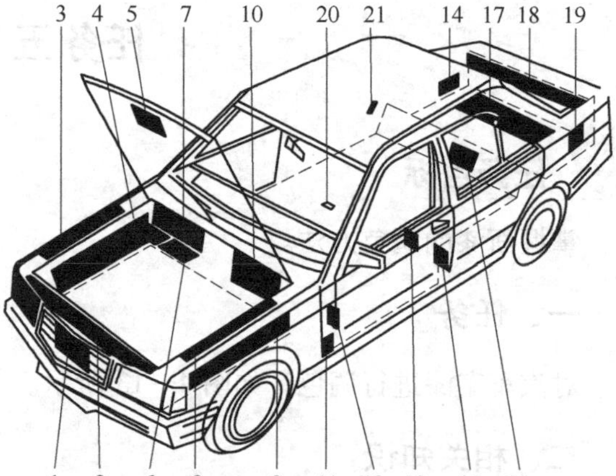


图 4－14　各种汽车牌号漆码位置图

**表4-5 各种牌号汽车漆码位置对照表**

| 车厂（车牌）名称 | 漆码位置 | 车厂（车牌）名称 | 漆码位置 |
|---|---|---|---|
| 阿库拉 | 15 | 依维柯 | 5 |
| 阿尔法罗密欧 | 5、8、14、17、18 | 美洲豹 | 2、4、5、15 |
| 奥迪 | 14、17、18 | 起亚 | 15 |
| 宝马 | 2、3、4、7、8 | 拉达 | 4、5、8、17、18、19 |
| 克莱斯勒 | 2、4、5、8、9、10 | 蓝勃基尼 | 18 |
| 雪铁龙 | 2、3、4、7、8、10 | 兰西亚 | 4、5、18 |
| 大宇 | 12 | 兰德·罗孚 | 2、3、7、10、15、17 |
| 达夫 | 12 | 凌志 | 3、7、10、15 |
| 托马斯 | 2、7、10、20 | 莲花 | 3、8 |
| 法拉利 | 5、18 | 马萨拉蒂 | 5 |
| 菲亚特 | 4、5、14、18 | 马自达 | 7、10、15 |
| 欧洲福特 | 2、3、4、7、8、15、17、18 | 莫斯科人 | 14 |
| 波罗乃茨 | 7、17 | 日产 | 2、4、7、10 |
| 伏尔加 | 18 | 欧宝 | 2、3、4、7、8、10 |
| 通用 | 2、7、10、15 | 标致 | 2、3、8 |
| 本田 | 15 | 波尔舍 | 2、7、8、10、12、15 |
| 现代 | 2、7、10、15 | 伯罗顿 | 2、7、10 |
| 无限 | 7、10 | 利拉特 | 2、3、7、9、10 |
| 雷诺 | 3、7、8、10、15 | 斯巴鲁 | 2、7、8、10、11、15 |
| 劳斯莱斯 | 3、5 | 铃木 | 7、10、17、20 |
| 罗孚 | 2、3、5、7、10 | 白鱼 | 2、3、4、7、8、9 |
| 萨伯 | 3、8、10、15、17 | 丰田 | 2、3、7、8、10、11、12、15、17 |
| 双龙 | 12、15 | 伏克斯豪尔 | 2、8、9、10 |
| 土星 | 19 | 大众 | 1、2、3、7、8、14、17、18、19 |
| 西特 | 3、8、17、18 | 伏尔伏 | 2、3、7、8、10、11、12、15 |
| 斯柯达 | 8、10、17 | 南斯拉夫红旗 | 2、3、5、18 |
| 五十铃 | 2、7、10、13、15 | | |

（2）原漆面涂料类型的确定

1）目测法。如果车身外形线附近的表皮组织粗糙或漆面摩擦后出现了“抛光组织”，则说明原来使用的是抛光型涂料。

2）溶剂法。用蘸有硝基漆稀释剂（香蕉水）的白布摩擦漆膜，观察漆膜溶解的程度。如果漆膜溶解，并在布上留下印迹，则是自干漆；如果没有溶解，则可能是烘漆或双组分漆。丙烯酸聚氨酯漆没有自干漆那样容易溶解，但有时溶剂能渗进去，削弱表面光泽。

3）加热法。首先用细砂纸蘸水打磨，使漆膜失去光泽，然后用红外线灯加热。如果钝化表面重新出现光泽，则说明是丙烯酸喷漆。

4）硬度测试法。各种涂料干燥后漆膜的硬度不一样的。一般来说，双组份漆和烘漆的漆膜硬度比自干漆高。确定漆膜硬度和厚度最常用的方法是用电磁式厚度计或机械式厚度计测得。

5）电脑检测仪法。利用电脑调色系统可直接获得原车面漆的有关资料。这是目前涂装行业中普遍使用的检测方法。因为此方法方便快捷，只需将原车车身的加油口塞拿来，利用仪器检测就能准确无误地判别面漆的类型。

**3. 修补涂料色的确定**

（1）经验法　依据色漆样板，凭借经验、配色原理来识别其中各单色漆的色种和比例，然后进行试配、调色。经验法调色主要体现在对原车色漆中的主色和几种副色的判断上。在调色过程中，色漆的添加量也是以估计为主。所以，经验调色法的准确度差，只能用于质量要求不高的场合，或对由三种以下色漆混合而成的颜色进行调配。人工经验调配色漆的具体步骤是：在配制色漆的容器中先加入主色漆（用量大、着色力小的色漆），再以着色力较强的色漆为副色，慢慢地、间断地加入，并不断搅拌。随时观察颜色的变化，直至达到要求为止。调配中要注意以下几点：

1）仔细分析色漆样板，估计参配色漆的种类和分量，先试配，再确定参配色漆的质量比。切勿盲目调试，造成不必要的材料浪费。

2）调配时应由浅入深，特别是添加着色力强的色漆时切忌过量。否则，颜色偏重又需加入大量的主色漆进行校调，造成调漆过量。

3）在进行颜色比对时，一要在光线良好的情况下进行；二要注意涂膜的厚度和干湿状态对颜色的影响。配色最好有专人担任，以防因视差导致色差。

4）在调配大样时，应将色漆预留一部分（约 1/3 ~ 1/4）作为备料，以便在调色过头时有调整的余地。

（2）仪器调色法　仪器调色法就是以色卡代号或色漆代码为依据，从计算机内找出该色卡的配方，再用电子秤精确量出各组分（色母）的数量，最后进行混合而得到所需的涂料颜色。汽车涂装大约使用了 20 000 种以上的颜色，这给涂装修补带来了相当大的困难，采用人工经验法有时很难解决调色问题，于是电脑调色系统应运而生。通常，汽车修补涂料生产厂家生产出几十种乃至上千种专门用于调色的色母涂料，并都有各自独立的色母排列和调色系统，在产品销售地设立调漆中心，按修理厂的要求调出所需涂料的颜色。借助仪器进行调色，既省时又准确，提高了涂装的质量和效果。目前有胶片调色和电脑调色系统两种。

## 任务六　喷涂工具及设备的使用

### 任务目标

掌握喷涂工具及设备的结构及使用方法。

### 一、任务

熟知喷枪的结构及组成，正确使用喷枪，如图 4 – 15 所示。

## 二、相关知识

汽车修补涂装设备主要有喷枪、压缩空气供给系统、干燥设备和喷漆烤漆设备等。这些设备对车身涂装的品质有至关重要的影响。

**1. 喷枪**

喷枪的作用是利用压缩空气将涂料雾化，形成扇状的喷幅漆雾，使涂料均匀地分布在工件表面，形成漆膜。在汽车修补喷漆涂装中，喷枪是非常重要的工具。

图 4－15 喷枪

（1）涂料雾化 空气喷枪是利用空气压力将液体转化为小液滴的工具。该过程即是雾化的过程，彻底理解雾化的原理是正常使用喷枪的关键。雾化使涂料成为可喷涂的细小且均匀的液滴。当这些小液滴以正确的方式喷在汽车表面后就会结合形成一层厚度极薄的像镜子一样的平整的膜。

雾化分为三个阶段（如图 4－16 所示）：

1）雾化的第一阶段：涂料经虹吸作用，从喷料嘴喷出就被从环形口喷出的气流包围。气流产生的气旋开始使涂料分散。

2）雾化的第二阶段：涂料的液流与从辅助侧孔喷出的气流相遇，气流控制住液流向前运动，并进一步使其分散。

3）雾化的第三阶段：涂料受从侧孔喷出的气流作用，气流从相反的方向冲击涂料，使其成为扇形状的液雾。

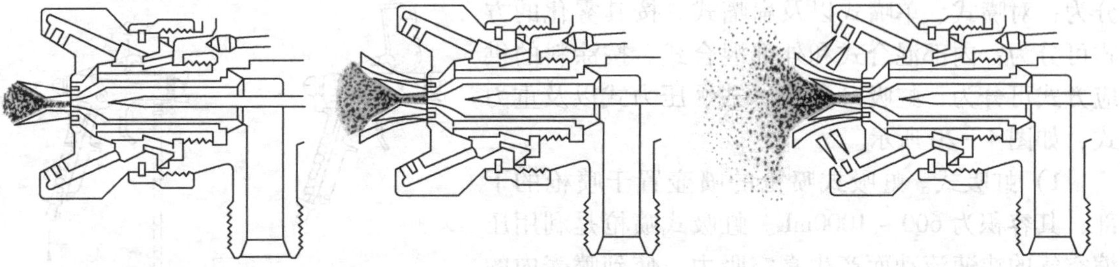

a)　　b)　　c)

图 4－16 雾化的三个阶段

a）第一阶段 b）第二阶段 c）第三阶段

（2）喷枪的结构 喷枪的主要零部件如图 4－17 所示。一般空气喷枪的主要零件有空气帽、涂料喷嘴、喷针、空气阀、喷雾形状控制旋钮、漆流量控制旋钮、扳机等。空气帽通过压缩气流形成局部负压，把涂料抽上来并使其雾化，形成一定形状的喷幅。喷枪空气孔有三种类型：环形孔、辅助孔、侧孔（如图 4－18 所示）。中央喷口位于喷嘴中央，用来产生真空，吸出涂料，并使涂料基本雾化；辅助喷口则促进涂料的雾化。辅助喷口的数量越多，涂料雾化效果越好（如图 4－19 所示）。涂料在两个侧喷口喷出的压缩空气推动下形成椭圆图形，如果关闭喷雾形状控制旋钮，喷出涂料形成圆形；反之，全打开时，喷雾的形状就变成长方形的。漆流量控制旋钮用来调整出漆量的大小。

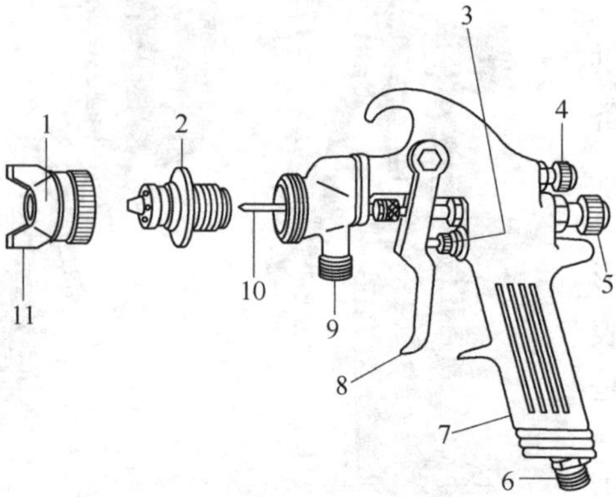


图4-17　喷枪的主要零部件

1—空气帽　2—涂料喷嘴　3—空气阀　4—喷雾形状控制旋钮　5—漆流量控制旋钮　6—进气口　7—把手　8—扳机　9—进料口　10—喷针　11—喷气角

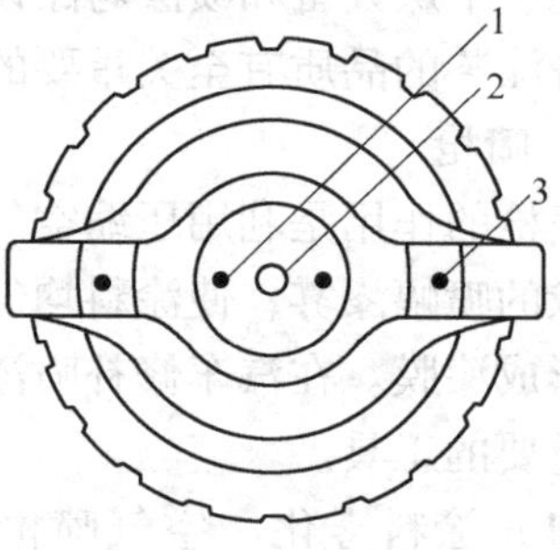


图4-18　喷枪空气孔

1—辅助孔　2—环形孔　3—侧孔

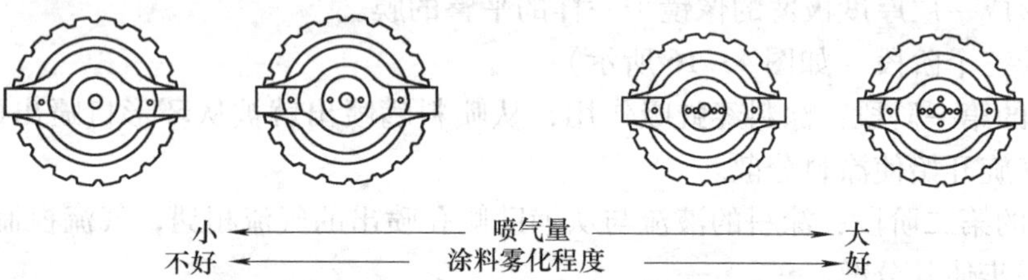


图4-19　辅助孔大小与喷涂性能的关系

（3）喷枪的分类　空气喷枪按其喷嘴的类型可分为：对嘴式、单嘴式以及扁嘴式。按其雾化的方式可分为：内部混合式和外部混合式。按涂料的供应方式可分为：虹吸（负压）式、压力式以及重力式，如图4-20所示。

1）虹吸式。虹吸式喷枪的喷壶置于喷枪的下部，其容积为600～1000mL。虹吸式喷枪是利用压缩空气的快速流动而产生真空吸力，使到喷壶内的涂料所受压力低于大气压力，而喷壶顶盖有一通气孔，作用是保持涂料受到大气压力，而把涂料压入吸管，经由孔道进入液化喷嘴，与空气混合高速扩散而雾化。因其操作稳定性好，换色容易，是修补涂装行业中用得最多的喷枪类型。

喷嘴要求为：喷中涂、底漆 $\phi1.8$mm，压力为0.3～0.35MPa；喷面漆 $\phi1.6$mm，压力为0.35～0.4MPa。

虹吸供料装置的安装步骤如下（如图4-21所示）：

① 将压缩机出口和空气控制装置进口之间的输

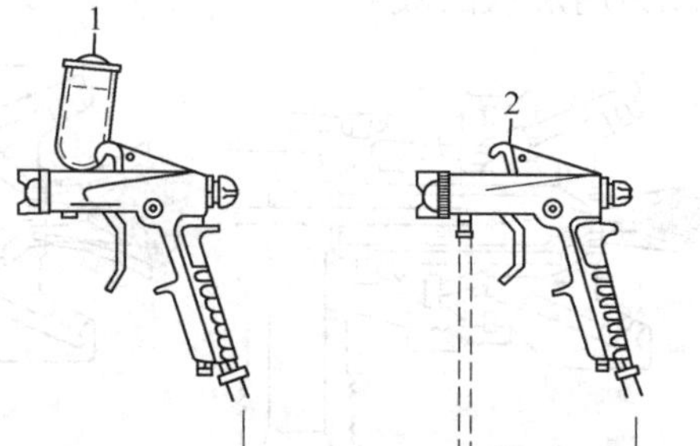


图4-20　不同类型喷枪的供料方式

1—重力式　2—压力式　3—虹吸（负压）式　4—空气压缩机　5—涂料压力罐

气管路连接好。

② 将空气控制装置出口和喷枪空气进口之间的输气管连接好。

③ 当涂料已被稀释到一定稠度后，彻底搅拌均匀，倒入储料杯内，然后把储料杯和喷枪接好。

2）压力式。压力式喷枪是利用压缩空气，将喷壶内的涂料压送入吸管，经由孔道进入液化喷嘴，与空气混合高速扩散而雾化。由于这种喷枪上不安装任何容器，所以操作方便，稳定性良好。但是，这一系统的换色是比较麻烦的，所以一般适合作业量大、规模相对较大的汽车修配厂。

压力式喷涂系统的安装可按如图 4－22 所示的步骤进行：

① 将储气罐上的空气控制装置出口和喷枪的进气口用输气管连接好。

② 将主气压调节器的主气管和储气罐的气压调节器连接好。

③ 将储料罐的出口和喷枪的进料口用输液管连接。

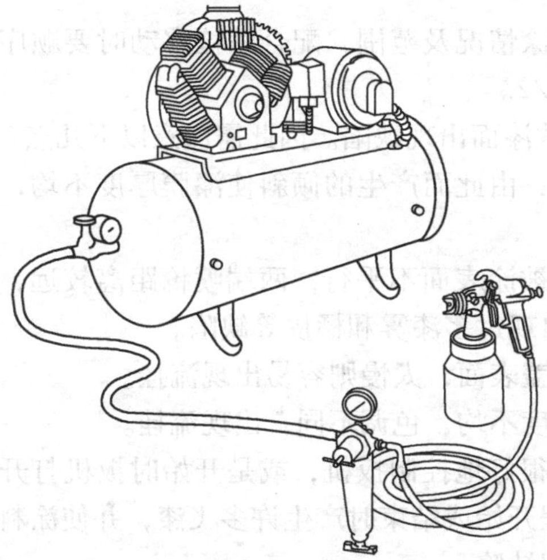

图 4－21 虹吸供料装置的安装

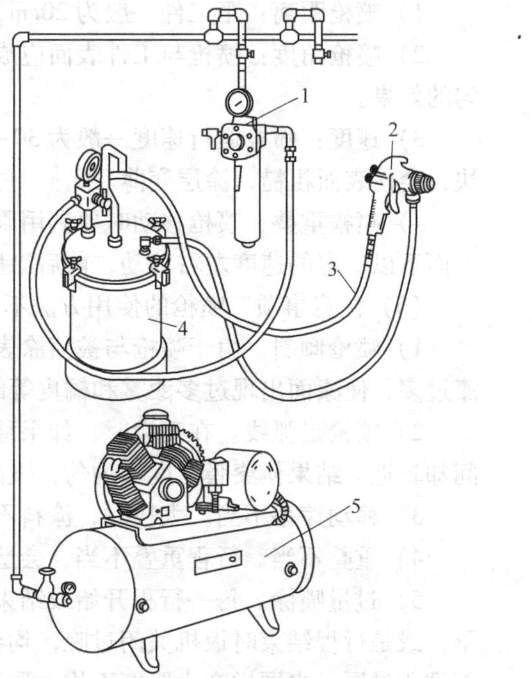


图 4－22 压力式喷涂系统的安装

1—仪表 2—喷枪 3—供气管

4—储气罐 5—空气压缩机

3）重力式。重力式喷枪是靠涂料自身重力流入喷嘴，再与空气混合而雾化。因此，所用的空气压力较虹吸式和压力式低。一般重力式喷枪的料杯容积为 300～600mL，操作简便，适合汽车表面破损面积不大、日工作量又不多的中小型修配厂采用。但是由于喷枪上安装有料杯，使喷涂的方向受到了一定制约，尤其是对于安装了 600mL 料杯的喷枪，操作起来会更加感到不方便。

喷嘴要求为：喷中涂、底漆 $\phi$1.8mm，压力为 0.25～0.3MPa；喷面漆 $\phi$1.4mm，压力：0.3～0.35MPa。

重力式喷枪与虹吸式喷枪的安装方法相同。

需要说明的是：虹吸式喷枪是车身表面精修车间使用最广泛的类型，可用于所有的喷涂工作（点、板和全身）。压力式喷枪主要用于在车身整体喷涂（包括卡车和轿车）时喷涂较重的涂料，这种涂料不能利用虹吸作用从储料罐中吸出或者用于大量喷涂的情况。尽管重力式喷枪可以用于喷涂基层/透明层组合涂料，但也可以用于喷涂底层涂料，例如防锈漆、密封漆以及一些较轻的车身腻子和二道浆。重力式供料喷枪特别适用于欧洲和日本的涂料，因为这些涂料就是为这种喷枪配制的，而虹吸式喷枪在我国使用较广泛。

（4）喷枪的使用方法　为了使操作人员在操作时不感到疲劳和保持稳定的喷涂，操作人员应采取放松的姿势，不要收紧拿喷枪一侧的肩、肘或臂，保持自然。一般来说，喷枪是用大拇指、食指及小拇指握的，而扳机是用中指和无名指拉动的。在喷涂过程中，手持喷枪，站立在被喷涂的物体前，与它保持适当的距离，以稳定的喷涂速度上下或左右移动。

使用喷枪时一定要注意如下几点：

1）喷枪距离：距工件一般为20cm，使用HVLP喷枪时是15cm。

2）喷枪角度：喷枪与工件表面应成直角（90°），和喷枪移动要保持平行，才能得到均匀的效果。

3）速度：喷枪运行速度一般为30~40cm/s。如果太慢，容易流挂，浪费材料；如果太快，会使表面粗糙，涂层变薄。

4）喷幅重叠：喷枪移动时要利用眼睛观察喷涂情况及范围，配合喷枪移动时要顺序由上而下以一定的速度左右移动，前后涂层应重叠1/2。

（5）注意事项　喷枪的使用方法不当，可导致漆面出现缺陷。因此需注意以下几点：

1）喷枪倾斜。由于喷枪与被喷涂表面不垂直，由此而产生的倾斜使漆膜厚度不均，飞漆过多，使漆面出现过多漆雾和橘皮等缺陷。

2）喷枪走弧线。在喷涂时，如果移动路线与被涂表面不平行，两端喷枪距离较远，中间却较近，结果使漆膜厚度不均匀，飞漆过多，出现过多漆雾和橘皮等缺陷。

3）移动速率不当。太快时，涂料不能完全覆盖表面，太慢则容易出现流挂。

4）重叠不当。行程重叠不当，会造成漆膜厚度不均，色调不同，出现流挂。

5）过量喷涂。每一行程开始或结束时，不能很好地控制扳机，或是开始时扳机打开过早，或是行程结束时扳机关闭过晚，均会导致行程开始或结束时产生许多飞漆，并使涂料局部堆积过厚，也同样产生厚度不均，导致上述类似缺陷。

6）覆盖不当。喷涂到构件边缘时，不能准确地控制扳机，或是行程开始或终了，开闭扳机过早或过晚，结果覆盖范围不适合，造成漆膜厚薄不均，产生同上述一样的漆膜缺陷。

上述操作问题，只有掌握操作要领，经过不断的实践并总结经验，熟悉掌握喷枪特性，才可能消除因喷枪使用不当而导致的喷涂质量问题。

（6）喷枪的维护保养　对涂料工作而言，喷枪是最主要的工具。因此，必须掌握其使用方法和维护保养的技能，具体做法如下：

1）清洗。

① 空气喷嘴的清洗。

a）先把空气喷嘴从喷枪上拆卸下来，浸泡在清洁的清洗剂中。

b）经过短暂的浸泡后，用牙刷或其他软毛刷刷洗气孔。

c）用压缩空气吹干，保证空气喷嘴洁净。

d）最后将空气喷嘴在喷枪上安装好，并进行调试，使喷枪完全能正常工作为止。

② 虹吸式喷枪的清洗。

a）将空气喷嘴的螺母松 2～3 圈。

b）用手指（戴乳胶手套）堵住喷枪涂料出口，扣动扳机，此时空气从液体物料管内通过，将残留在管内的漆料冲回到喷壶内。

c）将喷壶内的漆料倒出，并进行清洗。

d）将清洁的清洗剂倒入喷壶内（大约 1/3 左右）。

e）安装好空气喷嘴和喷壶，通过喷枪清洗机来清洗漆料管和漆料喷嘴。

f）最后用抹布蘸清洁的清洗剂，将整个喷枪擦拭干净。

③ 压力式喷枪的清洗。

a）在清洗压力式喷枪时，先关闭漆料罐的压缩空气，从泄压阀或调压阀处泄压。

b）松开空气喷嘴螺母 3 圈，用手指（戴乳胶手套）堵住喷枪涂料出口。

c）扣动扳机，使枪内漆料由软管回到漆料罐中。

d）在漆料罐内加注清洗剂，清洗漆料罐。

e）安装好清洗干净的漆料罐，打开所有的空气阀，扣动扳机，使清洗剂通过软管流动，以达到清洗软管的目的。

f）通压缩空气 10～15min，吹干软管。

2）定期清洗。除每次施工完毕进行清洗外，还应定期全面地拆洗喷枪。即将喷枪解体成零件，浸泡在稀释剂中，然后逐件清洗。在拆装、清洗喷枪过程中，应用专用工具仔细操作，不得损坏各种零件。清洗喷枪只可用毛刷，清洗过的零件应用干净柔软的棉布擦拭。出气孔或出漆孔若有堵塞，应用溶剂小心冲洗，不得用金属丝去通，以免损坏小孔，影响喷枪的正常使用。

3）注油润滑。喷枪每天使用完毕，都要为喷枪各部位的零件加注几滴轻机械润滑油。如果每天都要使用喷枪，则要在有弹簧的部位（如控制液体物料的顶针弹簧和空气阀的弹簧）加一点轻质润滑脂，每年两次。如果每周使用喷枪 2～3 次，则每年加一次。

4）涂油防锈。喷枪清洗完毕后，旋下气流喷嘴，在喷嘴上涂上防锈油，再旋上气流喷嘴。在针塞套筒和顶芯外露表面也应涂上防锈油，防止针塞生锈而产生漏气（针塞漏气会造成喷雾时断时续的故障）。

**2. 粘度计**

粘度是液体分子间相互作用，并由此产生阻碍分子间相对运动的量度，也可以称其为液体流动阻力。通常所说漆料的稀与稠，实际上就是指其粘度的大小，粘度越大，分子间移动就越困难，即可越稠。涂料粘度是汽车涂料中重要的影响参数之一。

涂料粘度的测定方法有多种，国内常用涂－4 号粘度计测定（如图 4－23 所示），它测定的粘度条件是以一定量的试样，在一定的温度下从规定直径的孔流出所用的时间，以秒（s）表示。

按国标 GB/T1723—1993《涂料粘度测定法》，用涂－4 粘度计测定流出时间在 150s 以下的涂料粘度。涂－4 粘度计是上部为圆柱形，下部为圆锥形的金属容器。内壁表面粗糙度值为 $Ra0.4\mu m$。锥形底部有漏嘴。在容器上部有一圈凹槽，作为多余试样溢出用。

用涂－4粘度计测定涂料粘度的步骤如下：

1）测定前后均需用纱布蘸溶剂将粘度计擦拭干净，并干燥或用冷风吹干。对光检查漏嘴等是否保持洁净。

2）将试样搅拌均匀。必要时可用孔径为$\phi$246nm的金属筛过滤。除另有规定外，应将试样调整至25℃±1℃。

3）使用水平仪调节水平螺钉，使粘度计处于水平位置。粘度计漏嘴下放置150mL搪瓷杯。

4）用手指堵住漏嘴，将25℃±1℃试样倒满粘度计，用玻璃棒或玻璃板将气泡和多余试样刮入凹槽。迅速移开手指，同时起动秒表，待试样流束刚中断时立即停止秒表。秒表读数即为试样的流出时间。

5）按步骤4）重复测试。两次测定值之差不应大于平均值的3%。取两次测定值的平均值即为测试结果。

图4－23 涂－4粘度计

**3. 压缩空气供给系统**

压缩空气供给系统用于提供充足的达到预定压力值的压缩空气，供给各种气动工具和设备，以确保喷涂车间所有的气动设备都能有效地工作。一个合理的压缩空气供给系统由三大部分组成：

（1）气源装置 气源装置是获得压缩空气的装置。其主体部分是空气压缩机，它将原动机供给的机械能转变为气体的压力能。

（2）控制元件 控制元件是用来控制压缩空气的压力、流量和流动方向的，以便使执行机构完成预定的工作循环。它包括各种压力控制阀、流量控制阀和方向控制阀等。

（3）辅助元件 辅助元件是保证压缩空气的净化、元件的润滑、元件间的连接及消声等所必须的元件。它包括过滤器、油雾器、管接头及消声器等。

如图4－24所示为车身修理和喷涂车间典型的布置。

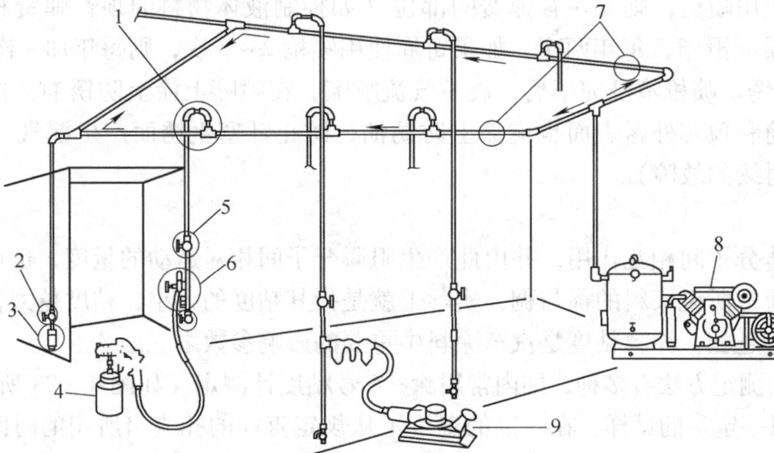


图4－24 车身修理和喷涂车间典型的布置

1—空气喷枪 2—自动排水阀 3—截止阀

4—二级管道（应从主管的上方分出） 5—截止阀 6—气压调节器

7—主供气道（应向末端倾斜1/100m排水） 8—空气压缩机 9—轨道式打磨机

空气压缩机（如图4-25所示）是一种气压发生装置，它是将机械能转化成气体压力能的能量转换装置。其种类很多，分类形式也有多种。按工作方式可分为膜片式、活塞式、螺杆式等。空气压缩机可将空气压力从普通的大气压升高12倍，达到1.2MPa。

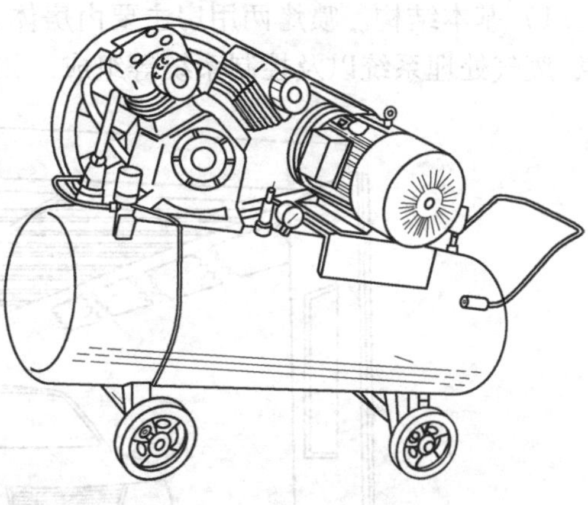

图4-25 空气压缩机

**4. 烘干设备**

（1）加热和传热的方式　热空气对流式干燥设备使热源产生的加热过的高温空气，利用对流传热的原理，在烘干室内循环对流，将热量传递给工件涂层，使涂料干燥。对流干燥加热均匀，能使各处的温度均匀，从而保证了涂层颜色的一致性。但是，对流干燥需要中间介质传热，因此热惯性大，升温时间长，消耗能源多，影响生产效率的提高。同时，对流干燥时涂层是从表面逐步向内干燥，在涂层表面结膜后，就阻碍了内部溶剂的进一步挥发。因此涂层易于产生针孔、气泡、皱纹或表干里不干等缺陷。

电热烘箱是一种最简单的热空气对流式烘干箱。它由箱体、电热丝、电炉板、排雾管、小钢轨及活动推架等组成，如图4-26所示。电热烘箱内部装有1000W或1500W的电热丝，分布在烘箱内部两侧及底层。外壳分内外两层，用50mm×50mm的角钢和25mm×25mm的角钢做支架，外用1mm或1.5mm黑铁皮制成。在两层铁皮中间填满隔热保温材料，一般采用石棉丝、玻璃丝。电热烘箱的顶部装有排雾管及测温用的热电表，底面（内部）装有两根小钢轨，便于推盘出入烘箱。电热烘箱门上装有一个玻璃小窗，便于观察工件在烘箱内的加热情况。

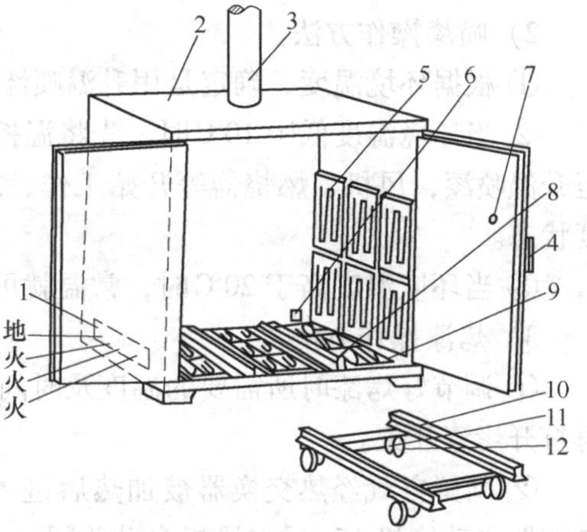


图4-26 电热烘箱

1—绝缘胶板与三相电源线 2—箱体 3—排雾管 4—拉手 5—电热丝 6—进气口 7—玻璃小窗 8—小钢轨 9—电炉板 10—活动推架 11—滚轴 12—滚轮

（2）喷烤两用房　喷烤两用房是将喷漆与烤漆合二为一的设备。由于这种方式具有设备占地少、设备利用率高、投资少、经济实用等特点，较前面所介绍的干燥设备效率大为提高，节省时间，并能更好地保证涂膜质量，所以在汽车涂装修理行业应用最为广泛。

目前，国内维修企业中广泛应用远红外辐射式烤漆房，汽车维修企业可根据烘烤作业范围的大小，灵活选择红外灯管的数量和位置。远红外加热的能量转换形式主要是热辐射，所以它与热空气循环加热方式相比，尘埃附着漆面的可能性大大减小。热传递的方向与溶剂挥发的方向一致，可有效避免漆膜在干燥过程中产生溶剂气泡。通过远红外辐射方式对漆面的烘干，不但缩短了漆膜干燥时间（由1天缩短到30~50min），提高了作业效率，而且有助于提高涂装施工质量。

1）基本结构。喷烤两用房主要由房体、通风系统、空气过滤系统、加热系统、照明系统、废气处理系统以及控制系统等组成，如图4－27所示。

图4－27　喷烤两用房的基本结构

2）喷漆操作方法。

① 根据环境温度，确定是用升温喷漆还是常温喷漆。

② 当环境温度低于10℃时，先将温控仪的温度设定到20℃。接通电源，将喷漆开关打至升温喷漆，风机、燃烧器等开始工作，房内的温度就保持在20℃，这时处在最佳喷漆温度状态。

③ 当环境温度高于20℃时，常温就可喷漆，房内不需升温，只进行通风。

3）烤漆操作方法。

① 调节好烤漆时所需要的温度及时间，打开风机开关（喷漆开关打至常温喷漆位置）。再打开烤漆开关。

② 新鲜空气经热交换器被加热后进入烤漆房内使温度升高，当温度升至设定温度时，燃烧器自动停机15s后，风机自动关闭。

③ 当温度降到设定温度以下4～5℃时，风机和燃烧器自动工作，使房内温度保持恒定。

④ 当烤漆时间达到设定的工作时间时，烤漆房自动关机，烤漆结束。

⑤ 在烤漆过程中如需紧急停机时，应先关燃烧器点火开关，待20s后再关风机开关，因热交换器工作时处于高温状态，为使其冷却风机还应再工作一段时间。

# 任务七　底涂层施工

## 任务目标

1. 掌握底漆、中涂漆的喷涂技术。
2. 掌握原子灰刮涂和打磨技术。

## 一、任务

刮涂和打磨原子灰，如图 4－28 所示。

## 二、相关知识

图 4－28 刮涂和打磨原子灰

合适的底漆是面漆耐久、美观的前提。如果底漆不好，面漆的外观就会受影响，甚至出现裂纹或剥落现象。

**1. 底漆的施工**

只用底漆不足以填平磨痕及其他表面伤痕，而用底漆二道浆可以一步完成打底漆和填充工作，涂封闭底漆是为了阻止面漆中的溶剂被疏松的底漆二道浆吸收。这三种底涂层可以同时使用，也可以单独使用，或者以不同的组合方式使用，具体用法依被涂物表面的状况和工件大小而定。封闭剂的作用是提高新、旧面漆之间的附着力。如果旧面漆是喷漆，而新面漆是磁漆，那么要想得到较好的附着力，就必须使用封闭剂。

在涂底漆之前，一定要先用金属表面处理剂处理裸金属表面。按照生产厂家的提示，稀释底漆，根据气候状况认真选择合适的溶剂，并且应将涂料彻底搅拌均匀。

涂完第一道底漆后，要按照标签指示留出闪干时间，然后再涂二至三道中湿涂层，增加涂层厚度，每道之间都应留出闪干时间。如果是花斑整修，后面涂层应比第一道涂层的范围大几厘米。

待底涂层干透以后，用磨块打磨至平滑，最好用 320 号砂纸。如果仍有很细小的磨痕，再涂一道底漆就可能填平。

**2. 刮涂原子灰**

只用底漆不足以填平因钣金工的敲打、拉拔、撬顶、修平处理车身后仍然存在的凹凸不平之处时，可用刮涂原子灰的办法来处理车身，使车身平整光滑，满足涂装漆层的技术要求。

（1）刮刀的使用技法 刮刀是刮涂原子灰最基本的必用工具。正确使用刮刀既能保证刮涂原子灰的质量，又省力，还可减轻疲劳。

1）刮刀的基本握法。持刮刀有直握法、横握法和其他握法三类。

① 直握法。直握时食指压紧刮刀的刀板，大拇指和另外三指握紧刮刀柄。这种握法适用于小型钢片刮刀刮涂小面积，如图 4－29 所示。

② 横握法。横握时大拇指和食指夹持着刮刀靠近刀柄的部位或中部，另外三指压在刀板上，如图 4－30 所示。

③ 其他握法。根据刮刀的大小和形状，还可采用其他适当的握法，以方便施工、保证质量为宜，如图 4－31 所示。

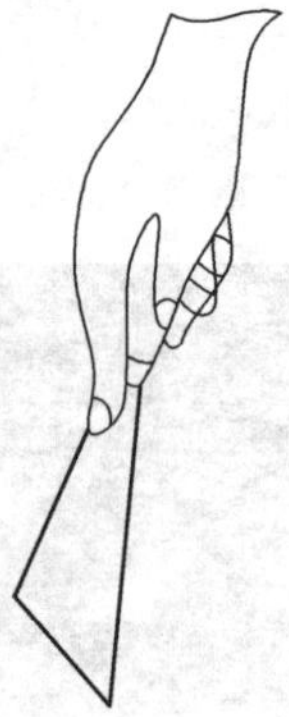
图 4-29　刮刀直握法

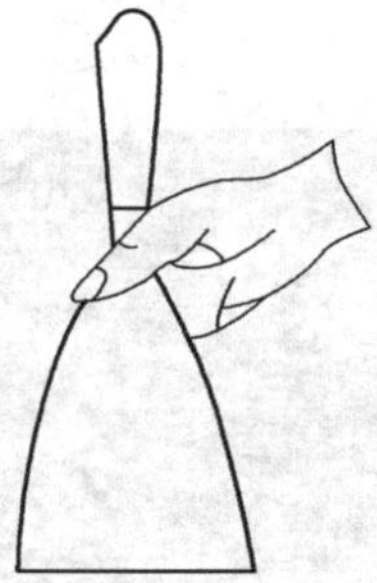
图 4-30　刮刀横握法

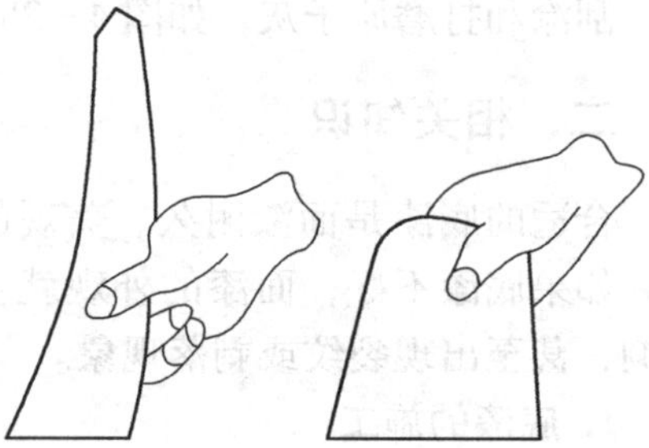
图 4-31　刮刀的其他握法

2）刮刀的选择方法。在刮涂时，应根据刮涂工件情况选择适合的刮刀，根据刮刀的形状、尺寸选择适当的握持方式。其原则是以刮涂有力、操作人员省力、便于刮平、填实原子灰为准。

（2）原子灰的刮涂技法　原子灰的刮涂很重要，在操作技法上必须得当，不然就不易把原子灰刮实、刮平。现将操作技法简要介绍如下：

1）取原子灰的方式。左手持原子灰托板，右手握刮刀。用刮刀从原子灰托盘或原子灰桶中取出适量的原子灰放在托板上，并将原子灰在托板上调匀。用刮刀在托板上刮下少量原子灰，使原子灰附在刮刀的刃口处，刃口中间部位原子灰要多，两边角处应较少。

2）直刮操作法。刮刀带上原子灰后，开始在刮涂的地方轻刮一下，抹上一些原子灰，然后再将刮刀从开始刮涂处放下，直刮一条。开始时刮刀较直立，随刮刀的直线运动而逐步倾斜。其目的是让刮刀给原子灰一定的挤压力，把原子灰紧紧压附在车身表面上。当要刮到末端时，将刮刀猛一竖直，往怀里一带就把剩余的原子灰从工件上带下来，并附在刮刀上，与托板上的原子灰调匀，再重复上述动作。当托板上的原子灰变稠时，将其放到原子灰桶内调匀再用。刮涂时，一般第一下刮刀斜度较大，以便压实，第二下较直，以便刮平。

3）横刮操作法。横刮时，使刮刀刃口竖直放在工件上，以刮刀下角为圆心使刮刀顺时针转 90°将原子灰摊开，再向下刮成一条。开始时刮刀直立，向下刮逐渐倾斜，最后刮刀与工件约成 50°~60°角。

4）调制原子灰的手法。把原子灰取出放在托盘内，较少时可在原子灰托板上用刮刀来回翻转挤压，将原子灰调匀。调制动作要快，以减少空气对原子灰的影响；调制量一次不能太多，不然，因时间长会使原子灰硬化而作废。刮刀调制原子灰的操作手法如图 4-32 所示。

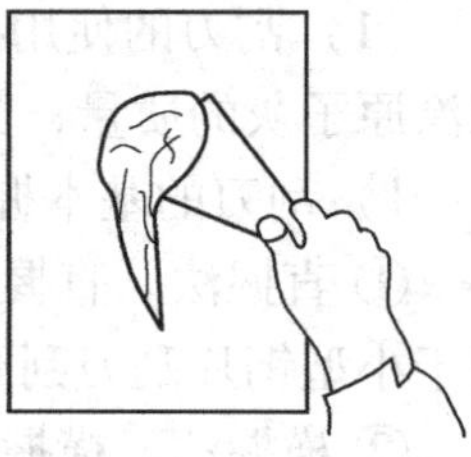
图 4-32　刮刀调制原子灰的操作手法

5）选用刮涂原子灰的方法。在刮涂原子灰时，首先要根据被涂刷工件的情况选用适当方法。若是局部填补凹坑，应选用放射式的刮涂方法，如图 4-33 所示。此法是将原子灰放在凹坑中部，用刮刀把原子灰从中部向四周刮涂上去，手法要领如前所述。若被刮涂工件的涂刷面较大，可选用直刮法刮涂，如图 4-34 所示。

刮涂原子灰的方式有满刮和软硬交替刮之分，其中满刮又分为填刮和靠刮两种；软硬交替刮则有“先上后刮”和“带上带刮”之分。

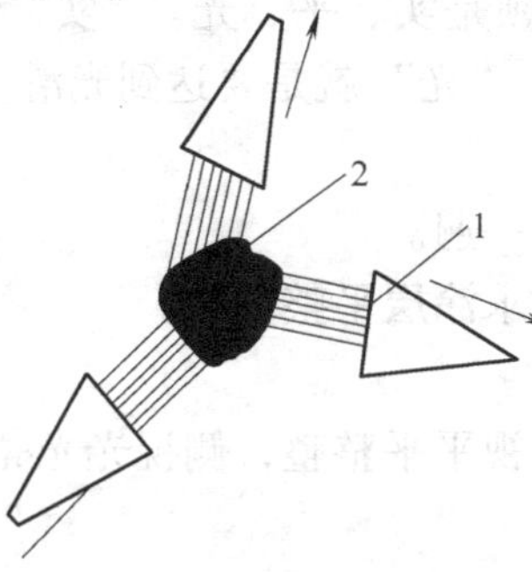


图 4－33　放射式涂刮法

1—刮刀　2—原子灰

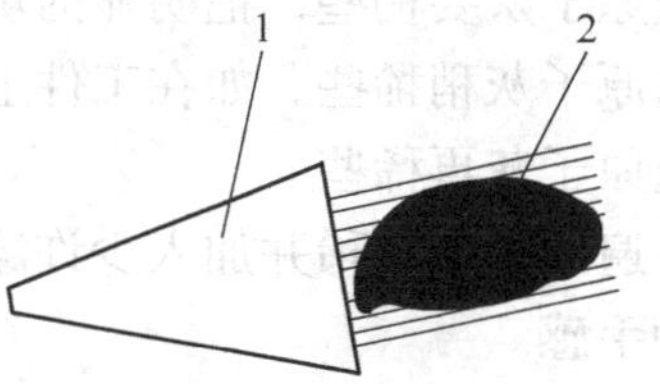


图 4－34　直刮法

1—刮刀　2—原子灰

填刮的目的是用较稠的原子灰，分若干次将表面的凹坑填平。填刮时，主要用硬刮具靠刃口上部有弹性的部位，与手配合进行操作。靠刮所用的原子灰稠度稍低，用于最后一二次的刮涂。刮涂时，靠硬刮具以刮口上部起主要作用，将原子灰刮涂，使原子灰刮得薄、刮得亮。

软硬交替刮中的“先上后刮”，即先将原子灰逐一填满，然后再用硬刮具将其收刮平整。它适合于对较大面积平面的刮涂；“带上带刮”，即在原子灰边上收刮平整，适用于对小面积或形状较复杂部位的刮涂；在刮涂垂直表面时，宜采用“软上硬收”，即先用软刮在垂直平面上刮原子灰，然后用硬刮具将原子灰收刮平整，这样可使原子灰不容易发生掉落现象。

在刮涂有平面又有曲面的构件时，宜采用“硬上硬收”法，即上原子灰和收原子灰都用硬刮具，以利于刮涂平面平整；在刮涂单纯曲面构件时，宜采用“软上软收”法，即上原子灰和收原子灰都用软刮具，以利于按构件表面的形状刮出平整表面来。

（3）刮涂原子灰的步骤　刮原子灰部位，必须是对于涂完底漆并干燥后的工件，或者是底漆未破坏的车身。

1）刮涂时，左手持原子灰板，右手握刮刀。

2）用刮刀从原子灰桶中取出一定量原子灰放在原子灰板上，用原子灰板刮净刮刀，并将原子灰调匀。

3）用刮刀从原子灰板上刮下少许原子灰，使原子灰附在刮刀刃口处，刃口中间原子灰多，而两角要少。

4）横刮时，使刮刀刃口竖直放在工件上，以刮刀下角为圆心，使刮刀顺时针转 90°将原子灰摊开，再向下刮成一条。开始时刮刀较直立，再向下刮时逐渐倾斜，最后刮刀与工件成 50°～60°角。

5）直刮时，刮刀带上原子灰后，先在开始刮涂的地方轻刮一下，抹上一些原子灰。然后，再将刮刀从开始刮涂处放下，直刮一条。开始时刮刀直立，随刮刀运动逐渐倾斜。当刮到末端时，将刮刀猛一竖直，往怀里一带就能把剩余原子灰从工件上带下来附在刮刀上，与原子灰板上的原子灰调匀，再重复上述动作。

6）当原子灰板上的原子灰变稠时，将其放入原子灰桶内调匀再用。

7）刮涂时，一般第一下刮刀较斜以便压实，第二下较直以便刮平。

8）刮原子灰时先填坑再普遍刮，先上后下，其要领是实、平、光。“实”就是要填满孔隙，并压实。“平”就是使表面变得平整，方便打磨。“光”就是要达到光滑。

为此，可能要刮几遍原子灰：

第一遍原子灰要稠些，把明显的坑凹及有缺陷处刮一遍。

第二遍原子灰稍稀些，如在工件上全部刮涂时，要求涂层平整和顺。

第三遍原子灰再稀些。

最后一遍原子灰较稀并加入少许漆，刮完后达到正视平平整整，侧视光光亮亮，手摸光滑无任何触手感。

9）在打磨的斜坡处，原子灰刮得要和顺。

10）刮原子灰时，每一刀的往返次数不宜过多，尽量一下刮成（允许有一个往返），否则不但浪费时间，而且越刮越涩，对硝基等快干原子灰则越刮越起刺，对油性原子灰越刮越出油，使表面易干而内部不干。

11）每遍原子灰的厚度应不大于 0.5mm。局部需增加厚度时，可采用特制原子灰单独刮涂。多种原子灰的极限厚度如图 4－35 所示。

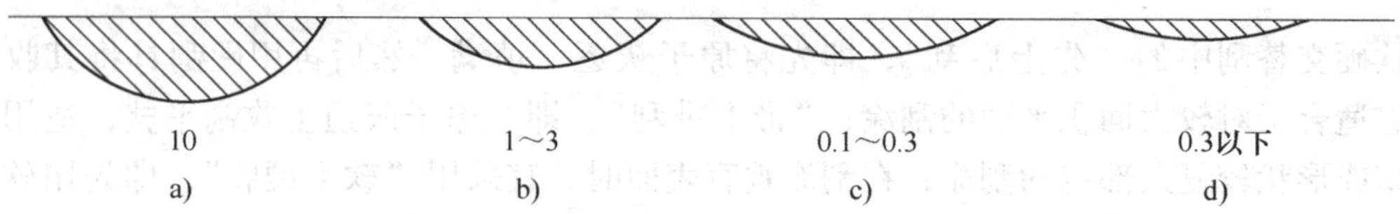


图 4－35　多种原子灰的极限厚度

a）钣金原子灰　b）多用途原子灰　c）硝基原子灰　d）修饰原子灰

12）原子灰一定要涂在底漆上，因为原子灰的结合强度较低且不防锈。

13）刮原子灰时以填平为主，以高点为基准刮平。原子灰层应尽量薄，做到以少量原子灰刮最大限度。

14）每遍原子灰都应彻底干燥后，才可进行下一遍涂装，否则会造成涂膜鼓泡、龟裂、起层等。面漆为烘烤工艺时，原子灰也应烘干。

（4）刮涂原子灰时应注意的事项

1）刮涂原子灰前，必须选好与底漆相配套的原子灰，最好按维修工艺操作。

2）每道原子灰之间必须经干燥打磨，不然影响打原子灰的质量，也影响车身涂装质量。

3）在打磨时，若发现底漆磨掉了，应及时补上底漆，然后再重刮原子灰。

（5）原子灰的打磨　原子灰的打磨是非常必要的，其目的是保证车身的涂装表面光滑平整。

打磨原子灰的方法主要有手工打磨和机械打磨两种。原子灰的打磨是一项繁重的工作。对大面积的打磨，一般采用机械方式，这样效率高。但对小面积原子灰的粗磨，包括大面积原子灰的细磨，以及一些有特殊精细要求的线条、曲面、转角、圆弧、弯曲部位等都需要手工打磨。

1）手工打磨。手工打磨分手工水磨和手工干磨。

手工水磨：打磨垫的外表包上水砂纸，边淋水边打磨，逐级（从 80～180～240～320～400 号）将原子灰打磨至平整、光滑。

手工干磨：用专用的带吸尘布袋的手泡板，垫干磨砂纸，逐级（从 80~120~180~240 号）将原子灰打磨至平整、光滑。

手工打磨的一般步骤如下：

① 选用适当的方木或橡胶块，用合适的砂布或砂纸，做成需要的磨块充当打磨的工具，如图 4-36 所示。

② 把磨块平放在打磨面上，手握磨块沿水平方向施加中等程度的压力，用力平稳均匀，对原子灰面进行打磨。不得急于求成，否则，因用力过猛，原子灰被磨穿，甚至磨穿底漆，或磨出凹坑、划痕，造成前功尽弃，还得重新涂装底漆打原子灰。这是应该特别防止的事。

③ 打磨时，用磨块做前后往复的摩擦运动来进行打磨。打磨行程较长的平面时，不要使磨块做圆周运动，那样会在漆面上留下明显可见的划痕。要想达到最佳的打磨效果，应始终沿车身外形线方向打磨，如图 4-37 所示。

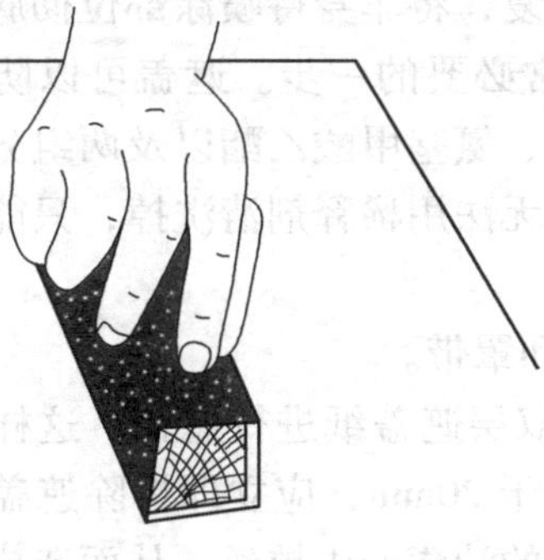

图 4-36 手工打磨工具

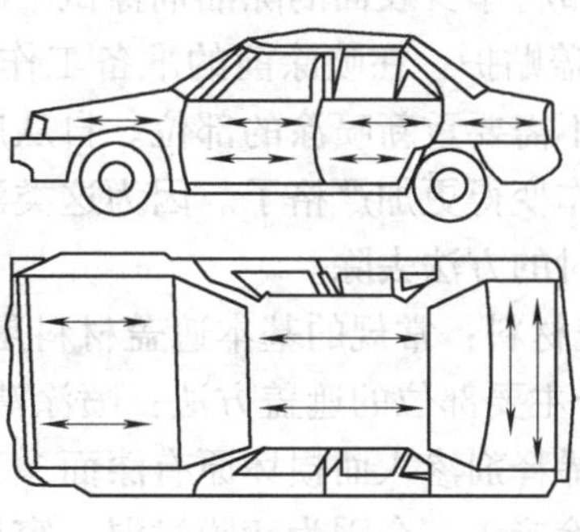

图 4-37 打磨车身原子灰时磨块的运行方向

④ 打磨过程中应充分注意最高点，并以最高点为准，多次用手摸出平整度，并加以修整。

⑤ 对波浪形的平面，可选用长一些的木块作磨块，打磨动作幅度可长些。

⑥ 对于局部补刮的原子灰，打磨时要注意原子灰层边缘的平整度，即原子灰口要磨平，以防产生原子灰层痕迹，并为第二道原子灰的刮、磨带来方便。

⑦ 打磨形线或圆弧时，则应使用与其形状相似的打磨块。

⑧ 干磨时砂纸会被填料的粉末腻住，经常抖动。拍拍砂纸可以去掉一些粉末，也可使用涂有滑石粉的砂纸，这样可减少粉末的堵塞。

2）机械打磨。常用的机械打磨设备有圆盘式打磨机、双作用打磨机、轨道打磨机及往复式打磨机。最常用的砂纸磨盘有 5in、6in、8in（即 12.7cm、15.2cm、20.3cm）三种，用 80~180 号砂纸干磨或用 320 号砂纸湿磨。把没有黏性的砂纸粘贴在打磨机衬盘上时，应先挤几滴粘合剂在衬盘上。如果用的是自粘贴砂纸片，只要将二者中心对正压紧即可，但在压紧前一定要把中心对准。打磨操作完成后，立即把砂纸从衬盘上取下来，否则粘合剂凝固后，砂纸与衬盘就会粘接很牢固，一旦粘牢，就要用抹布醮溶剂将粘合剂溶解，才能取下砂纸。

机械打磨的操作方法是：

① 用双手把持打磨机手柄，先用粗砂纸打磨。

② 当原子灰表面的刮痕基本被消除后，应及时更换细砂纸，磨至原子灰表面与周围的

高度相近即止，并留出手工细磨的余量。

③ 为使机械打磨的原子灰表面均匀平整，打磨机应按如图4－38所示（图中数字指示操作步骤）的走向行进。

④ 机械打磨时，如果出现结球现象，应及时更换砂纸，否则会堆积在一起而刮伤表面，并降低磨具的打磨效果。

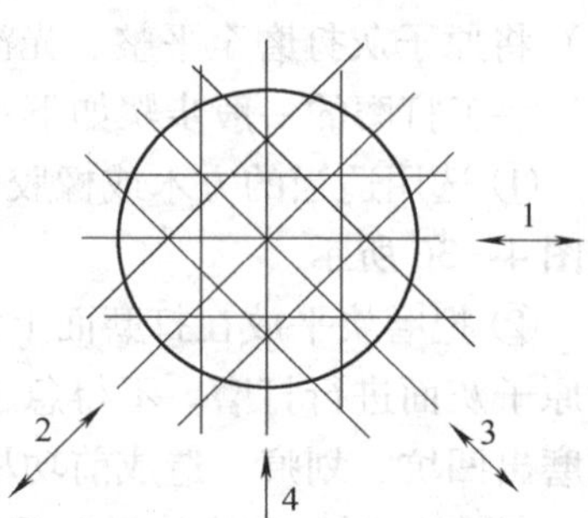

图4－38 打磨机的走向

**3. 喷涂前的准备**

（1）除油 对已用水彻底清洗干净并经完全干燥的车身，用除油剂采用“一湿一干”的操作方法，对需喷涂的车身表面进行除油。所谓“一湿一干”是指操作人员两手各拿一块除油布，其中一块蘸上适量的除油剂，先在需喷涂部位擦拭一遍。在除油剂挥发完之前，立即用另一只手上的干除油布将车身表面的除油剂擦拭干净，如此循环往复，将车身待喷涂部位彻底除油。

（2）遮盖贴护 在喷涂前的准备工作中，遮盖是非常必要的一步。遮盖可以防止喷雾接触到其他不需要重新喷涂的部位。自从广泛使用丙烯酸、氨基甲酸乙酯以及两组分涂料以来，遮盖工作变得更加严格了。因为这类油漆的飞漆干后无法用稀释剂清洗掉，只能用打磨或其他很费时的方法去除。

1）遮盖材料：常规的基本遮盖材料是胶带、遮盖纸和罩带。

2）几个主要部位的遮盖方法：喷涂清漆时，应采用双层遮盖纸进行遮盖，这样可以防止油漆中的稀释剂渗入而损坏原有漆面。当油漆喷涂后闪干20min，应立即拆除遮盖纸和胶带。过早清除遮盖，会因为漆膜过湿，容易使贴护边缘上的油漆产生拉丝，从而造成边缘不整齐。漆膜完全干燥后再清除贴护，则由于漆膜与遮盖纸上的油漆干燥而粘连，撕开时会使漆膜边缘产生不整齐的缺口。几个主要部位的遮盖方法如下：

① 标牌的遮盖。首先，把胶带粘贴在标牌的顶部，并与板面留有一定间隙。然后，把两边用力粘到标牌上。

② 侧风窗玻璃的遮盖。先用胶带遮盖侧风窗需要遮盖区域的周边，然后选用合适尺寸的遮盖纸，遮盖纸的底边粘贴到底部的胶带上，把遮盖纸的周边折叠，折叠边用短的胶带粘好。随后全部粘到周边预先贴好的胶带上。

③ 车门的遮盖。驾驶人员侧边的车门应单独遮盖，以便汽车需要移动时能打开车门。如果车门上的车窗为规则框架固定，则应单独遮盖。如果汽车中部没有立柱，则风窗玻璃和所有的车窗密封条（包括其他密封件）均应作为一个整体进行遮盖。

④ 车顶的遮盖。首先，应沿车顶周边粘贴一周胶带。然后根据车顶的大小，裁剪成合适尺寸的遮盖纸把车顶全部盖住。多余的边应褶叠起来，所有的边缘均应用胶带粘住，以免油漆喷溅。

⑤ 前风窗玻璃和后风窗玻璃的遮盖。遮盖玻璃前应先把附件（如前刮水器刷）卸下，刷轴的遮盖方法与车门把手一样。随后用胶带沿车窗边缘遮盖住，把遮盖纸裁成需遮盖车窗的形状，然后再粘贴。有时，为了满足玻璃的曲度，需要折叠遮盖纸。多余的遮盖纸向里折叠，朝向车窗玻璃。松开的边用1.8cm的胶带固定。如果采用两张遮盖纸遮盖，上面遮盖纸应与下面的遮盖纸重叠，防止油漆飞溅，缝隙处用胶带粘牢。

⑥ 车门把手的遮盖。采用1.8cm的胶带，纵向遮盖。

⑦ 散热器面罩和保险杠的遮盖。散热器面罩与保险杠一般是分别进行遮盖的。首先，用胶带沿散热器面罩的周边进行遮盖，然后裁成合适的遮盖纸进行遮盖。金属材质制成的保险杠应选用合适尺寸的遮盖纸进行遮盖，下部边缘进行折叠，与保险杠的下部粘牢。对于有些汽车，可以把散热器面罩和保险杠一起进行遮盖，但保险杠与翼子板前端面的塑料遮盖件应进行单独遮盖。因为这些板件通常与汽车的其他部分一起喷涂。

⑧ 门槛嵌条的遮盖。门槛上的嵌条可用合适宽度的预先贴好胶带的遮盖纸进行遮盖，但一定要留有足够的间隙，使油漆有很好的搭接区。

⑨ 前照灯和尾灯的遮盖。采用 15cm 宽的遮盖纸，把遮盖纸上的胶带粘到密封前照灯或灯框的边缘上，形成一个圆形或四方形。然后把遮盖纸向中间对折，把遮盖纸折叠的对边也粘住，保持遮盖纸的平整。对于尾灯和驻车灯应采用同样的方法，只是需要选用适当宽窄的遮盖纸遮盖。

⑩ 天线的遮盖。纸套管套在天线上，底部用胶带粘牢。

⑪ 局部板件喷漆时的遮盖。如果车门侧壁需要喷漆，一定要遮盖车门装饰件、车门密封条、锁和撞板。通常用 15cm 宽或更宽的遮盖纸进行遮盖。沿流线边缘进行反向粘贴时，可以采用预先贴好胶带的遮盖纸。首先，把遮盖纸沿流线型板件边缘的最高端放置好，用胶带固定。使遮盖纸自然下垂，然后反向折叠，使反向折叠的弧线超过流线型边缘 1.2 ~ 2.0cm。最后，把遮盖纸的另一边固定到板件的合适位置上。如果需沿一个曲面流线型边缘进行遮盖时，必须使用遮盖胶带。先将 1.9cm 宽的胶带以正确的角度分别粘贴到流线型边缘上，每条胶带应有 1.0 ~ 1.3cm 长，胶带与胶带之间应有足够的重叠量，整个胶带的粘贴边缘应形成一个与流线型边缘相平行的曲线。然后把胶带条反折，应从最后一条胶带开始，并保证有一个正确的弧度。最后，用一条胶带把所有反折边来的胶带端粘贴固定。

# 任务八 喷涂面漆

## 任务目标

掌握面漆的喷涂技术。

### 一、任务

汽车喷涂面漆如图 4 – 39 所示。

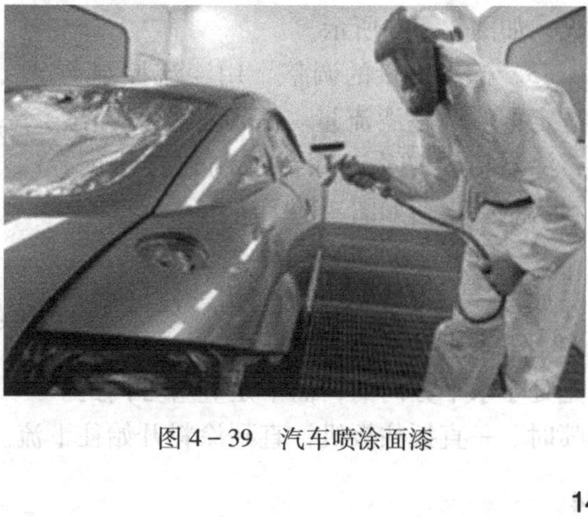

图 4 – 39 汽车喷涂面漆

### 二、相关知识

汽车修补作业中的面漆喷涂，大多数情况下都采用压缩空气雾化喷涂。如果要修补的车辆采用的是金属闪光漆，还必须了解清楚该车在汽车总装厂喷涂面漆时，最后一道底色漆施工时是否采用了静电喷涂。如果采用了静电喷涂方法，那么在修补作业时也应该采用静电喷涂的施工方式。

否则，尽管所采用的涂料颜色与车身表面的颜色一致，也极有可能因修补施工的涂层中铝粉排列的方向与原装涂层不一致而造成色差。目前，世界上大多数汽车总装厂在喷涂最后一道金属闪光底色漆时，已不再采用静电喷涂方法。

**1. 影响喷漆质量的因素**

(1) 粘度　涂料的粘度是指其阻碍流动的能力，粘度不合适会造成漆面缺陷。涂料必须彻底搅拌均匀，并稀释到恰当的浓度。在稀释涂料时，要按漆罐上的说明，根据喷涂的环境温度，选择合适型号的稀释剂把涂料稀释到适当的粘度，以使涂料喷涂后形成的漆膜既具有适当的流平时间，让漆膜充分流平，以免产生橘皮，同时又能防止因流平时间过长而产生流挂。

(2) 温度　面漆重涂时要考虑的温度有室内气温、汽车表面温度和涂料本身的温度。

在下吸式气流喷漆室中，温度的影响很大，气流冲过时涂料的温度骤然提高 6～7℃。如果油漆干得太快，溶剂就会被截留在基本涂层中（蒸发不掉），这在涂透明涂层时就有可能出现问题。

喷涂时，车辆刚从寒冷的室外进入喷漆室也要小心。如果汽车表面太凉，溶剂挥发速度将低于正常值，这可能会引起配色和固化方面的问题。在喷涂作业前足够长的一段时间内就应该把被喷涂的汽车放进作业间里，使其温度与作业间的温度近似相等。一般，在汽车上放一个表面温度计，用以确定表面温度是否符合喷涂作业要求。

**2. 喷枪的使用**

(1) 气压调整　气压值通常用干燥器—调压阀（或转换器）设定。但由于有摩擦，空气从干燥器—调压阀流到喷枪时压力有损失，干燥器—调压阀上的读数与喷枪上读数的差别取决于输气管的长度和直径。测量这一压降的最可靠方法就是在软管接头和喷枪之间接一个调压阀，用来检查和设定喷枪压力。

(2) 用雾形控制钮设定雾形的大小　把雾形控制钮全拧进去可得到最小的圆形喷束，把旋钮全拧出来时得到的雾形最大，如图 4－40 所示。

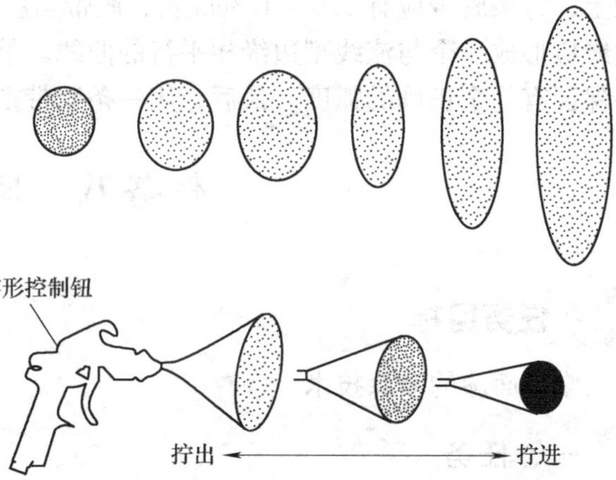


图 4－40　用雾形控制钮设定雾形的大小

(3) 涂料流量的调整　用漆流控制钮选定雾形调整漆流量。漆流控制钮拧出时，涂料流量增大；漆流控制钮拧进时，涂料流量减小，如图 4－41 所示。

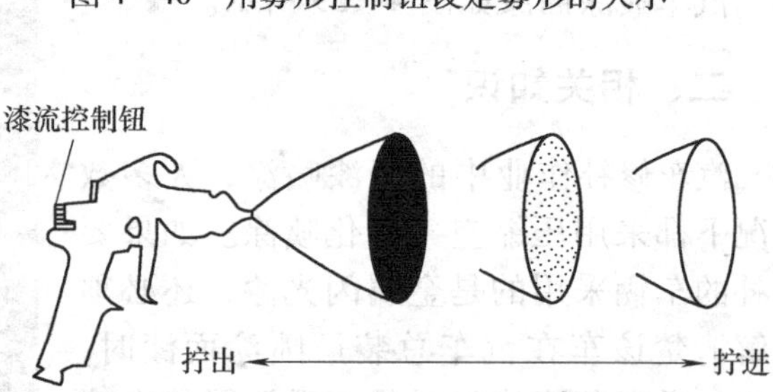


图 4－41　涂料流量的调整

**3. 雾形的测试方法**

放松气帽卡环，拧动气帽，使气帽角处在上下垂直的位置，这时气帽产生的雾形是处于水平方向的，而不是竖直方向的。试喷时，一直扳住扳机，直到涂料开始往下流。检查各段流挂的长度。

1）如果各项调整正确，各段流挂的长度应近似相等，如图 4－42 所示。

2）如果流挂呈分开的形状（如图 4－43 所示），是由于喷束太宽或气压太高，可把雾形控制钮拧紧半圈，或降低气压，交替进行这两项调整，直到流挂长度均匀。

3）如果流挂中间长两边短（如图 4－44 所示），则是因喷出的漆太多。应把控漆按钮拧紧半圈，直到流挂长度均匀。

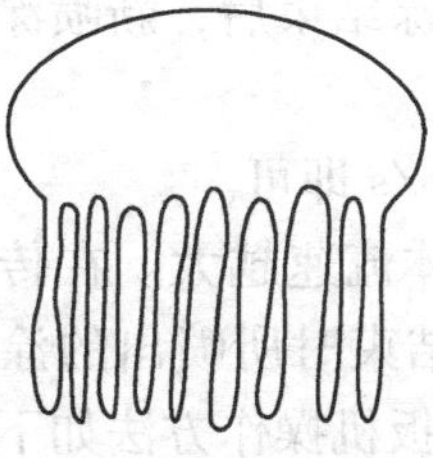
图 4－42　流挂均匀

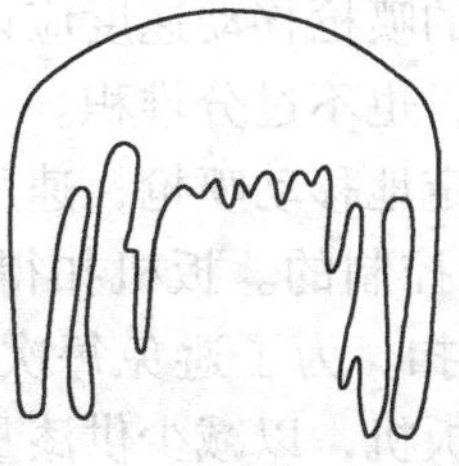
图 4－43　流挂呈分开的形状

图 4－44　流挂中间长两边短

**4. 喷涂操作过程**

（1）持枪　以右手持喷枪时，用大拇指、中指和无名指握住枪柄，用食指钩在扳机上，两肩放松，自然下沉。左手拿着喷枪附近的一段输气胶管，以减轻右手拉胶管的力量；有的是靠手掌、大拇指、小拇指和无名指握住喷枪，中指和食指用以扣动扳机。

握枪方式的选择全凭喷漆人员的自我感受，在这方面没有一成不变的方式，可以根据个人的习惯来决定。

（2）喷枪对于被喷涂表面的方位　喷枪要持平，并垂直于被喷涂表面。即使在喷涂曲面时也要保持喷枪垂直于被喷涂表面（如图 4－45 所示）。如果喷枪有一些歪斜，必然会造成喷幅带偏向一边流淌，而另一边则显得干瘦、缺漆，极有可能造成明显的条纹状涂层。只有压送式喷枪最适合车顶、前盖及后盖之类较大平面部位的涂装。

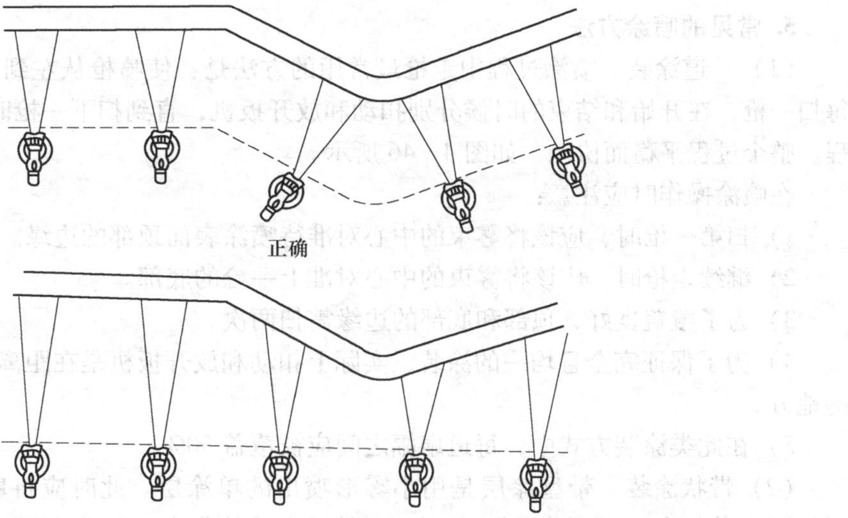

图 4－45　喷枪对被喷涂表面的方位

（3）喷枪至被喷涂表面的距离　喷枪至被喷涂表面的距离要合适，对于硝基漆为 15～

20cm，磁漆为 20～25cm（一般为 20cm 左右）。如果距离太近，会因喷涂射流太大而使湿漆膜吹起，引起起皱或因涂层太厚而产生流挂；如果距离太远，稀释剂挥发太多，会形成橘皮状或砂状表面，还会使飞漆增多。

（4）喷枪的移动速度　在喷涂时，喷枪的移动速度对涂装效果的影响非常大。如果喷枪移动太快，表面显得干瘦、流平性差、表面粗糙；如果喷枪移动太慢，则形成的涂层太厚，极有可能产生流挂。实际上喷枪的移动速度也不能一概而论，对于不同的雾束、不同的供漆量，要求不同的移动速度。最理想的喷枪移动速度应该是一旦喷涂结束后，新喷涂层看起来显得丰满、润湿，既不干瘦、贫瘠，也不过分堆积。

在喷涂时，沿计划好的行进路线稳定地移动喷枪，速度约为 30cm/s 即可。

（5）扳机的控制　喷枪是靠扳机来控制的。扳机扣得越深，液体流速越大。在传统走枪的过程中，扳机总是扣死，而不是半扣。为了避免每次走枪将要结束时所喷出的涂料堆积，有经验的喷漆人员都要略放松一点扳机，以减少供漆量。正确的扳机操作方法如下：

1）手握喷枪，向待喷涂表面移动。当喷枪接近表面的边缘时，扣动扳机。也就是在喷枪移动到距离待喷涂表面的边缘大约 5cm 的地方扣动扳机。

2）当喷枪扫过所喷涂的表面后，放开扳机。也就是在喷枪扫过已喷涂表面的边缘大约 5cm 以外的地方放开扳机。

（6）收边　进行斑点修补或者在新喷涂层与旧涂层的边缘混色加工时，都要进行收边操作。收边的意思是在走枪开始时不扣死扳机，此时的供漆量很小，随着喷枪的移动，逐渐加大供漆量，直到走枪将要结束时再将扳机放开，使供漆量大大减少，从而获得一种特殊的过渡效果。具体操作方法是：

1）平稳地移动喷枪，到接近喷涂表面时，逐渐扣动扳机进行喷涂。然后突然但平稳地放开扳机，喷枪继续移动。这是从外向内喷。

2）使喷枪置于待喷涂表面上方，扣死扳机进行喷涂。然后平稳地向外移动喷枪，一旦喷枪接近收边区域时，慢慢放开扳机。操作要平稳，然后继续移动喷枪。这是从内向外喷。

**5. 常见的喷涂方法**

（1）一道涂装　喷涂过程中走枪最常用的方法是：使喷枪从左到右，然后再从右到左。每扫一枪，在开始和结束的时候分别扣动和放开扳机，直到扫下一枪时，再重复上述操作过程。整个过程平稳而协调，如图 4－46 所示。

在喷涂操作时应注意：

1）扫第一枪时，应该将雾束的中心对准待喷涂表面顶部的边缘。

2）继续走枪时，应该将雾束的中心对准上一枪的底部。

3）为了覆盖良好，顶部和底部的边缘需扫两次。

4）为了保证完全且均一的涂装，实际上扣动和放开扳机是在距离每块板前后 2.5～5cm 的地方。

5）在此类涂装方式中，每道扇幅之间应被覆盖 50%。

（2）带状涂装　带型涂层是用小雾形喷出的单涂层。此时应将扇幅调得相对窄一些，一般调整到大约 10cm 宽即可。此时喷出的雾束比较集中，呈带状覆盖。这样既能保证边缘部位的覆盖效果，又可保证不致超出要求的喷涂范围，以达到减少过喷、节约原材料的目的，如图 4－47 所示。

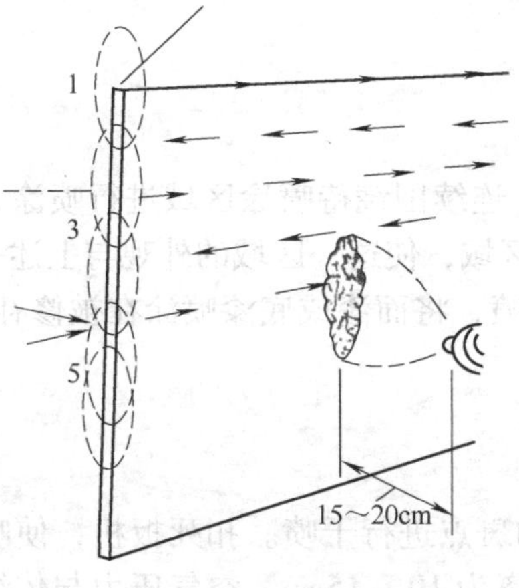

图 4-46 一道涂装喷涂过程

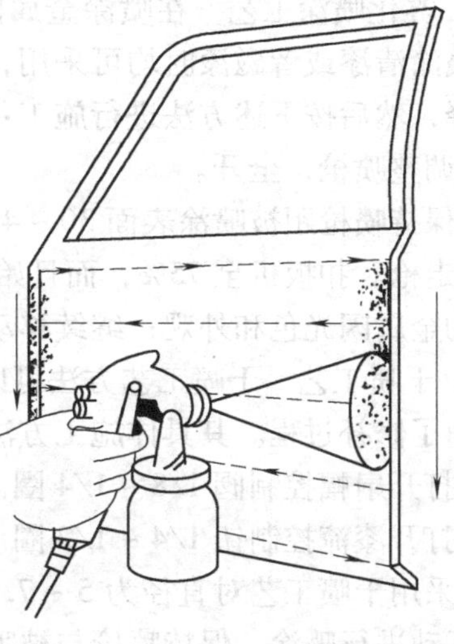
图 4-47 带状涂装

（3）二道涂装 所谓二道涂装，是在一道涂装后马上进行的涂装。二道涂装通常应用于快干型涂料。一般二道涂装的方向与一道涂装的方向不同，如果第一道为水平喷涂，第二道则采用垂直喷涂。

（4）长板的喷涂 对于汽车上较长板材的修补喷涂，一般可以采用垂直扫枪的方法。喷涂长板时，为了方便，可将长板以大约 45 ~ 90cm 的距离划分为一段，然后像喷涂短板一样进行喷涂。段与段之间需要重叠覆盖大约 10cm 左右的区域。

喷涂长板与喷涂边角不一样，没有必要采用带状喷涂法。当喷涂下一道时，最好改变扇幅所覆盖的部位，以免造成某一段的涂层过厚。

（5）边角的喷涂 喷涂边角时，应使雾束中心对准边角，使边角的两边各覆盖 50%。此时应使喷枪离被喷涂表面的距离比正常距离近 2.5 ~ 5cm。

（6）棒状工件的喷涂 喷涂汽车里面有些较长的、直径不大的棒状零部件时，最好将雾束调窄一些，这样可以达到完全覆盖又不过喷的目的，如图 4-48 所示。

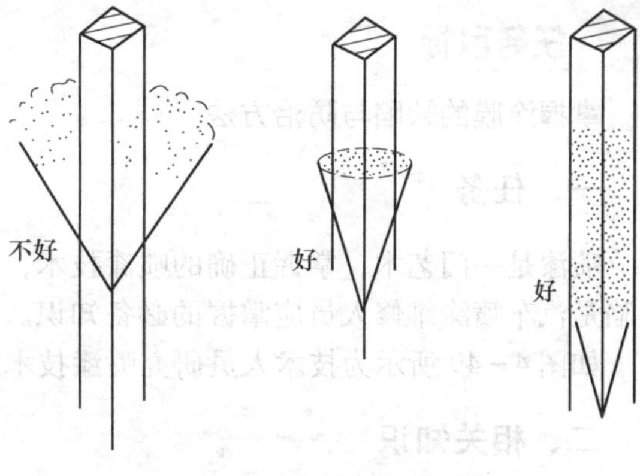

图 4-48 棒状工件的喷涂

（7）过渡区域的喷涂 在喷涂色漆之后，在剩余的涂料中加入适量的驳口水（按与涂料的量 1∶1 的比例加入）或完全用驳口水，喷涂在过渡区域内的操作方法称为驳口。目的是使漆面修补的过渡区域恢复光泽，消除修补痕迹。一般来说，在汽车修补中有两种类型的喷涂法：

1）在热塑料性丙烯酸面漆上喷虚枪，用来使新喷的修补漆与原来的旧漆之间混色，使汽车表面经过修补之后看不出修补的痕迹。

2）在新喷涂的丙烯酸或醇酸磁漆上喷虚枪，用来提高其光泽。有时也用来在斑点修补时混色。

（8）雾化喷涂工艺　在喷涂金属闪光漆或者碰到条纹、斑纹等时，可以采用雾化喷涂法。在喷涂清漆或者磁漆时均可采用，但是用得最多的还是在磁漆上。首先，按照说明书的要求稀释，然后按下述方法进行施工：

1）调整喷枪，全开。

2）保持喷枪距被喷涂表面30～45cm。

3）走枪。扣扳机至75%，而且始终保持不变；连续围绕待喷涂区域进行喷涂，直到获得均匀的金属闪光色和外观；继续移动喷枪至相邻区域，使这一区域的外观与上述一致。

（9）干喷工艺　干喷工艺方法可以用最小的过喷，将面漆或底漆喷涂在被修补的部位，大大加速了修补过程。其具体施工方法是：

1）打开扇幅控制阀1/8～1/4圈。

2）打开漆流控制钮1/4～1/2圈。

3）采用干喷工艺对直径为5～7.5cm被喷涂的斑点进行干喷。扣死扳机，使喷枪连续做圆周运动进行喷涂。保持喷枪与被喷涂表面的距离为10～15cm。空气压力与传统喷涂方法相同。每5～10s后停止喷涂，仔细观察表面的平整度。一般用粘性抹布擦拭表面以确定其平整度。继续喷涂直到达到所希望的遮盖。

4）如果涂料太干，可增加供漆量，将漆流控制钮打开1/8圈；如果涂料太湿，可增加喷枪至表面的距离，离开2.5～5cm；关闭漆流控制钮1/8圈，再次检查喷涂情况。必须在喷漆施工的任何时候用粘性抹布擦拭表面，以除去灰尘和粗糙的表层。

# 任务九　防治涂膜缺陷

## 任务目标

掌握涂膜的缺陷与防治方法。

## 一、任务

喷漆是一门艺术，掌握正确的喷漆技术，喷出漂亮的色彩。在喷涂过程中如何防治涂膜缺陷是汽车喷涂维修人员应掌握的必备知识。

如图4－49所示为技术人员研究喷漆技术。

## 二、相关知识

**1. 流挂的产生及预防**

（1）现象　喷涂在垂直面上的涂料产生流挂，使涂膜厚薄不均匀，并产生流滴、流淌的波浪纹或挂幕下垂等不同程度的缺陷状态，如图4－50所示。

（2）产生的原因

1）喷涂操作不当，重枪过多，喷枪运行速度过慢。

2）涂料喷出量过多或一次喷涂过厚。

3）涂料粘度偏低。

4）环境温度过低。

5）涂料中含有密度大的颜料（如硫酸钡）等。

图 4-49　技术人员研究喷漆技术

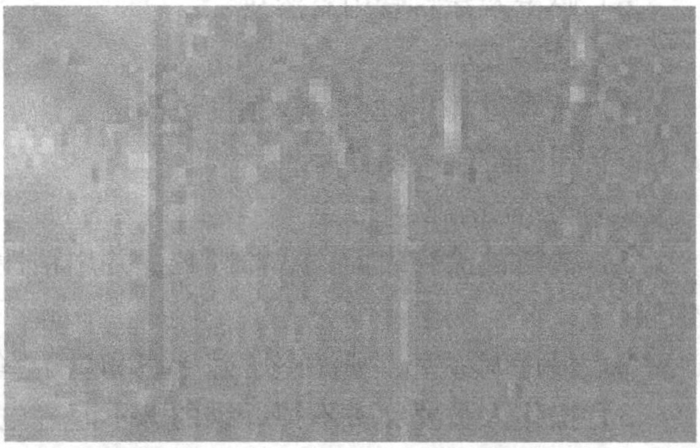

图 4-50　涂膜流挂缺陷

（3）预防措施

1）调整喷涂距离，保持喷枪对被喷涂表面的垂直状态，减少重枪，调整喷枪运行速度，均匀喷涂。

2）调整喷枪出漆量，一次喷涂厚度控制在 20μm 左右。

3）调整涂料的施工粘度。

4）提高施工环境温度。

5）使用蒸发快的稀释剂。

6）调整涂料配方或填加阻流剂，选用具有触变性的涂料。

7）在旧漆膜上涂新漆时，应预先进行打磨处理。

**2. 颗粒的产生及预防**

（1）现象　涂膜中的凸起物呈颗粒状分布在整个或局部表面上的现象，如图 4-51 所示。

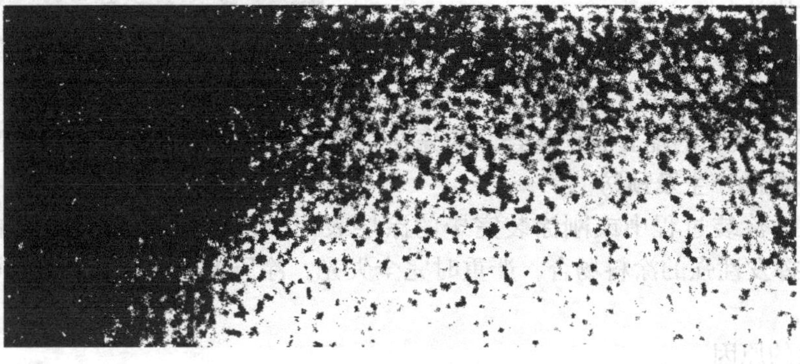

图 4-51　涂膜颗粒缺陷

（2）产生的原因

1）被涂物表面不洁净。

2）喷涂环境洁净度差。

3）操作人员工作服、手套掉纤维。

4）涂料的内杂质未过滤干净。

5）喷漆室温度过高，风速过大或溶剂挥发太快。

6）喷枪及涂料管内有漆皮。

7）涂料变质。

8）漆雾过多、过粗，漆粘度过高。

9）压缩空气不洁净 。

（3）预防措施

1）清洁被涂物表面，磨掉颗粒，并用粘性擦布擦净，或用洁净空气吹净被涂物表面的尘埃。

2）保持调漆室、喷漆室、晾干室和烘干室内洁净，送给的空气除尘要充分。

3）操作人员要穿戴不掉纤维的、不起静电的洁净工作眼及手套。

4）喷涂前将涂料过滤干净，过滤装置要经常清理或更换。

5）降低喷漆室温度和通风量，加高沸点的溶剂（一般根据季节变化调整稀释剂配方）。

6）喷枪等器具用后要用溶剂清洗干净备用。

7）不使用变质或分散不良的涂料。

8）调整油漆粘度，调整喷枪雾化状态，注意喷涂距离、喷涂顺序和喷漆室风速。

9）净化压缩空气。

**3. 咬起的产生及预防**

（1）现象　喷涂面漆后，底层漆被咬起脱离，产生皱纹、胀起、起泡等现象，如图 4－52 所示。

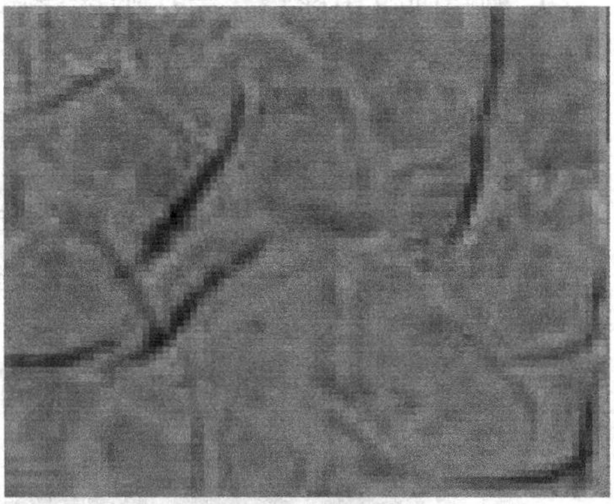

图 4－52　涂膜咬起缺陷

（2）产生的原因

1）涂料不配套，底漆层耐溶剂性差，或面漆含有能溶胀底漆的强溶剂。

2）涂层未干透就涂下一道漆。

3）涂层太厚。

（3）预防措施

1）选择配套性良好的底面涂料。

2）底涂层干透后再涂下道漆。

3）在易产生咬底的配套涂层场合，应先在底漆上喷一薄层面漆，等稍干后再喷涂。

**4. 涂膜泛白的产生及预防**

（1）现象　涂装过程中或刚涂装完毕的涂层表面呈现乳白色，产生变白的失光现象，多发生在涂装挥发性强的涂料场合，严重时完全失光，涂层上出现微孔及力学性能下降，如图 4－53 所示。

（2）产生的原因

1）施工场所的空气湿度太高。

2）所用的有机溶剂沸点低，而且挥发太快。

3）被涂物的温度低于室温。

4）涂料和稀释剂含水，或压缩空气含水分。

5）溶剂和稀释剂的选用及配比不恰当，造成树脂在涂层中析出而变白。

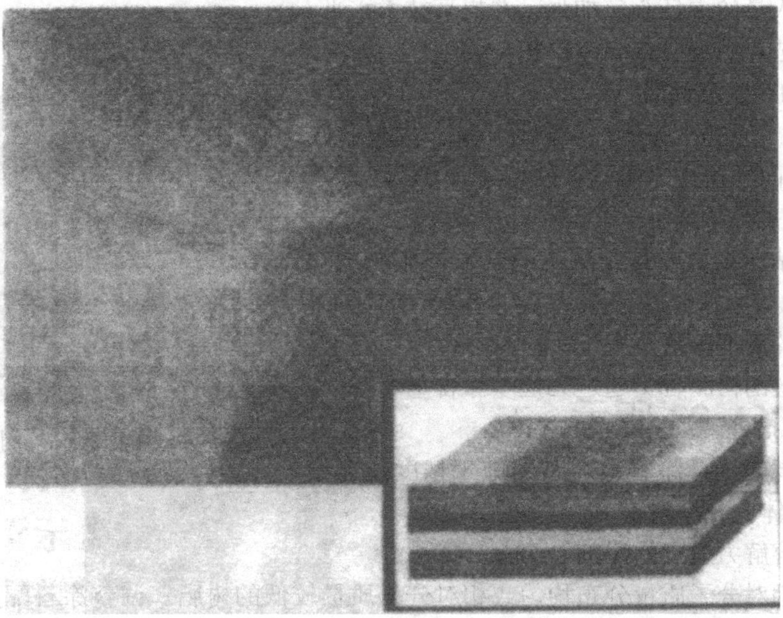

图 4－53 涂膜泛白的缺陷

（3）预防措施

1）涂装场地的环境温度最好是在 15 ~ 25℃，相对湿度不高于 70%。

2）选用沸点较高和挥发速度较低的有机溶剂，如添加防潮剂。

3）涂装前，先将被涂物加热，使其比环境温度高 10℃左右。

4）防止溶剂和压缩空气中带有水分。

5）防止树脂在成膜过程中析出。

**5. 露底、盖底不良的产生及预防**

（1）现象 由于漏涂而使被涂面未涂上漆的现象称为露底。因涂得太薄或涂料的遮盖力太差，未盖着底面的现象称为盖底不良，如图 4－54 所示。

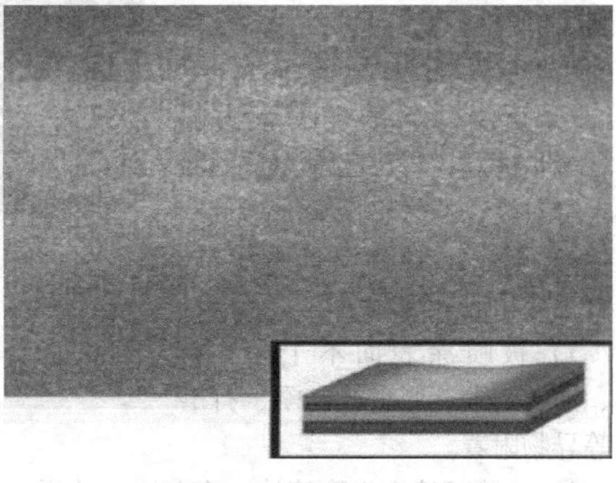

图 4－54 涂膜遮盖力不良

（2）产生原因

1）施工不认真而漏涂。

2）涂料遮盖力太差、涂层太薄或涂料粘度偏低。

3）底漆、面漆的色差太大，如在深色漆面上涂亮度高的浅色漆。

4）涂料在使用前未搅拌均匀。

（3）预防措施

1）选用遮盖力强的涂料，增加涂层厚度，或增加喷涂次数，且涂料应搅拌均匀。

2）适当提高涂料的施工粘度，或选用固体成分高的涂料。每道漆应达到规定的喷涂厚度。

3）操作人员的责任心应加强，并提高技术水平。

4）尽量选用面漆层与底漆层相近的颜色。

**6. 拉丝的产生及预防**

（1）现象　在喷涂时涂料雾化不良，成丝状喷出，使漆膜表面呈丝状，如图4－55所示为蛛网状。

图4－55　蛛网状

（2）产生的原因

1）涂料粘度高，或是制漆用的合成树脂的相对分子质量偏高。

2）选用的溶剂的溶解力不足。

3）易拉丝的树脂含量超过无丝喷涂含量。

（3）预防措施

1）通过试验选择涂料最适宜的施工粘度或者最适宜的施工固体成分涂料。

2）选用溶解力适当的溶剂。

3）使用相对分子质量分布均匀或相对分子质量较低的树脂。调整涂料配方，减少易拉丝树脂的含量。

**7. 缩孔、抽缩的产生原因及预防**

（1）现象　受被喷涂表面存在的或混入涂料中的异物的影响，涂料不能均匀附着，产生抽缩而露出被涂面。由于产生的原因和现象较多，露底面积大且不规则的被称为抽缩（或“发笑”）；呈圆形的称为缩孔；在圆孔内有颗粒的称为“鱼眼”，如图4－56所示。

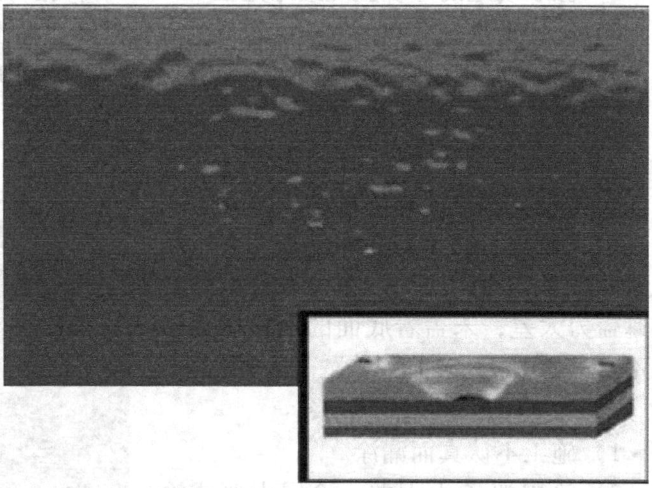

图4－56　涂膜“鱼眼”缺陷

（2）产生的原因

1）所用涂料的表面张力偏高，流平性差，释放起泡性差，涂料本身对缩孔的敏感性大。

2）调漆工具及设备不清洁，使有害异物混入涂料中。

3）被喷涂表面不干净，有水、油、灰尘、肥皂、硅酮、打磨灰等异物附着。

4）涂装环境空气不清洁，有灰尘、漆雾、硅酮、蜡雾等。

5）涂装中使用的工具、工作服、手套等不清洁。

（3）预防措施

1）在选用涂料时，不要选对缩孔敏感性强的涂料。

2）在涂装车间，无论是设备、工具，还是生产用的辅助材料等，绝对不能带有对涂膜有害的物质，尤其是硅酮。

3）应保证压缩空气干燥。

4）确保涂装环境清洁，空气中应无灰尘、油雾、漆雾等漂浮物。

5）严禁用裸手、脏手套和脏物接触被涂面，确保被涂面干燥、清洁。

6）在旧涂膜上喷涂时，应事先用砂纸将旧漆打磨、清洗，保证其干燥、清洁。

**8. 针孔的产生及预防**

（1）现象　在漆面上产生针孔状的小孔，就像皮革上的毛孔，孔的直径约为 100μm，如图 4－57 所示。

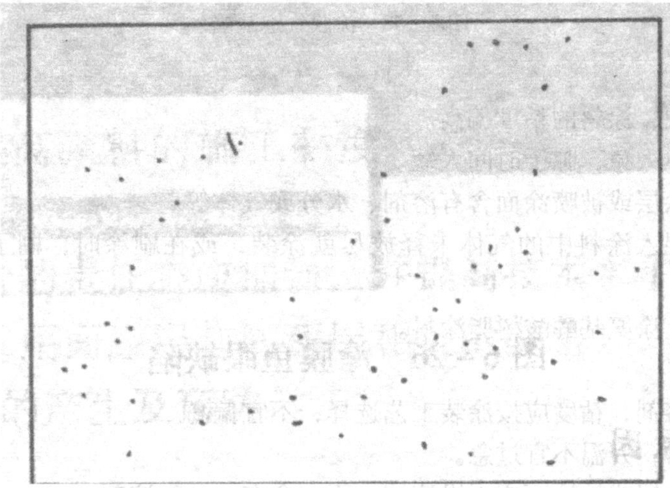

图 4－57　涂膜针孔缺陷

（2）产生的原因

1）涂料的流动性差，流平性差，释放气泡的能力差。

2）涂料在储运中变质。

3）涂料中混入杂物，如溶剂型涂料中混入水分等。

4）涂装后晾干不充分。烘烤时升温太快，表面干燥过快。

5）被涂物的温度过高，被涂物表面有污物、小孔等缺陷。

6）环境空气湿度过高。

（3）预防措施

1）选用合适的涂料，对易产生针孔的涂料加强进厂检验，避免不合格材料流入生产线。

2）注意存漆容器与涂装工具的清洁和溶剂的质量，防止杂物混入漆中。

3）涂装后应按工艺规程晾干，添加挥发慢的溶剂，使漆膜的表干减慢。

4）注意被涂物的湿度和清洁度，消除被涂物表面的小孔。

5）改善涂装环境条件，满足涂装要求。

**9. 气泡的产生及预防**

（1）现象　在涂装过程中，涂膜表面呈泡状鼓起，或在涂膜中有气泡。烘干型涂料易产生这种弊病，如图 4－58 所示。

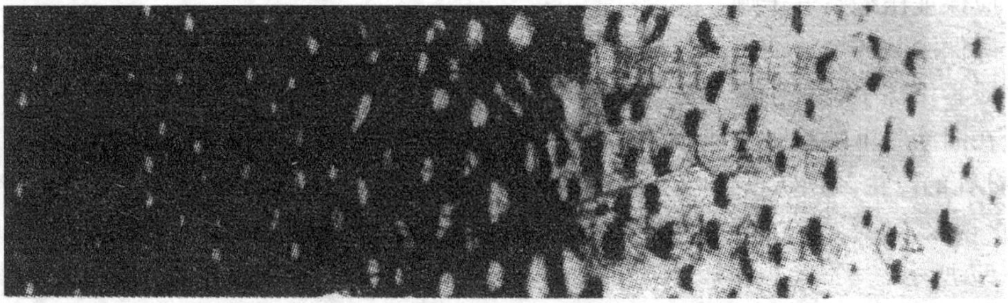

图 4－58　涂膜气泡缺陷

（2）产生原因

1）溶剂挥发快，涂料的粘度偏高。

2）烘干时加热太急，晾干时间太短。

3）板材、底涂层或被喷涂面含有溶剂、水分或气体等。

4）搅拌时，混入涂料中的气体未释放尽就涂装，或在刷涂时，刷子走动过急而混入空气。

5）木质底材上涂氨基醇酸树脂涂料。

（3）预防措施

1）使用指定溶剂，粘度应按涂装工艺选择，不宜偏高。

2）涂层烘干时，升温不宜过急。

3）底材、底涂层或被涂面应干燥清洁，不应含有水分和溶剂。

4）添加醇类溶剂或消泡剂。

5）选择与木质底材配套的涂料。

**10. 起皱的产生及预防**

（1）现象　在干燥过程中，涂膜表面出现皱纹、凹凸不平且平行的线状或无规则线状等现象，如图 4－59 所示。

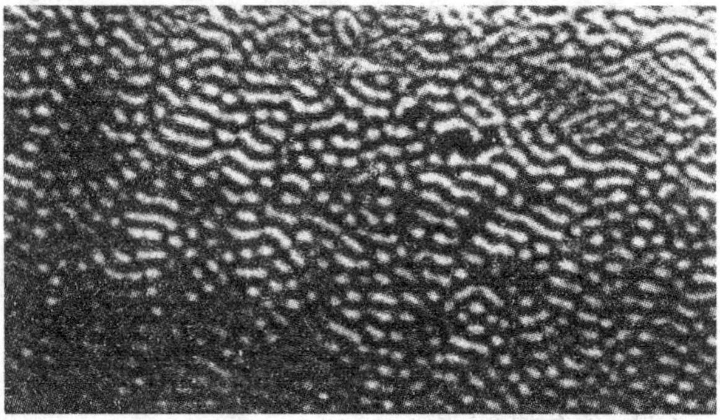

图 4－59　涂膜起皱缺陷

（2）产生的原因

1）桐油制的油性漆易产生起皱现象。

2）在涂料中添加了过多的钴和锰催干剂。

3）烘干升温过快，表面干燥过快。

4）涂膜过厚，或在浸涂时产生“肥厚的边缘”。

5）氨基漆晾干过度，表干后再烘干，易产生起皱现象。

（3）预防措施

1）控制桐油的使用量。

2）少用钴、锰催干剂，多用铅或锌催干剂，对烘干型涂料采用锌催干剂。

3）每道涂膜厚度控制在不起皱的厚度限值内。

4）执行晾干或烘干的工艺规范。

5）采用防起皱剂。油性的醇酸树脂漆稍涂厚，在烘干时易起皱，可添少量（5%以下）氨基树脂作为防起皱剂，一次喷到 40μm 以上厚度也不起皱。

6）氨基面漆按规定时间晾干后，即可进行烘干。

**11. 色不均匀或色发花的产生及预防**

（1）现象　涂膜的颜色局部不均匀，出现斑印、条纹和色相杂乱的现象。

（2）产生原因

1）涂料中颜色分散不均，或两种以上的色漆相互混合时，混合不充分。

2）所用溶剂的溶解力不足，或施工粘度不适当。

3）涂得太厚使涂膜中的颜料产生“里表对流”。

4）在涂装场所附近有能与涂膜发生作用的气体（如氨、二氧化硫等）的发生源。

（3）预防措施

1）选用分散性和互溶性良好的漆料。

2）选用适当的溶剂，采用符合工艺要求的涂装粘度及厚度。

3）调配复色漆时，应使用同一类型的涂料，最好用同一厂家生产的同一类型的涂料。

**12. 浮色、色分离的产生及预防**

（1）现象　涂料中各组成物的颗粒大小、形状、密度、分散性、内聚性等不同，使涂膜表面和下层颜料分布不均，各断面的色调有差异。

（2）产生原因

1）在涂装含有两种以上颜料的复色漆时，由于溶剂在涂层中的挥发不一，易出现对流而产生浮色现象。

2）涂料中颜料密度相差悬殊。

3）涂装方法及设备选用不合理。

（3）预防措施

1）改进涂料配方，如选择不易浮色的、易分散的颜料。

2）添加防浮色剂，如硅油。它对防止浮色有显著的效果。

3）选择适合的涂装方法和设备。

**13. 金属闪光色不匀的产生及预防**

（1）现象　在喷涂金属闪光面漆时，因喷涂的厚度不均、流挂，所用溶剂与涂料不配套而引起铝粉分布不均匀，导致外观颜色不均匀。

（2）产生的原因

1）涂料配方不当，如铝粉含量偏低，溶剂密度大，树脂的相对分子质量低，涂料的指触干燥慢等。

2）喷涂粘度选择不当。

3）涂层过厚或膜厚不均匀、雾化差，喷涂操作不熟练。

4）涂面漆与罩光清漆之间晾干时间太短。

5）环境温度低。

（3）预防措施

1）改进涂料配方，使用油漆厂指定的溶剂。

2）选择合适的喷涂粘度。

3）提高喷涂操作的熟练程度，采用专用喷涂工具或自动涂装机。

4）选择合适的晾干时间，或者增加吹热风（60～80℃）的工序。

5）将喷涂时的环境温度调到适合的温度范围内。

**14. 渗色、底层污染的产生及预防**

（1）现象　在一种涂膜上涂上另一种颜色的漆，底层涂膜部分渗入面涂涂膜中，而使面漆膜变色的现象称为渗色。由底层上附着的着色物透过面漆层产生异色斑的现象称为底层污染。

（2）产生原因

1）底层涂膜中含有有机颜料或溶剂，或溶剂能溶解的色素渗入面漆涂层中。

2）底材含有有色物质，或底漆层上附有着色物。

3）面漆含有溶解力强的溶剂，或底层涂膜未完全干透就涂面漆。

（3）预防措施

1）在含有有机颜料的涂层上不宜涂异种颜料的涂料（尤其是浅色面漆）。

2）为防止渗色，需增涂一层封底涂料。

3）面漆选用挥发快、对底层涂膜溶解力差的溶剂调配。

4）除去底层上的着色物质，然后再进行喷涂。

**15. 表面失光的产生及预防**

（1）现象　有光泽涂层干燥后，没有达到应有的光泽，或者涂装后不久涂层出现光泽下降、呈现雾状朦胧现象。

（2）产生原因

1）颜料的选择、分散和混合比例不适当，树脂混溶性差，溶剂选配不当。

2）被涂面对涂料的吸收量大且不均匀。

3）被涂面粗糙且不均匀。

4）过分烘干或烘干时换气不充分。

5）喷涂虚雾附着，或由补漆造成。

6）抛光涂层未干透就进行了抛光。

7）在高温、高湿或极低温环境中涂装。

（3）预防措施

1）通过实验，选择合适的涂料，并选择油漆厂指定的溶剂。

2）涂相应的封底涂料，以消除底漆对面漆的吸收或不均匀吸收。

3）细心打磨，消除被涂面的粗糙部分。

4）严格遵守规定的烘干条件及烘干工艺，换气要适当。

5）注意喷涂程度，确保涂膜厚度均匀，减少喷涂的虚雾附着。

6）抛光工序要在涂层干透、熟化后进行。

7）控制涂装环境，保证施工工艺条件。

**16. 橘皮的产生及预防**

（1）现象　在喷涂时不能形成平滑的干涂膜面，造成橘皮状的凹凸现象。凹凸度约为3μm，如图4－60所示。

图 4-60 漆膜橘皮缺陷

(2) 产生原因

1) 涂料的粘度大、流平性差。

2) 压缩空气压力低，出漆量过大或喷涂工具不佳，导致雾化不良。

3) 被涂面和空气温度偏高，喷涂室内风速过大，溶剂挥发过快。

4) 晾干时间短，喷涂厚度不足。

5) 喷涂距离太远。

(3) 预防措施

1) 选用合适的溶剂，添加流平剂或挥发慢的高沸点有机溶剂，以改善涂料的流平性。

2) 选择合适的空气压力，选择出漆量和雾化性能好的喷涂工具，使涂料达到良好的雾化。

3) 一次性喷涂到规定厚度，适当延长晾干时间，不宜过早进入高温炉烘烤。

4) 被涂面温度应冷却到 50℃以下，喷漆室温度应维持在 20℃左右。

5) 调整喷涂距离。

**17. 丰满度不良的产生及预防**

(1) 现象　涂膜虽然涂得很厚，但从外表看仍然显得很薄、干瘪。

(2) 产生原因

1) 使用高聚合度的漆基制涂料，或其本身丰满度差。

2) 颜料含量少，涂料过稀。

3) 被涂面不平滑，且吸收涂料。

(3) 预防措施

1) 选用丰满度高的涂料。

2) 选用固体成分较高的涂料。

3) 打磨以消除被涂面的粗糙部分，涂封底涂料以消除底材对面漆层涂料的吸收。

**18. 缩边的产生及预防**

(1) 现象　在涂装和烘干的过程中涂膜收缩，使被涂物的边缘、角等部位的涂膜变薄。严重时甚至出现露底的现象，在水性涂料施工时常出现这样的弊病。

（2）产生原因

1）漆基的内聚力大。

2）漆料的粘度偏低，所用的溶剂挥发慢。

（3）预防措施

1）在设计涂料配方时，应注意消除缩边弊病。

2）添加阻流剂，降低内聚力。

**19. 烘干不良、未干透的产生及预防**

（1）现象　涂膜干燥后未达到完全干，手摸涂膜有发湿感，涂膜软，未达到规定硬度，或存在表干里不干等现象。

（2）产生原因

1）自干或烘干的时间和温度未达到工艺规定要求。

2）自干场所换气不良，温度偏低，湿度较高；烘干室的技术状态不良，温度较低，时间不足。

3）一次涂膜太厚。

4）自干型涂料所含干燥剂失效，或表干型干燥剂用得太多。

5）烘干室内被烘干物太多，热容量不同的工件同时在一个烘干室中烘干。

6）被涂物表面有蜡、硅油、油和水等。

（3）预防措施

1）严格执行工艺规范。

2）自干场所和烘干室的技术状态应达到工艺要求。

3）氧化固化型涂料一次不得涂得太厚，如厚度超过20μm，则应分几次涂装。

4）添加干燥剂，调整表干型干燥剂的用量。

5）不同热容量的工件应有不同的烘干工艺，烘干室的装载量应控制在一定范围内。

6）严防被涂物和压缩空气把油污、蜡、水等异物带入涂层中。

**20. 色差的产生及预防**

（1）现象　刚涂装完的涂膜的色相、明度、彩度与标准色板有差异，或在补涂漆时与原漆色有差异。

（2）产生原因

1）所用各批涂料之间有较大的色差。

2）在更换色漆时，输漆管路系统未清洗干净。

3）干燥规范不一致，尤其是在烘干的场合。

4）补漆造成的斑印。

（3）预防措施

1）加强涂料在使用前的检验。

2）换色漆时，要认真清洗设备和用具。

3）严格执行烘干工艺。

4）严格执行修补涂装工艺，提高涂装技术。

**21. 鲜映性不良的产生及预防**

（1）现象　涂层的鲜映性不良，也就是涂层的装饰性差，漆面缺乏艳丽和光泽。

（2）产生原因

1）被涂物表面平整性差。

2）所选用的涂料展平性、光泽和细密度差。

3）涂装环境差，涂层表面产生颗粒。

4）喷涂工具不好，施工粘度及溶剂选用不当，喷涂时涂料雾化不良，涂面的橘皮严重。

5）涂层厚度不足，丰满度差。

（3）预防措施

1）提高前处理质量，保证被涂面表面干燥、光滑、平整。

2）用展平性好、细度和光泽优的高质量的涂料。

3）改善涂装环境，保证施工环境的工艺要求。

4）选用雾化性能良好的喷涂工具和最佳的工艺方案。

5）增加涂层厚度，以提高涂层的丰满性和平滑性。

**22. 过烘干的产生及预防**

（1）现象　涂层在烘干过程中，因温度过高或时间过长，使漆面产生失光、变色、变脆、开裂和剥落等现象。

（2）产生原因

1）烘干设备失控，造成温度过高或时间过长。

2）涂层配套和烘干工艺不当。

（3）预防措施

1）确保烘干设备技术状态良好，防止失控现象发生。

2）严格按照烘干工艺操作。

3）涂层配套、工艺应正确无误。有问题时，应及时纠正。

**23. 修补斑印的产生及预防**

（1）现象　修补部位与原漆面的光泽、色相有较明显的差别，出现修补斑痕。

（2）产生原因

1）修补涂料与原涂料的光泽和颜色不同，或修补涂料较原涂料耐老化性差。

2）被修补部位打磨不良而产生光泽不均匀。

3）局部修补水平较差。

（3）预防措施

1）尽量采用原车用的涂料和工艺进行施工修补。

2）认真打磨，提高打磨质量。

3）修补面适当扩大到明显的几何分界线面上，提高局部修补的技术水平。

**24. 腻子残痕缺陷产生的原因及预防**

（1）现象　涂层表面刮过腻子的部位产生断裂或失光。

（2）产生原因

1）刮腻子部位打磨不足。

2）刮腻子部位未涂封底漆，腻子层的吸漆量大，或颜色与底漆层不同。

3）所用腻子的收缩性大，固化后变形。

4）腻子涂层太厚。

（3）预防措施

1）对刮腻子部位充分打磨。

2）在刮腻子部位涂封底漆。

3）选用收缩性小的腻子。

4）减小腻子涂层厚度。

**25. 车身板面凹凸缺陷产生的原因及预防**

（1）现象　由于车身板面凹凸不平，导致涂膜表面凹凸不平影响涂膜外观装饰性的现象。

（2）产生原因

1）车身成型模具的精度不够或手工成形，钢板表面不平，有划痕线等。

2）钢板表面有尘埃，冲压工作环境较差，如在冲压时模具或钢板上附着有小砂粒等。

3）储运和组装过程中产生碰伤，造成凹凸不平。

（3）预防措施

1）提高车身成型模具精度，用模具成型代替手工钣金成型，成型前检查钢板表面的平整度和清洁度。

2）控制冲压工作环境，防止沙粒等污物附着在模具或钢板上。

3）在储运和组装过程中防止碰伤。

4）用烫锡、锉平等修整工序，来消除钣金件表面的凹凸不平和焊点坑，或以胶代焊减少和消除焊点坑。

5）刮腻子填平。

**26. 砂纸纹缺陷的产生及预防**

（1）现象　面漆上能见到砂纸打磨纹，影响涂膜外观。若用锉刀打磨，则留下锉刀纹，如图 4-61 所示。

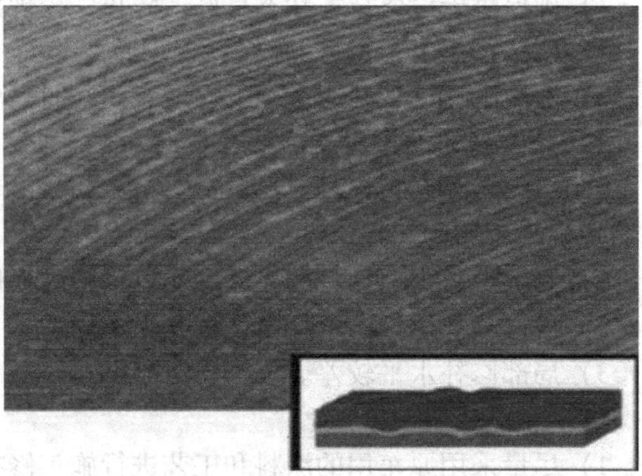

图 4-61　涂膜纸砂纹缺陷

（2）产生原因

1）所选用的打磨砂纸太粗或质量太差。

2）涂膜未干透就打磨。

3）被涂面表面状态不良，有极深的锉刀纹或打磨纹。

（3）预防措施

1）应按工艺要求选用打磨砂纸。涂面漆前采用 350 ~ 500 号水砂纸打磨，高装饰性涂膜应采用 500 ~ 600 号水砂纸打磨。

2）涂膜干透并冷却至室温后再打磨。

3）对于要求装饰性的场合，以湿打磨取代干打磨。

4）提高涂装前被涂物表面质量，或刮腻子填平。

**27. 遮盖痕迹缺陷产生的原因及预防**

（1）现象　遮盖用的胶带痕迹原样残留在涂膜表面上，或分色线呈锯齿形的现象。

（2）产生原因

1）胶带的质量太差。

2）遮盖工作执行得不认真。

3）涂膜未干就撕下胶带或其他遮盖物。

（3）预防措施

1）选用涂装专用胶带，在烘干场合胶带应耐热。

2）按工艺要求认真遮盖，为确保分色线无锯齿，应选用边端整齐的胶带。

3）涂膜干后再撕下胶带或其他遮盖物。

# 参考文献

[1] 张吉国，祖国海．汽车车身修复技术［M］．北京：高等教育出版社，2005.
[2] 刘森．汽车钣金工基本技术［M］．北京：金盾出版社，2001.
[3] 吴兴敏．汽车车身修复与美容［M］．北京：机械工业出版社，2002.
[4] 侯建党．汽车钣金与涂装修补图表解［M］．沈阳：辽宁科学技术出版社，1999.
[5] 姜松涛，南海泉，刘加银．汽车拆卸与装配［M］．哈尔滨：黑龙江科学技术出版社，1996.
[6] 徐培坤．初级汽车车身维修工速成培训教材［M］．北京：人民交通出版社，1999.
[7] 顾建国．汽车车身维修［M］．北京：人民交通出版社，1999.
[8] 苏文钦．汽车钣金工学［M］．北京：机械工业出版社，1997.
[9] 华金清．钣金机械设备［M］．北京：人民交通出版社，1997.